D1387450

Mars et Vénus refont leur vie

John Gray

MARS ET VÉNUS REFONT LEUR VIE

Comment retrouver l'amour après une rupture douloureuse, un divorce ou la perte d'un être cher.

Traduit de l'américain par Anne Lavédrine

© 1998, *Mars Productions Inc.* pour l'édition américaine.
© 1999, Michel Lafon, pour la traduction française.
7-13, boulevard Paul-Émile Victor
92523 Neuilly-sur-Seine Cedex

Ce livre est dédié à ma femme,
mon âme sœur et ma compagne spirituelle,
Bonnie Gray,
avec mon profond amour et toute ma tendresse.
Sa présence lumineuse à mes côtés
continue à m'aider à donner le meilleur de moi-même.

Introduction

Perdre celui ou celle que l'on aime bouleverse immédiatement la vie. Obligé de repartir de zéro, on se trouve soudain confronté au vide et à l'inconnu. Le reste de notre existence s'étale devant nous tel un désert aride et nous ignorons totalement comment l'occuper : que l'avenir nous réserve-t-il, à présent qu'un destin cruel nous a privés de ce qui nous était le plus familier et le plus cher ? Notre esprit déborde de questions et notre cœur, de douleur. Et nous manquons de l'expérience nécessaire pour nous guider à travers cette épreuve. *Mars et Vénus refont leur vie* se propose de vous aider à y voir plus clair et à retrouver vos marques. Après l'avoir lu, vous saurez exactement ce que vous devez faire et quelle voie emprunter.

Lorsque nous devons repartir de zéro, nous sommes presque entièrement dépourvus d'expérience pour nous guider au cours de cette nouvelle étape de notre vie.

Les conseils donnés dans ce livre sont le fruit de vingt-huit années consacrées à guider des hommes et des femmes – patients ou participants à mes séminaires – afin qu'ils accomplissent les meilleurs choix possibles pour se remettre d'une rupture douloureuse, d'un divorce ou de la perte d'un être cher. Bien que chaque cas soit unique et que les circonstances qui l'environnent soient très diverses, tous ressentaient la même souffrance : celle qu'occasionne un cœur brisé.

Les recommandations et les techniques décrites ci-après ont fonctionné pour ces personnes et elles fonctionneront aussi pour vous, comme elles l'ont fait pour moi. À l'instar de beaucoup de mes semblables, j'ai en effet dû refaire ma vie après un divorce. Il m'a aussi fallu survivre à la disparition de mon père et à celle de mon plus jeune frère. Je sais le déchirement que de telles épreuves suscitent, mais je sais également que, bien gérées, elles apportent des bienfaits insoupçonnés, quand les blessures qu'elles ont provoquées sont cicatrisées.

Après avoir surmonté le fiasco de mon premier mariage, j'ai pu tirer la leçon de mes erreurs passées pour progresser et entamer une nouvelle vie plus réussie. Je n'aurais jamais imaginé, à l'époque, me réjouir un jour – comme je le fais à présent – de la brièveté de cette première union. Pourtant, sans cet échec cuisant, je n'aurais jamais épousé Bonnie et je ne goûterais pas au bonheur conjugal et familial qui est aujourd'hui le mien.

Un jour, en vous remémorant la période douloureuse que vous traversez en ce moment, vous remercierez le ciel des bienfaits qu'elle vous a apportés.

Pour ma part, le processus de guérison qui a suivi cette rupture m'a conduit vers une nouvelle existence riche d'amour et de succès. À mesure que mon cœur s'ouvrait comme jamais auparavant, j'ai appris à voir les choses plus clairement. Chaque jour m'apportait de nouvelles idées et de nouvelles découvertes, qui toutes m'ont préparé à reconnaître en Bonnie mon âme sœur. Par la suite, donner de l'amour à ma femme et en recevoir d'elle en retour, et pouvoir grâce à cela aider mon prochain de mes conseils, m'a aidé à dégager les idées développées dans *Les hommes viennent de Mars, les femmes viennent de Vénus.*

Avoir souffert puis guéri a fait de moi un bien meilleur thérapeute et un bien meilleur professeur, mais surtout, chose plus importante encore, un meilleur mari et un meilleur père. Je parle donc d'expérience quand j'évoque le bonheur indicible que peut procurer un nouveau départ – même pénible.

Même un douloureux divorce peut représenter le point de départ du chemin menant à une vie réussie, épanouissante et remplie d'amour.

Accomplir un tel parcours n'est pas facile et c'est dans la douleur que vous devrez accoucher d'un nouveau « vous » et d'une nouvelle vie. Cela exigera aussi de vous un réel travail, surtout au début, mais le jeu en vaut la chandelle tant un tel voyage en soi-même est enrichissant et satisfaisant. Bientôt, toute cette souffrance ne sera plus qu'un mauvais souvenir.

Bientôt, toute cette souffrance ne sera plus qu'un mauvais souvenir.

Certes, la perte d'un être cher et une rupture ou un divorce ne peuvent guère se comparer, mais on surmonte ces épreuves très différentes selon un processus fondamentalement identique. Au fil des pages qui suivent, vous découvrirez comment soigner un cœur brisé, quelle que soit la cause de son mal. Et même si les récits et exemples donnés ne correspondent pas exactement à votre situation, ils vous parleront sans doute malgré tout.

TROIS PARTIES

Mars et Vénus refont leur vie est divisé en trois parties. En effet, bien que leurs blessures cicatrisent techniquement de la même manière, les hommes et les femmes sont confrontés à des problèmes distincts. De ce fait, une stratégie efficace pour un sexe ne l'est pas nécessairement pour l'autre.

La première partie de ce livre traite des aspects du processus de guérison qui sont identiques au masculin comme au féminin. La seconde partie, intitulée « Vénus refait sa vie », se penche sur les problèmes spécifiques d'une femme qui doit repartir de zéro sur le plan amoureux. La troisième partie, enfin, « Mars refait sa vie », se préoccupe des problèmes particuliers des hommes. Les lecteurs du sexe fort pourront donc par exemple, dans un premier temps, préférer sauter la seconde partie de *Mars et Vénus refont leur vie* pour y revenir après avoir lu les chapitres qui leur sont plus précisément consacrés. Sachez toutefois que chaque page de ce livre renferme des informations cruciales pour les deux sexes car les problèmes des uns et des autres se recoupent toujours.

Les mécanismes grâce auxquels nous surmontons une grande douleur sont globalement similaires pour tous. Cependant, chacun de nous devra affronter ses problèmes propres. Étudier les conseils donnés pour les divers cas particuliers évoqués ici vous permettra de déterminer clairement quelle approche vous convient le mieux. Non seulement votre vision des choses s'éclaircira, mais savoir que vous n'êtes pas seul(e) à souffrir vous procurera un réconfort certain. D'autres ont vécu ce que vous vivez en ce moment, et ils ont franchi ce cap difficile pour trouver un soulagement à leur peine, puis progresser vers une guérison définitive.

SOIGNER NOS CŒURS

Au beau milieu de ma lune de miel avec Bonnie, j'ai appris la mort tragique de mon père, retrouvé mort dans le coffre de sa voiture. Il avait été dévalisé par un auto-stoppeur, qui s'était enfui en l'abandonnant enfermé dans le coffre de son véhicule au bord de l'autoroute. Après quelques heures sous le soleil brûlant du Texas, mon père avait succombé à un coup de chaleur.

Comme tous ceux qui ont perdu un être cher, je me suis senti envahi d'un chagrin presque insupportable à l'idée que je ne reverrais plus jamais mon père et que rien que je puisse faire ne le ramènerait parmi les vivants. Au début, j'ai pensé que cette douleur m'accompagnerait tout le reste de ma vie.

J'ai eu la chance d'être soutenu dans cette épreuve et, peu à peu, ma blessure s'est cicatrisée, si bien qu'aujourd'hui songer à mon père ne me fait plus souffrir. Je suis devenu capable de ne plus me laisser obnubiler par sa fin atroce et de privilégier en revanche le souvenir de la tendresse qu'il me manifestait et de son amour pour moi. Et même si je regrette qu'il ne soit plus là pour admirer mes succès et voir grandir ses petits-enfants, je n'éprouve plus de douleur. Me remémorer son visage en rédigeant ces lignes réveille en moi des souvenirs très doux et embue mes yeux de larmes de gratitude pour les moments de bonheur que nous avons partagés.

Même le chagrin occasionné par la pire tragédie finit un jour par s'envoler.

Deux ans plus tard, je devais recevoir une nouvelle encore plus bouleversante : mon plus jeune frère, Jimmy, s'était suicidé ; cette âme fragile et sensible avait préféré quitter un monde trop froid et trop rude pour elle. À peine rétabli d'un épisode de toxicomanie, il avait dû affronter une rupture douloureuse et, ne sachant pas comment soigner son cœur brisé, s'était peu à peu enfoncé dans une dépression si profonde qu'il lui était devenu impossible de supporter le quotidien sans soutien médicamenteux. Les anti-dépresseurs modernes n'existaient pas encore et les effets secondaires des substances que l'on prescrivait alors lui ont rendu la vie intolérable.

Perdre Jimmy me blessa d'autant plus qu'enfants, nous étions tout particulièrement proches. À la douleur de l'absence qui déchirait mon cœur venait s'ajouter le regret de n'avoir su l'épauler. Moi qui ai porté secours à tant de mes semblables, je n'avais rien pu pour mon propre frère !

Une bonne part de notre chagrin résulte de la conscience de notre incapacité de sauver le disparu et de le ramener à la vie.

C'est pour tenter d'aider mon frère à surmonter ses problèmes que j'ai commencé à étudier la psychologie. Ayant constaté l'inefficacité sur lui des méthodes traditionnelles, j'ai poursuivi mes recherches plus avant et me suis efforcé d'accroître ma compréhension du processus de guérison des blessures de l'âme.

Faire face sans me dérober aux sentiments de culpabilité et de honte provoqués par mon incapacité de sauver mon frère m'a permis de soigner une nouvelle fois mon cœur. En le pleurant, j'ai progressivement appris à me pardonner mon échec auprès de lui et à me défaire de l'idée qu'il me fallait être parfait pour demeurer digne d'être aimé. Ce travail curatif m'a fait clairement prendre conscience de l'abîme qui sépare le fait de se tenir à l'écoute des besoins des autres, de l'erreur qui consiste à se sentir responsable d'eux.

Ce n'est là qu'un bref échantillon des dons que j'ai reçus en soignant ma peine après le décès de mon frère, le meilleur de tous étant que je puis aujourd'hui repenser à lui et à mon amour pour lui sans que ma poitrine se convulse de douleur. Au lieu d'éprouver du chagrin, je me réjouis que Jimmy ne souffre plus, et je me rappelle que si je n'ai pas su le sauver, j'ai par la suite guidé beaucoup d'autres personnes vers le salut. Mon frère survit dans mon cœur et me pousse à tenter de rendre notre monde meilleur.

Des millions de gens appartenant à toutes les catégories sociales, riches ou pauvres, en bonne santé ou malades, perdent chaque jour leur amour. Plus question pour eux de vivre à plein ou de chercher à réaliser leurs rêves : ils consacrent toute leur énergie à s'efforcer de tenir le coup. Chaque journée incarne pour eux une nouvelle épreuve. Prisonniers de leur tourment, ils vivent au ralenti et passent à côté des joies de l'existence. Dans la plupart des cas, ils souffrent trop pour se rendre même compte de tout ce qu'ils manquent. Ils ne savent même pas qu'ils disposent d'un choix. Ils ignorent qu'il existe un moyen de soigner leur cœur pour retrouver l'amour et la joie de vivre.

Après avoir lu *Mars et Vénus refont leur vie*, vous saurez que vous avez le choix et que, bien que la douleur occasionnée par la perte d'un être cher soit partie intégrante de votre vie, souffrir n'est pas inévitable. Vous pourrez guérir de vos blessures passées et progresser grâce à ces expériences. Au lieu d'aller de mal en pis, votre vie peut et va s'améliorer.

Mars et Vénus refont leur vie est une œuvre d'amour, mon cadeau au monde et le fruit de vingt-huit années de travail effectué auprès de mes semblables. J'espère que ce livre vous soutiendra dans l'adversité, tel une lueur dans la nuit de votre désespoir, un guide vers la lumière et un ami compréhensif capable d'alléger votre solitude. Puisse-t-il devenir votre compagnon en ces jours pénibles. N'hésitez pas à le relire encore et toujours, et rappelez-vous que vous n'êtes pas seul. D'autres ont vécu ce que vous vivez actuellement et ils ont survécu. Ils ont réappris à aimer et retrouvé le bonheur. Et vous en ferez autant !

Mars et Vénus refont leur vie

CHAPITRE 1

Mars et Vénus refont leur vie

Un homme ou une femme redevenus célibataires se voient tous deux confrontés à de nouveaux défis, qui sont parfois identiques, mais pas toujours. En effet, de même que nous pensons, sentons et communiquons de manière différente selon notre sexe, nous réagissons chacun à notre façon à la perte d'un être aimé. En situation de crise émotionnelle, une femme ne réagit pas d'instinct comme ses congénères masculins. Elle ne se heurte pas aux mêmes problèmes et ne commet pas les mêmes erreurs. Et ce qui lui fait du bien ne produira pas nécessairement le même effet sur un homme, loin s'en faut, car à bien des égards, les besoins respectifs de Mars et Vénus sont diamétralement opposés. Tout se passe en somme, une fois de plus, comme si les hommes et les femmes venaient de planètes distinctes.

Pourtant, même s'ils la gèrent de manière différente, les deux sexes peuvent ressentir une souffrance d'intensité égale. Reprendre le cours de son existence après un divorce, une rupture douloureuse ou un deuil constitue sans doute l'épreuve la plus délicate au monde. Pour la plupart d'entre nous, la

19

peine ressentie va au-delà de tout ce que nous aurions cru possible, probable ou même imaginable.

Reprendre le cours de son existence après un divorce, une rupture douloureuse ou un deuil est sans doute la chose la plus difficile au monde.

Notre cœur saigne, crie sa solitude et la confusion qui habite notre être. Assommés par notre impuissance, nous devons nous résoudre à admettre notre incapacité de réécrire le passé. Un abîme de chagrin et de désespoir nous engloutit. Nous dérivons perdus et abandonnés sur un océan où règnent les ténèbres et le néant. Le temps suspend (ou ralentit) son vol, si bien que chaque instant nous paraît durer une éternité. Combler le vide de nos journées pour survivre vingt-quatre heures de plus, puis recommencer, exige un effort presque insurmontable.

Quand nous perdons un être aimé, nous luttons dans notre cœur contre notre incapacité à réécrire le passé.

De temps à autre, notre douleur douce-amère disparaît pour faire place à une impression d'insensibilité, comme si nous étions anesthésiés... jusqu'à ce qu'un détail anodin nous remette en mémoire notre tragédie personnelle et réveille en nous le désir de sentir et d'aimer. Jamais auparavant n'avions-nous éprouvé avec une telle force ce besoin d'amour et d'union avec un autre être. Forcés de faire face à la douleur primitive qui nous lacère le cœur, nous comprenons que notre vie ne sera plus jamais pareille.

Un jour, quand cette blessure sera complètement guérie, nous pourrons nous détendre et accepter avec notre cœur et avec notre esprit notre inaptitude à modifier le passé. Alors, nous admettrons notre célibat retrouvé et commencerons à reconstruire notre vie. En nous renaîtra l'envie de sortir de nous-même pour donner de l'amour comme pour en recevoir. Et, à notre grande stupéfaction, notre vie reprendra un cours « normal ». À la nuit du désespoir succédera une aube d'amour qui nous réchauffera, nous réconfortera et nous apaisera. Mais bien qu'un tel « *happy end* » soit possible, il n'est pas automatique.

COMPRENDRE LE PROCESSUS DE GUÉRISON

Guérir un cœur brisé implique de laisser un processus curatif s'accomplir. Une telle démarche requiert une bonne connaissance et une bonne compréhension des mécanismes émotionnels. Malheureusement, la plupart des gens ignorent tout de ces derniers. On ne nous apprend pas à l'école comment guérir d'un cœur brisé et ce n'est pas non plus – heureusement – une discipline que nous mettons en pratique souvent. Perdus et vulnérables, nous suivons aveuglément les conseils de nos amis ou de notre famille, quand nous ne nous fions pas tout simplement à notre instinct. Ce qui nous entraîne à prendre des décisions et à effectuer des choix qui nous paraissent raisonnables, mais qui se révèleront en réalité très souvent contre-productifs. Et, bien qu'ils nous procurent un soulagement temporaire, ils n'enclenchent pas un processus de guérison à long terme.

On n'apprend pas à l'école comment recoller les fragments d'un cœur brisé.

Certains êtres retrouvent le bonheur après la perte de l'être aimé, mais tous n'y réussissent pas. Il arrive qu'après avoir sombré dans des abîmes de désespoir, l'on ne s'en relève pas et que l'on continue toute sa vie, de différentes manières et à divers degrés, à souffrir d'une rupture ou d'un deuil. Et, plutôt que de risquer de revivre la souffrance occasionnée par la perte de l'être aimé, les personnes dans cette situation préfèrent laisser leur cœur s'étioler.

D'autres, qui semblent au premier abord avoir dominé leur douleur – et croient y être parvenues –, ne l'ont pas vraiment fait. Leur apparente progression sur la voie de la guérison s'est réalisée au prix de la fermeture du chemin menant à leur cœur. Pour éviter d'éprouver de la douleur, ces êtres ont voulu aller de l'avant trop vite. Résultat : ils ont escamoté leur sensibilité. Sans s'en rendre compte et sans réellement comprendre comment, ils se sont refermés sur eux-mêmes. Depuis, ils sont vivants, certes, mais incapables d'aimer. Leur capacité de croître en amour et en bonheur est atrophiée.

Redevenir célibataire constitue clairement une épreuve. Et, à l'instar de toutes les épreuves, celle-ci associe dangers et possibilités : possibilité de guérir et de renforcer son cœur comme son esprit pour retrouver santé et plénitude ; danger de ne pas mener à bien ce processus de guérison. Le temps ne suffit pas à cicatriser toutes les blessures. Et la manière dont nous affrontons la perte d'un amour détermine le cours de notre existence future.

COMMENT LE CŒUR CICATRISE

Pour être certain de mener à son terme le processus de guérison après la perte d'un être cher, il est très important de percer les mystères des mécanismes de base de la cicatrisation des blessures du cœur. La méthode la plus simple pour les comprendre et les visualiser consiste à prendre l'exemple d'un os brisé. Autant une blessure émotionnelle est abstraite, autant un os rompu offre un aspect tangible et concret. Pourtant, décrypter les étapes successives par lesquelles un os accidenté se ressoude peut aider à prendre conscience des besoins d'un cœur brisé et à les respecter.

Le corps humain porte en lui la faculté de soigner sans intervention extérieure une fracture osseuse. On souffre, puis, un jour, la douleur disparaît et, sauf contre-mesure, le corps guérira tout seul, automatiquement et dans un délai prévisible. Si on laisse ce processus de cicatrisation naturel s'accomplir, l'os se ressoude et devient encore plus solide qu'auparavant. De la même façon, si on accorde aux fragments d'un cœur brisé le temps nécessaire pour se recoller d'eux-mêmes, le cœur en deviendra plus fort. La souffrance et le désespoir se dissiperont et vous retrouverez l'amour et le bonheur.

Quand un cœur brisé se ressoude, il en devient plus fort.

Poursuivons notre parallèle : lorsqu'on se fracture un os, il faut d'abord le remettre en place, puis le protéger à l'aide d'un plâtre, le temps que le processus naturel de cicatrisation s'accomplisse. Si on ne replace pas l'os dans la bonne position, il se ressoudera de travers ; si on ne lui accorde pas un temps de repos adéquat sous la protection d'un plâtre, il demeurera fragile. Mais si l'on n'ôte jamais le plâtre protecteur, l'os ne retrouvera jamais sa pleine vigueur. Les mêmes précautions doivent être observées, s'agissant d'un cœur.

Après un deuil ou une rupture, il ne suffit pas

de se contenter de penser que l'on va surmonter cette épreuve, car, bien que les plaies du corps ou de l'âme cicatrisent d'elles-mêmes, on risque, si on ne comprend pas bien les mécanismes de cette guérison, de l'entraver ou de la bloquer à son insu.

Reprenons le parallèle établi avec la reconstruction des os brisés. Nous avons distingué trois phases principales, qu'il nous incombe de favoriser. Un os se ressoude en trois étapes : obtenir de l'aide, remettre l'os en place, puis lui laisser le loisir de guérir en le protégeant d'un plâtre. Pour le cœur, cela donne, de manière similaire :

Première étape :   Obtenir de l'aide
Deuxième étape :   Pleurer la perte de l'être cher
Troisième étape :   Retrouver son équilibre émotionnel avant d'entamer une nouvelle relation amoureuse

Poussons notre étude plus avant.

Les trois étapes menant à la guérison des blessures du cœur

Première étape : Obtenir de l'aide

En cas de fracture, la première mesure qui s'impose est de chercher de l'aide. Une personne blessée a besoin du soutien de ses congénères. Même le meilleur chirurgien orthopédiste recourt aux services d'un collègue s'il subit ce type d'accident. De la même façon, quand on a le cœur brisé, le premier pas vers la guérison – et le plus important – consiste à solliciter une assistance. Ce n'est pas le moment de vous montrer stoïque et de réprimer votre chagrin.

Écouter le récit d'autres êtres qui souffrent peut accélérer la guérison d'un homme, tandis que les femmes tireront un plus grand bénéfice d'une oreille attentive. Sachez aussi que partager vos sentiments et passer du temps avec des personnes qui savent ce que vous traversez n'est pas seulement réconfortant : c'est essentiel au bon déroulement de votre processus de guérison.

Écouter le récit d'autres êtres qui souffrent peut accélérer la guérison d'un homme, tandis que les femmes tirent un plus grand bénéfice d'une oreille attentive.

Même si lire ce livre est sans conteste un bon début, cela ne suffira pas à combler votre besoin d'assistance et ne peut remplacer l'aide que ceux qui traversent la même épreuve que vous ou qui ont vécu une expérience similaire peuvent vous apporter. C'est le moment idéal pour vous inscrire à un atelier de réflexion ou à un groupe de soutien, ou encore pour vous concilier les services d'un thérapeute. L'appui d'individus qui ont surmonté leurs blessures émotionnelles ou celui d'un spécialiste expérimenté vous donneront la possibilité de guérir complètement. C'est en effet dans ces instants de crise que l'on est le plus réceptif aux bienfaits d'un atelier de réflexion, d'un groupe de soutien ou d'une assistance psychologique.

Tout au long de *Mars et Vénus refont leur vie*, nous explorerons les diverses manières par lesquelles les hommes et les femmes repoussent sans le savoir l'amour et le soutien qui leur sont indispensables pour mener à bien leur processus de guérison. Nous nous pencherons en outre sur les stratégies à adopter pour obtenir l'aide nécessaire à chacun de nous. Bien que rien au monde ne puisse instantanément adoucir un chagrin, *il est possible* de se procurer des appuis qui rendront celui-ci supportable. Une assistance adéquate reçue au moment opportun permet de laisser son chagrin s'exprimer et, à terme, de connaître de nouveau le bonheur et la paix d'un cœur ouvert à l'amour.

Deuxième étape : Pleurer la perte de l'être cher

Une fois les secours alertés, il faut remettre l'os brisé dans la position qui était la sienne avant la fracture, afin de lui permettre de se ressouder dans la bonne position. De même, les fragments d'un cœur brisé doivent être réarrangés dans leur ordre antérieur.

Au cours de cette seconde phase, on doit prendre le temps de pleurer la perte subie en se rappelant l'être aimé et sa relation avec lui. Se remémorer le passé après un deuil ou une rupture ravive des sentiments douloureux, mais cela fait aussi revivre votre amour défunt. Baigner de nouveau dans sa douceur aide à guérir en apaisant les blessures et le mal qu'occasionne l'absence.

Éprouver de la gratitude pour les bons moments vécus ensemble et pardonner les erreurs du passé emplit le cœur de l'amour indispensable à sa guérison.

Si vous venez de vivre une rupture douloureuse ou un divorce et que vous vous sentez rejeté(e) et trahi(e), il pourra vous sembler difficile, au début, de pleurer la perte de votre partenaire ou de vous remémorer votre amour pour lui ou elle. La colère vous en empêchera sans doute. Dans ce cas, « remettre les fragments du cœur en place » passe par trouver la force de pardonner à l'autre. Alors seulement, vous pourrez vous abandonner à votre chagrin.

Même lorsqu'on est content et soulagé de mettre fin à une relation devenue pénible, il faut s'efforcer de se replonger dans le passé pour se rappeler ses espoirs et ses rêves des débuts, puis de déplorer les désillusions survenues par la suite. Lorsque vous et votre partenaire avez choisi des chemins séparés, vous devez chercher à apprécier vos bons souvenirs et à oublier les erreurs et les offenses. Cette démarche vous libérera et vous permettra d'aller de l'avant avec un cœur ouvert à l'amour, afin de trouver un bonheur réel et durable.

Votre cœur ne pourra s'ouvrir pleinement à un nouvel amour tant qu'il demeurera hermétiquement fermé à un partenaire appartenant à votre passé.

Une fois votre compteur amoureux remis à zéro par un travail de deuil complet, vous retrouverez la capacité de ressentir votre désir tendre, innocent et délicat, de prendre soin d'un autre être et de croire à son amour. Si ce processus de régénération ne s'accomplit pas, vous risquez de devenir trop blasé pour aimer ou faire confiance de nouveau.

Tant que leur guérison n'est pas complète, les hommes tendent à se montrer un peu indifférents envers le beau sexe, tandis que les femmes éprouvent des difficultés à accorder leur confiance à un nouveau partenaire.

De ce fait, même si les hommes n'hésitent guère à entamer une nouvelle relation juste après une rupture, ils ont du mal à s'engager. Les femmes, elles, refusent au contraire toute relation, même superficielle, de peur de souffrir encore.

Tant que leur guérison n'est pas complète, les hommes tendent à se montrer un peu indifférents envers le beau sexe, tandis que les femmes éprouvent des difficultés à accorder leur confiance à un nouveau partenaire.

Dans les chapitres suivants, nous étudierons en détail comment mener à bien son travail de deuil et comment ressentir pleinement le vide de notre cœur avant de pouvoir le laisser s'emplir d'amour. Tout comme la lumière succède aux ténèbres de la nuit, la plénitude de l'amour se déverse en nous dès que nous prenons pleinement conscience du néant qui envahit notre être.

Troisième étape : Retrouver son équilibre émotionnel

Une fois l'os brisé remis dans la position adéquate, il faut l'enrober d'un plâtre afin de lui permettre de se ressouder : c'est la troisième étape du processus de guérison. Puis, une fois l'os consolidé, vient le moment d'ôter le plâtre. Pour le cœur, tout se passe, une fois encore, de manière identique. Il faut prendre le temps de retrouver son équilibre émotionnel avant de s'engager dans une nouvelle relation intime. On ne peut pas réussir à fonder un couple tant que l'on n'a pas dompté son besoin effréné d'amour et repris confiance en soi. Le meilleur moment pour entamer une idylle nouvelle est lorsque l'on pense que l'on n'en a pas besoin. Idéalement, il faudrait toujours être comblé et se sentir un être complet avant de s'engager dans une histoire d'amour.

Le meilleur moment pour entamer une relation amoureuse nouvelle est lorsque l'on pense que l'on n'en a pas besoin.

Les hommes tendent souvent à se précipiter trop vite dans une nouvelle relation, tandis que les femmes repoussent sans même le savoir toutes les avances masculines. En bref, juste après une rupture, un homme est handicapé par sa capacité restreinte de donner de lui-même et une femme, par sa capacité amoindrie de recevoir de l'amour. Nous verrons au fil de ce livre comment les deux sexes sapent inconsciemment cette troisième étape de leur processus de guérison et nous examinerons des conseils pratiques visant à vous garantir un nouvel amour au bon moment.

REFAIRE SA VIE

C'est là le but ultime de tout nouveau célibataire... même quand il ou elle ignore encore totalement comment procéder pour y parvenir. À dire vrai, pour l'instant, l'avenir lui paraît un peu angoissant et tourne autour de cette interrogation : Comment vais-je survivre au reste de mon existence sans mon ex-partenaire ? La lecture de *Mars et Vénus refont leur vie* vous fournira des suggestions et des pistes à explorer.

CHAPITRE 2

Pourquoi cela fait-il si mal ?

De tous les deuils, celui de l'amour est le plus douloureux. D'ordinaire, face à une déception ou une injustice, c'est en effet nous savoir aimé qui nous réconforte et rend notre chagrin supportable. Les abandons, les rejets et les échecs qui émaillent inévitablement notre quotidien s'apaisent lorsque notre esprit nous rappelle qu'à la maison, quelqu'un nous aime. Mais si l'amour s'envole, nous perdons notre source première de soulagement, de réconfort et de protection. Et, le plus souvent, nous ne comprenons combien nous comptions sur ce soutien que lorsque nous nous en trouvons privés.

Quand nous subissons des déceptions ou des injustices, nous savoir aimé nous réconforte et rend notre chagrin supportable.

Nous voilà forcés de ressentir notre deuil dans toute sa cruauté : disparition de l'être aimé, manque occasionné par son absence et désespérante solitude. À ce stade, on ne se contente pas de pleurer la perte de son compagnon : on prie pour un allègement de sa souffrance et on demande : « Pourquoi cela fait-il si mal ? »

Rien au monde ne nous prépare à anticiper la douleur et la sensation de vide atroces qui suivent la perte d'un amour. Que l'on ait vécu une rupture pénible, un divorce ou le décès tragique de son partenaire, le résultat est identique : un cœur brisé.

Les premiers jours nous voient comme assommés par le choc, envahis d'une soudaine insensibilité. Chaque cellule de notre corps s'écrie : « Non ! Ce n'est pas possible. Je ne veux pas que cela soit vrai. Ce n'est pas arrivé ! » Nous supplions le ciel et refusons d'admettre la réalité, priant pour que, à notre réveil, le lendemain matin, les choses soient redevenues normales. Si seulement ce n'était qu'un affreux cauchemar...

Puis, très vite, nous prenons conscience que le drame *s'est effectivement produit* et que nous n'y pouvons rien. Alors, nous admettons notre incapacité de modifier le cours des événements, la réalité reprend ses droits et nous commençons à nous sentir affreusement seuls. L'avenir nous semble aride et glacé. À mesure que notre insensibilité se dissipe, notre souffrance se fait plus tangible et cela fait très mal.

S'il est si difficile de dire adieu à une personne que l'on aime, c'est parce qu'on est trop attaché à elle. Voilà pourquoi comprendre la nature de l'amour, de la dépendance et de l'attachement constitue un préalable indispensable pour trouver un soulagement à sa peine et permettre aux blessures de son cœur de cicatriser.

AMOUR, DÉPENDANCE ET ATTACHEMENT

Savoir que quelqu'un nous accueillera tous les soirs à notre retour, qu'il apprécie ce que nous faisons, connaît notre valeur et retire un bénéfice de notre existence donne à cette dernière un sens et un but.

C'est lorsque nous comptons pour un être, aux yeux de qui nous nous sentons uniques et importants, qui comprend nos peines et se réjouit de nos succès, que nous sommes le plus heureux.

Plus notre amour s'épanouit, plus nous dépendons naturellement de notre partenaire sur le plan amoureux. Et même si nous n'obtenons pas toujours de lui ou d'elle ce que nous désirons ou ce dont nous avons besoin, l'espoir d'y parvenir un jour et les efforts nécessaires pour faire fonctionner une relation de couple accroissent encore notre dépendance envers notre compagnon ou compagne. L'amour que nous partageons avec lui ou elle n'est bien entendu pas toujours idéal, mais l'espoir d'être aimé nous protège tout de même du monde extérieur froid et indifférent. Voilà pourquoi, lorsqu'on aime, on en vient, à mille égards, à se reposer de plus en plus sur l'être cher.

À mesure que nos liens se resserrent, un changement important s'accomplit en nous : au lieu de ressentir comme par le passé un besoin intrinsèque d'amour, nous en venons à éprouver une soif plus spécifique, celle d'aimer *notre partenaire* et d'être aimé de *lui ou elle* et de nul(le) autre. On appelle ce phénomène « l'attachement » car à force de compter sur l'amour de son partenaire, on en arrive peu à peu à s'attacher à celui-ci.

Dans le cadre d'une relation amoureuse, notre besoin général d'amour se mue en une soif de l'amour de notre partenaire.

Une personne attachée à son conjoint ne se satisfait plus d'être appréciée en général : seule l'appréciation de son partenaire la touche vraiment. Les compliments des autres ou l'oreille attentive qu'ils peuvent prêter à ses problèmes ne peuvent l'égaler.

Bien sûr, tout au long de la journée, on communique avec son entourage de mille manières, mais ces échanges ne procurent pas le même sentiment de plénitude que lorsque l'aimé est en cause.

Voilà pourquoi, quand on perd un être cher, on croit sincèrement que l'on n'aimera plus jamais. Et comme il nous semble que seul l'amour de ce compagnon ait pu nous rendre heureux et donner un sens à notre vie, cette impression de fatalité aggrave notre chagrin au centuple. En effet, si songer que l'on va devoir se passer de nourriture pendant une journée est pénible, que dire de l'effroi que suscite la perspective de ne plus jamais manger ! Perdre une chose en apparence irremplaçable est une expérience terrible.

L'attachement multiplie le chagrin par cent.

Pour recoller les fragments d'un cœur brisé, on doit se délivrer de cet attachement et ouvrir son cœur aux autres et à leur amour. Si l'on ne prend pas ce risque, on restera soit englué dans sa peine, soit à jamais insensible. Le processus par lequel on se libère du passé permet de remettre les compteurs de son cœur à zéro pour repartir du bon pied.

Ainsi le cœur pourra de nouveau entendre son besoin d'amour général et se rouvrir peu à peu pour redevenir aussi vaste qu'il était avant que l'on s'attache à son partenaire perdu. Alors on cessera de dépendre de l'amour de cet être pour se tourner vers d'autres sources de tendresse et de soutien.

En retrouvant cette disponibilité émotionnelle, on récupère par la même occasion sa faculté intuitive de reconnaître les sources potentielles d'amour. Mais tant que l'on ne sera pas en mesure de se délivrer de ses liens avec son ex-partenaire, on ne pourra tirer parti de ce talent inné.

33

---
*En reprenant conscience de son besoin d'amour,
on récupère sa faculté intuitive de reconnaître
les sources potentielles susceptibles d'en donner.*

Ce travail sur soi sera d'autant plus ardu que l'on était plus attaché à son compagnon. Plus on se réaccoutume à recevoir de sa famille et de ses amis ce dont on a besoin, plus la dépendance à l'égard du disparu s'amenuise. Et à force d'emplir son cœur d'amour sans plus compter sur l'autre, on parvient peu à peu à se délivrer *complètement* de la souffrance.

En d'autres termes, s'ouvrir aux autres et réapprendre à donner comme à recevoir sans plus dépendre de son partenaire permet de se libérer du passé. Lorsque nous absorbons cet amour nouveau, puis le redistribuons autour de nous, la sensation de vide qui nous étreignait disparaît. Et même si l'amour que nous donnons et recevons désormais n'est à l'évidence pas le même que celui qui nourrissait autrefois notre cœur, il nous comblera bientôt tout autant.

L'ART DE SE LIBÉRER DE SES ANCIENNES AMOURS

Pour repartir de zéro, il faut donc avant tout apprendre à se libérer de ses anciennes amours, cela dans le but de reprendre conscience de son besoin d'être aimé, à présent que le partenaire qui comblait auparavant ce besoin n'est plus. Ce processus de délivrance est délicat car, mal accompli, il peut produire l'effet inverse de celui recherché et intensifier encore l'attachement à l'ancien partenaire.

Imaginons que je tienne dans mes mains un objet quelconque ; si l'on cherche à me l'arracher, je tendrai à résister et à m'accrocher à mon bien en le serrant encore plus fort entre mes doigts. Le même phénomène se produit en matière amoureuse : on ne veut pas laisser échapper son amour et, de ce fait, on s'y agrippe encore plus étroitement.

Le secret pour se délivrer d'un amour est de se laisser porter par le courant. N'essayez pas de vous libérer ; au contraire, accrochez-vous à votre amour comme à un radeau. Rappelez-vous combien vous aimez votre compagnon ou votre compagne, ressentez pleinement le besoin que vous avez de lui ou d'elle, réjouissez-vous de tous ce qu'il ou elle vous a apporté et admettez sans honte combien vous souhaiteriez le ou la ramener auprès de vous.

> *Le secret pour se délivrer d'un amour est de se laisser porter par le courant. Ne cherchez pas à vous libérer du passé par la force.*

Se souvenir ainsi de son partenaire constitue la bonne méthode pour le pleurer. Cela permet au processus de guérison de s'amorcer. Au début, songer à l'autre intensifiera encore votre peine. Vous éprouverez divers sentiments douloureux – colère, tristesse, peur, chagrin – et ce faisant, vous commencerez à vous libérer de votre attachement à son égard. Cette première phase ne dure guère.

Une fois désentravé de votre attachement, vous éprouverez encore parfois du chagrin en pensant à votre ancien(ne) partenaire, mais vous demeurerez conscient de la douceur de votre amour et de la force de votre esprit. Lorsque votre blessure sera totalement guérie, ce souvenir deviendra indolore. Il se muera en moyen privilégié d'entrer en relation avec l'amour immortel qui anime le tréfonds de votre âme. À ce stade, repenser à l'être cher disparu emplit le cœur d'amour et de paix. C'est le signe que l'on est mûr pour une nouvelle relation et capable de trouver enfin un amour vrai et durable.

> *Lorsque les blessures du cœur sont totalement*
> *guéries, le souvenir du disparu cesse de faire*
> *souffrir et éveille au contraire la douceur de*
> *votre amour.*

Pour soigner un cœur brisé, il faut tout d'abord faire face à son chagrin et laisser celui-ci s'exprimer. Ce processus s'effectue de lui-même pourvu que l'on continue à songer à son partenaire. Se souvenir de son amour perdu permet en effet de conjurer les émotions nécessaires pour accepter cette perte et s'en délivrer.

Nombre de traditions culturelles et religieuses prévoient une période destinée à laisser libre cours au chagrin après un deuil. On recommande dans ce cadre divers rituels destinés à perpétuer le souvenir du disparu : se vêtir de noir pendant un certain laps de temps, faire brûler des cierges, planter un arbre, raconter des anecdotes lors des funérailles, se rendre sur les tombes pour y déposer des gages d'amour, transmettre un bien par héritage, exposer des portraits. Tous ces usages respectent une trame commune et transmettent un message identique : s'accorder le temps de se remémorer l'autre avec amour aide à panser ses blessures.

RETROUVER L'AMOUR

Après le décès d'un conjoint ou d'un compagnon, des sentiments déchirants envahissent le survivant car une partie de lui pense qu'il n'aimera jamais plus. Et, c'est vrai, privé de la présence physique de l'être aimé, on cesse pour un temps d'aimer. Le cœur se referme sur lui-même et le chagrin submerge l'affligé.

*Notre cœur ne se referme pas sur lui-même
parce que nous avons perdu le droit à l'amour,
mais parce que nous avons temporairement
cessé d'aimer.*

Après un divorce, un processus identique s'accomplit. Certes, l'ex-partenaire est toujours en vie, mais la relation qui nous unissait à lui s'est éteinte. La personne auprès de qui on avait prévu de passer son existence ne fait plus partie de celle-ci et, à bien des égards, pourrait tout aussi bien avoir quitté ce monde. D'ailleurs, le sentiment de perte que l'on éprouve après un divorce peut se révéler tout aussi réel que celui qui résulte du décès du conjoint.

Sevré de la présence physique de l'être aimé, on croit ne plus jamais pouvoir aimer ou être aimé. Quoique erronée, cette impression se révèle tenace car il faut un certain délai pour s'adapter à son nouveau célibat et pour corriger ses idées. Depuis des années, on associait l'amour à la présence physique d'une personne déterminée, son conjoint. Au quotidien, c'était vers lui que l'on dirigeait son amour et de lui que l'on recevait un soutien tangible en retour. Impossible de s'affranchir en un éclair d'un tel lien.

Quand un partenaire nous quitte, il nous contraint à réapprendre à éprouver de l'amour sans lui. C'est atroce, mais cela ne signifie pas que refaire sa vie implique de cesser d'aimer son ancien compagnon. Nous ne pouvons plus le toucher ni sentir ses bras se refermer autour de nous, mais nous pouvons nous rappeler combien tout cela était merveilleux. Nous pouvons nous souvenir de sa tendresse, du soutien qu'il nous procurait et continuer ainsi à lui donner notre cœur.

*Nous ne reverrons plus jamais notre partenaire,
mais il survivra pour toujours dans notre cœur.*

À un moment ou un autre du processus de deuil, nous découvrons que l'amour vit toujours en nous, malgré l'absence de notre partenaire. L'avenir ne paraît plus aussi noir que nous le pensions. Lorsque cette capacité de continuer à aimer cessera d'être un concept pour se faire réalité, on trouvera la paix. Les nuages sombres du désespoir se dissiperont pour laisser pénétrer les chauds rayons du soleil de l'amour. Enfin, nous accepterons la disparition de l'être aimé sans l'oublier pour autant. La tempête laissera place à une douce brise apaisante et nous prendrons un nouveau départ, confiants en notre aptitude à trouver l'amour que nous méritons, et désireux de partager avec un nouveau compagnon celui qui baigne notre cœur.

CHAPITRE 3

Un temps de retard émotionnel

L'esprit veut aller de l'avant bien plus vite que le cœur, qui n'est pas toujours prêt à le suivre dans cette voie. Car les blessures du cœur cicatrisent lentement. À titre de comparaison, on pourrait dire qu'après un deuil ou une séparation, l'esprit progresse à la vitesse de la lumière, tandis que le cœur chemine à celle du son. Ce qui fait une différence considérable.

Dans le monde matériel, il est facile d'observer l'écart qui sépare la vitesse du son de celle de la lumière et nul ne songerait à contester cette disparité physiquement mesurable. Le monde de l'esprit et des émotions, en revanche, s'explore beaucoup moins aisément. Pourtant, si l'on veut réussir à soigner une âme brisée, on doit admettre l'abîme qui sépare le fonctionnement de l'esprit de celui du cœur.

Le cœur s'accoutume beaucoup plus lentement que l'esprit à la perte d'un amour, si bien que dès que nous nous croyons prêt à reprendre le cours de notre vie, une nouvelle vague de chagrin nous assaillit. Ces fluctuations émotionnelles ne sont pas seulement naturelles, mais nécessaires. Le cœur ne se délivre pas d'un ancien amour en une fois, mais par étapes successives au gré desquelles les sentiments latents vont et viennent, telles les marées. À « marée basse », le chagrin disparaît, nous découvrons un degré supplémentairc de notre pouvoir d'aimer de nouveau et notre foi en l'avenir s'accroît. Puis, arrive la « marée haute » et, avec elle, un flot de colère, de tristesse, de peur et de chagrin mal maîtrisés. Chacun de ces cycles « marins » nous délivre un peu plus de l'emprise du passé et nous rapproche du jour où nous pourrons enfin retrouver l'amour.

À marée basse, vous aurez parfois l'impression que tout va bien. Intellectuellement, vous avez accepté votre deuil amoureux et êtes prêt à entamer une nouvelle vie. Mais avec le flux montant, tout change. Un jour, on est optimiste et prêt à refaire sa vie ; le lendemain, on se sent envahi de fureur, de tristesse ou d'angoisse. Bien que cela puisse paraître un peu fou, ça ne l'est pas du tout. Tout comme la lumière et le son se déplacent à des vitesses différentes, l'esprit et le cœur évoluent et s'adaptent selon des rythmes distincts. Pendant le processus de guérison amoureux, il est normal et même sain que les sentiments demeurent à la traîne de la raison.

Il est normal et même sain que les sentiments demeurent à la traîne de la raison durant le processus de guérison amoureux.

LES RÈGLES DE SURVIE

La plupart des gens sont tentés de chercher à reprendre le cours de leur existence avant que leur processus de guérison soit achevé. Après tout, nul n'aime souffrir et il est bien naturel de vouloir sortir de cette phase pénible le plus vite possible. Si bien que, quand les sentiments douloureux resurgissent, l'esprit décrète : « O.K., cela suffit. Cela prend trop longtemps. Passons à autre chose ! » D'ailleurs, fuir la douleur et rechercher le plaisir compte parmi les règles de survie primordiales de l'espèce humaine. Éviter les situations génératrices de souffrance semble donc une attitude salutaire, sauf en période de deuil amoureux, où un tel comportement peut aggraver les choses.

Si l'on ignore comment gérer et surmonter ces sentiments négatifs, ces derniers peuvent devenir insupportables, auquel cas on tendra à chercher un soulagement dans la fuite. Malheureusement, en voulant trop vite sécher ses larmes, on sabote sans le savoir ses chances de guérison. En effet, on prend alors des décisions et on met sur pied des stratégies qui apportent un répit à court terme, mais qui, à long terme, se révéleront contre-productives. Bien des épisodes dépressifs sont imputables à cette propension à fuir son chagrin ou à lui résister.

Fuir son chagrin ou résister à celui-ci peut précipiter dans la dépression.

Résister aux vagues récurrentes de colère, de douleur, d'anxiété, de vide et de solitude qui marquent un processus de guérison peut apporter un apaisement passager, mais cela empêche de se libérer du passé. Plus on s'évertue à refouler ces sentiments, plus ceux-ci s'emparent des pensées et tirent le moral vers le bas. Bref, pour n'avoir pas compris clairement les mécanismes de cicatrisation des blessures du cœur, on se retrouve en situation de blocage et prisonnier de son désespoir. Pour peu que la dépression et l'absence d'espoir s'en mêlent, on pourra même en venir à croire la situation sans issue. En conséquence de quoi, on redoublera d'efforts pour faire taire ses sentiments. Cette spirale d'échec ne s'interrompra que si l'on accorde à son cœur le temps de cicatriser à son rythme.

Malgré tous nos efforts pour refouler nos sentiments douloureux, ceux-ci s'emparent de nos pensées et tirent notre moral vers le bas.

Même si l'on a soi-même mis un terme à la relation, il demeure parfaitement normal et sain d'éprouver de la peine. Votre raison objecte sans doute : « Mais cette séparation est une bénédiction pour moi. Maintenant, je suis libre de trouver l'amour et un véritable soutien. » Elle dit vrai, mais si votre esprit est déjà mûr pour entamer une nouvelle vie, votre cœur, lui, se lamente encore : « Je me sens si triste, si seul. J'ignore si je retrouverai un jour l'amour. Peut-être ne serai-je plus jamais heureux. »

Dans un premier temps, vous devez trier vos idées, après quoi il vous faudra vous préoccuper de vos sentiments, ce qui prendra nettement plus longtemps. Ne vous pressez pas. Se pencher à loisir sur ses émotions est normal et sain et garantit une guérison totale.

Dès que votre cerveau y verra de nouveau clair, il se remettra aussitôt à croire en l'avenir et en la vie. Cette approche positive et résolue vous fournira une base solide pour démêler l'écheveau complexe de vos sentiments et aidera votre cœur à se libérer de ses chaînes.

Dès que l'esprit y voit de nouveau clair, il se remet aussitôt à croire en l'avenir et en la vie.

Malheureusement, bien des gens ignorent tout de ce mécanisme, si bien que dès que leur esprit a pris le temps nécessaire pour s'adapter à la nouvelle situation, ils veulent que leur cœur lui emboîte immédiatement le pas. Ils s'impatientent et cherchent à progresser trop vite. Cette tendance à brusquer les événements est commune aux hommes et aux femmes, mais elle s'exprime de manière différente suivant le sexe. Commençons par le cas féminin.

COMMENT LES FEMMES FUIENT LEUR CHAGRIN

Lorsqu'une femme fuit son chagrin en quête de soulagement immédiat, elle réagit en niant son besoin d'amour. Pour se protéger et ne plus souffrir, elle décide de ne plus croire en l'amour, de s'en affranchir et de s'en méfier. Les Vénusiennes, accordent une place très importante aux rapports humains et, pour elles, être abandonnée constitue le châtiment suprême. La disparition de celui sur qui elles avaient appris à se reposer leur est insupportable.

Une femme qui n'admet pas la nécessité d'explorer ses sentiments pour les guérir soit dissimulera son chagrin en donnant trop d'elle-même aux autres, soit refusera toute relation intime pour ne plus compter que sur elle-même et deviendra trop indépendante.

La tendance d'une femme à fuir son chagrin pour chercher un soulagement s'exprime le plus souvent par le biais de la négation de son besoin d'amour.

Une femme trop indépendante se comporte comme si elle n'attendait plus des autres ni réconfort ni soutien. En général, elle repousse avec une énergie toute particulière tout rapport avec le sexe opposé. Comprenons-nous : bien sûr, il faut du temps avant de pouvoir s'engager de nouveau envers un autre être, mais cela ne signifie pas que l'on doive pour autant minimiser – par peur de se voir de nouveau abandonner et d'en souffrir – l'importance des relations amoureuses. Ce type de femme prétend volontiers que de tels échanges ne revêtent pour elle qu'une importance vénielle. Nier ainsi la profondeur de son besoin d'intimité avec autrui rend capable d'occulter la peine occasionnée par la perte de son compagnon.

Les femmes qui contre-attaquent en donnant trop à leur entourage placent les besoins des autres au-dessus des leurs – afin d'éviter d'admettre leurs propres besoins. Écouter ses proches et s'employer à les combler leur procure un répit temporaire. Par exemple, se vouer à ses enfants, à une œuvre caritative ou à une cause permet d'échapper pour un temps à son sentiment de vide intérieur et à sa douleur. Mais si aider son prochain est sans conteste une tâche louable, pour une femme au cœur brisé, cela peut masquer une tactique pour se dispenser de vivre et de laisser s'exprimer des sentiments latents.

Pour échapper à son chagrin une femme réagit soit en donnant trop à son entourage soit en refusant toute relation intime.

Une fois que l'on s'est brûlé, la simple perspective d'approcher d'un feu peut faire renaître en soi la peur de se blesser encore. De la même façon, après un deuil ou une rupture, le moindre risque de s'attacher de nouveau à une autre personne peut faire resurgir des problèmes et des sentiments mal résolus. En décidant de ne plus croire en l'amour, une femme maintient à distance son chagrin ainsi que d'éventuels sentiments d'abandon et de trahison. Et en se promettant de ne plus jamais donner son cœur, elle se dispense par la même occasion de la nécessité de faire face à sa crainte de souffrir encore comme à celle de gérer son chagrin présent.

Examinons à présent ensemble quelques-uns des sentiments que l'on peut éprouver après la perte de son compagnon et voyons ensuite comment l'esprit manœuvre pour les repousser. Bien que ces réactions de l'esprit soient raisonnables et empreintes d'amour, elles n'aident pourtant pas le cœur à guérir.

EN QUOI LE CŒUR D'UNE FEMME ET SA RAISON RÉAGISSENT DIFFÉREMMENT

Quand le cœur ressent :	L'esprit pense :
Cela me frustre tellement d'être seule. Je dois tout faire moi-même. J'aimerais tant me sentir aimée et soutenue.	Tu dois accepter la réalité. Quand tu désires quelque chose, procure-le-toi par toi-même. Voilà ce qui arrive quand on a besoin d'autrui.
Je me sens tellement découragée. Je suis si seule. Personne ne me comprend. Nul ne se préoccupe vraiment de moi. Si seulement je pouvais revenir en arrière.	Après tout, tu n'as pas tant besoin d'amour que cela. Tu as beaucoup donné ; il est temps à présent de prendre soin de toi-même et de recommencer à vivre. Tu peux te bâtir une nouvelle existence.
Je redoute de ne plus jamais retrouver l'amour. Nul ne me rendra jamais heureuse. Je me sens si impuissante : je ne dispose d'aucune prise sur mon destin.	Tu peux apprendre à te rendre heureuse. Ce n'est pas sain de dépendre à ce point des autres. Essaie de donner autour de toi : cela t'apportera du bonheur.

Cela m'embarrasse tellement d'être seule et célibataire. Pourquoi ? Pourquoi ? Qu'ai-je fait pour mériter cela ? Suis-je anormale ? Suis-je vraiment si peu digne d'être aimée ?

Garde la tête haute. Tu n'as nul besoin d'étaler ainsi tes sentiments. Ne craque pas. Tiens le coup afin de ne pas devenir un fardeau pour ton entourage.

Je suis furieuse de ne pas être aimée et soutenue au quotidien. Ce n'est pas juste. Je mérite mieux. Puisque c'est ainsi, je ne veux plus jamais aimer.

Tu attends trop de la vie. Rien ne dure éternellement. Le moment est venu d'oublier ces rêves et de veiller sur toi-même.

Je me sens si triste. Je n'aimerai plus jamais. Ma vie ressemble à un désert. Il y a un grand vide dans mon cœur qui ne se comblera jamais.

Tu ne devrais pas dire de telles choses. Pense à tous les bons côtés de ta vie. Pense à tous ceux qui t'aiment. La situation pourrait être bien pire.

J'ai peur de ne jamais trouver la bonne personne. Je finirai ma vie seule. Je ne connaîtrai jamais la douceur de l'amour et je ne sentirai jamais ses bras puissants autour de ma taille.

C'est pour cela que tu dois apprendre à veiller sur toi-même. Tu n'as besoin de personne. Tu dois te montrer forte.

Cela m'afflige que ma vie ait pris ce tour. Je me sens si mal. Si seulement je pouvais changer les choses. Ma vie est tellement stérile.

Essaie de penser aux autres au lieu de ne songer qu'à toi. Occupe-toi ; tant que tu y parviendras, tout ira bien.

Je suis furibonde. Je ne peux pas croire que cela me soit arrivé. C'est scandaleux et injuste. Je n'admets pas d'être traitée ainsi.

Tu attends trop d'une relation. Montre-toi plus indépendante. Si tu ne t'accrochais pas tant aux autres, tu serais moins vulnérable.

Je me sens affreusement blessée et seule. Je croyais à ton amour. Comment as-tu pu me quitter et me faire si mal, toi qui avais promis de m'aimer toujours ?

Perdre un amour est trop pénible. Si tu fais plus attention avant de t'attacher de nouveau à un homme, tu ne souffriras plus jamais. Tu es trop confiante.

J'ai peur de la solitude. Je ne sais pas vivre seule. Et c'est tellement douloureux.

Tu peux survivre sans partenaire. Ce n'est pas si désagréable, tu verras, et en plus, tu ne risqueras plus d'être de nouveau abandonnée.

J'ai honte. Si je m'étais montrée plus aimante avec lui, cela ne se serait peut-être pas produit. Ce n'était pas inévitable. Je me sens tellement nulle.

Ces sentiments sont mauvais pour toi. Tu dois apprendre à t'aimer et recommencer à vivre. Il y a tant de choses à faire. Beaucoup de gens ont des problèmes plus graves que les tiens.

Dans tous les exemples mentionnées ci-dessus, le cœur est encore en deuil, tandis que l'esprit est déjà prêt à aller de l'avant. Car pour votre raison, les choses sont claires et elle use d'arguments logiques afin de houspiller votre cœur. Une femme qui veut guérir les blessures de son âme doit savoir cela et se garder de céder aux instances de son cerveau, même si celles-ci font miroiter devant ses yeux une possibilité de soulagement immédiat. Elle doit au contraire faire l'effort de s'accorder du temps et de s'ouvrir au soutien de son entourage. Ce n'est pas le moment pour elle de prendre soin des siens, mais celui de se mettre à l'écoute de ses propres besoins. Pas question non plus de prendre vos distances avec vos amis et votre famille : il faut saisir toutes les mains tendues vers vous et laisser les autres vous venir en aide.

COMMENT LES HOMMES FUIENT LEUR CHAGRIN

Sur Mars, on aime trouver des solutions à ses problèmes. De ce fait, un homme qui souffre cherche en priorité à se délivrer de sa douleur, si bien que s'il ne comprend pas la nécessité pour lui de prendre le temps de faire son deuil avant d'entamer une nouvelle vie, il tendra soit à s'abîmer dans son travail, soit à se précipiter dans une nouvelle relation pour apaiser ses blessures et fuir ou minimiser ses sentiments.

Pour accélérer son processus de guérison un homme tend soit à noyer ses sentiments dans son travail, soit à se précipiter dans une nouvelle relation de couple pour apaiser ses blessures.

Cela explique pourquoi tant d'hommes semblent passer très rapidement d'une relation à une autre. Confronté au problème d'un amour perdu, un Martien le règle en retrouvant aussitôt l'amour – croit-il. Lorsqu'il se précipite dans une nouvelle relation immédiatement après une rupture, cela ne signifie pas qu'il n'aimait pas sa précédente partenaire. Il ne faut pas voir dans cette réaction un baromètre de ses sentiments passés : il cherche juste à échapper à son chagrin. Dans certains cas, plus la perte éprouvée est grande, plus un homme se dépêche d'entamer une nouvelle relation. Cet automatisme masculin peut se révéler contre-productif.

Lorsqu'un homme se précipite dans une nouvelle relation immédiatement après une rupture, il ne faut pas voir dans cette réaction un baromètre de ses sentiments envers sa précédente partenaire.

Rares sont les hommes qui comprennent d'instinct comment le cœur guérit. L'essentiel de la philosophie martienne en effet s'attache à la résolution de problèmes matériels, mais se révèle de peu d'utilité face aux blessures de l'âme. Les hommes ignorent ainsi en général que laisser leurs sentiments rejaillir encore et encore constitue un élément crucial du processus de guérison. C'est pourquoi ils doivent apprendre à canaliser leurs instincts avec plus de raison, plus de réflexion et plus de sagesse.

Ils veilleront tout d'abord à résister à la tentation de s'engager immédiatement envers une autre femme. Bien entendu, un homme peut tout à fait chercher du réconfort auprès d'une nouvelle partenaire, mais seulement à condition que celle-ci et lui-même admettent clairement qu'il est convalescent de sa précédente relation. Il arrive souvent en effet qu'après quelques mois, ses sentiments envers cette seconde compagne changent très vite. Mieux vaut donc pour lui écarter les promesses et les engagements... Afin qu'ils évitent de mener une innocente en bateau, je conseille aux hommes de toujours fréquenter au moins deux femmes simultanément. Cela les empêchera en outre de s'attacher à une nouvelle partenaire, ce qui interférerait avec leur processus de guérison en les empêchant de se libérer de leur précédente relation.

Dans une seconde phase, une fois la rupture ou le deuil digéré par leur esprit, les hommes peuvent entraver à leur insu la cicatrisation de leur cœur de diverses manières. Penchons-nous un instant sur quelques méthodes excellentes pour résoudre un problème mais qui n'aident en rien le cœur à guérir. Le tableau ci-dessous étudie plusieurs émotions susceptibles d'être négligées ou minimisées par l'esprit. Même si les réactions de l'esprit sont sans conteste raisonnables, voyez si vous devinez en quoi elles écartent des sentiments qu'il vous serait peut-être encore utile d'éprouver. Les femmes pourront elles aussi se sentir concernées par ces exemples. N'oubliez pas que chacun de nous, homme ou femme, possède un volet masculin et un volet féminin. C'est pourquoi ce tableau (tout comme celui concernant les femmes) pourra vous parler quel que soit votre sexe.

EN QUOI LE CŒUR D'UN HOMME ET SA RAISON RÉAGISSENT DIFFÉREMMENT

Quand le cœur ressent :	L'esprit pense :
Je me sens si frustré. Je déteste cette impression. En ce moment, ma vie est difficile et pénible. Et je me sens tellement vide.	Serre les dents et va de l'avant. Ce n'est pas la fin du monde.
Je me sens totalement découragé Je ne sais que faire. J'aurais envie de tout laisser tomber.	Tu ne peux pas changer le monde. Accepte la réalité et va de l'avant.

Je suis terriblement inquiet. Les choses ne redeviendront plus jamais comme avant. Ma vie est fichue. Rien ne marche pour moi.

Ne t'affole donc pas tant. Prends la vie comme elle vient et fais ce que tu dois faire.

J'ai honte de moi. Ma vie est un échec. Comment pourrai-je jamais me montrer de nouveau en public ? Je me sens vraiment nul.

Écoute, ce genre de choses arrive. À présent, reprends-toi et regarde autour de toi. Tu peux obtenir ce que tu veux de la vie.

Je suis furieux que cela se soit produit. Ce n'est pas juste et je ne le tolérerai pas. Et cela ne se reproduira plus jamais.

La vie n'est pas juste, alors oublie ces balivernes. Tu n'as besoin de personne. Contente-toi de t'occuper de toi-même et pense à autre chose. Ce n'est pas la fin du monde.

Je ne peux pas supporter cette souffrance. Je suis si triste et je me sens si seul et abandonné. Plus rien ne me rend heureux.

Combien de temps te proposes-tu de continuer ainsi ? Tu ne fais qu'aggraver les choses. Pense plutôt à tout ce qui va bien dans ta vie.

Je crains de ne plus jamais retrouver l'amour. Dire que je dois repartir de zéro. J'ai déjà tant perdu ; que se passera-t-il si la situation empire encore ?

Ne fais pas une montagne de tes petits problèmes. Pense à autre chose et va de l'avant.

Je me sens si mal et si désolé. Si seulement je m'étais comporté différemment. Seigneur, je Vous en prie, accordez-moi une autre chance.	Eh ! Nul n'est parfait. Tu ne peux plus rien y changer, à présent, alors cesse de te fustiger et va de l'avant.
Je suis furieux que cela soit arrivé. C'est injuste et je ne parviens pas à y croire.	Quelle importance ? À partir de maintenant, contente-toi de t'occuper de toi-même. Qui a besoin de souffrir ?
Je suis affreusement blessé : tu avais promis de m'aimer toujours. Comment as-tu pu me quitter ?	Allons, ne fais pas l'enfant. Grandis un peu ! Tu peux gérer cela. Au travail !
J'ai si peur. C'est sans espoir : jamais je ne retrouverai le bonheur Cela ne peut pas m'arriver à moi !	Ce qui est fait est fait. Tu ne peux pas continuer à te lamenter jusqu'à la fin des temps ! Il faut que tu acceptes la réalité.
J'ai tellement honte. Je n'aurais jamais dû laisser cela se produire.	C'est la vie. Au lieu de pleurnicher, fais quelque chose pour arranger la situation.

Dans chacun des cas mentionnés ci-dessus, il est facile de voir comment l'esprit arrive à nier les sentiments. Certains de ces exemples peuvent ne pas seulement exprimer ce que votre raison vous souffle, mais aussi ce que vos amis vous recommandent. Bien qu'ils compatissent évidemment à votre sort, après vous avoir vu souffrir pendant plusieurs semaines, ils résisteront rarement à la tentation de vous pousser à aller de l'avant sans plus tarder. Et bien qu'ils soient animés des meilleures intentions, il s'agit d'un conseil contre-productif.

Même si vos amis compatissent sur votre sort, après vous avoir vu souffrir pendant plusieurs semaines, ils souhaiteront vous voir aller de l'avant sans plus tarder.

Votre entourage pense, tout comme votre propre cerveau, que vous aggravez les choses en prenant trop longtemps pour guérir, voire que vous vous apitoyez sur votre sort. De son point de vue, se lamenter éternellement sur l'irrévocable n'apporte rien. Il ne comprend pas que vos sentiments resurgissent de façon récurrente pour une excellente raison.

Au moment où votre esprit accepte la perte de votre partenaire et est prêt à aller de l'avant, votre cœur a encore besoin de quelques mois pour guérir.

Avec une approche adéquate et suffisamment de patience, vous pourrez un jour écarter les ténèbres du désespoir pour retrouver la lumière du bonheur et de l'amour. Mais pour y parvenir, il est essentiel de comprendre avant tout les conséquences néfastes d'une trop grande précipitation sur la guérison d'un cœur brisé. Même lorsque la relation qui vient de s'achever n'était pas empreinte d'amour, il faut néanmoins laisser le cœur cicatriser lorsqu'elle prend fin. Dans le prochain chapitre, nous étudierons les problèmes et les défis soulevés par le travail de deuil qui suit la fin d'un amour.

CHAPITRE 4

Pleurer la perte
de son amour

Pleurer la perte de son amour signifie ressentir pleinement les émotions douloureuses qu'évoque le souvenir de celui-ci, puis s'en libérer. Bien qu'il s'agisse d'un processus automatique, on peut entraver celui-ci sans le vouloir, de maintes façons.

Comme je l'ai expliqué dans le chapitre précédent, une des erreurs les plus fréquemment commises consiste à vouloir refaire sa vie trop vite sans se laisser le temps d'accomplir son travail de deuil.

Une autre erreur consiste à ne pas s'accorder le droit d'éprouver certains sentiments.

Lorsqu'on perd son partenaire ou qu'une relation amoureuse prend fin, on s'attend à crouler sous la tristesse et le chagrin, mais il ne s'agit là que d'un volet du processus de deuil.

Pour se délivrer de son attachement à une personne ou à une relation, d'autres émotions doivent être vécues, puis dépassées.

LES QUATRE ÉMOTIONS QUI GUÉRISSENT

Pour se délivrer de son attachement à un être ou à une relation, il faut laisser monter en soi quatre émotions curatives : la colère, la tristesse, la peur et le regret. Tant que l'on continue à se sentir triste ou en colère, on est encore d'une manière ou d'une autre prisonnier du passé. La peur et le regret indiquent quant à elles que l'on n'est pas encore ouvert aux nouvelles possibilités qui s'offrent à soi. Chacune de ces quatre émotions est essentielle pour parvenir à se libérer du passé afin de refaire sa vie et toutes jouent un rôle primordial dans le processus par lequel on se délivre d'un lien amoureux pour remettre les compteurs de son cœur à zéro.

Tout comme un os brisé a besoin d'être remis en place pour se ressouder correctement, nos désirs doivent être eux aussi réorganisés. Au lieu de continuer à attendre que nos souhaits et nos besoins soient comblées par une unique source, il nous faut nous ouvrir à d'autres sources de tendresse et de soutien. Explorer et éprouver les quatre émotions qui guérissent confère la liberté de rectifier ses désirs, ses attentes, ses besoins et ses espoirs. Étudions ensemble le rôle exact de chacune d'elles.

Première émotion qui guérit : la colère

La colère permet d'analyser sur le plan émotionnel les événements que vous n'auriez pas voulu voir se produire. C'est l'expression émotionnelle du fait que nous n'obtenons pas ce que nous voulons. C'est aussi un signal d'alarme qui nous intime l'ordre d'interrompre nos activités courantes pour nous accoutumer aux données nouvelles de notre existence. Après un deuil ou une rupture, si l'on ne s'octroie pas l'autorisation d'être furibond, on peut rester bloqué dans un état d'insensibilité, privé de vie et de passion. La colère libère de l'indifférence et remet les êtres en contact avec leur appétit d'amour et de vie.

Éprouver de la colère, puis s'en affranchir, remet en contact avec son appétit d'amour et de vie.

De ce fait, elle permet de s'affranchir de ses anciens desiderata afin de pouvoir commencer à accueillir des envies et des attentes flambant neuves. Ces aspirations vierges aident à s'ouvrir à toute éventualité. Le « Je veux être aimé(e) de mon partenaire » d'antan se mue en un bien plus vaste : « Je veux être aimé(e) ». Et ce désir inconditionnel porte en lui la faculté intuitive de chacun d'accueillir de nouvelles sources d'amour et de soutien.

Deuxième émotion qui guérit : la tristesse

La tristesse permet d'explorer sur un plan émotionnel tout ce qui ne s'est pas produit et que l'on aurait aimé voir se produire. Il s'agit de l'expression émotionnelle des désirs inassouvis. Après une rupture ou un deuil, si on ne s'octroie pas le droit d'être triste, on ne parviendra pas à adapter ses exigences à ce qui est désormais possible. S'abandonner à sa tristesse permet de reprendre contact avec sa capacité d'aimer, de chérir et d'apprécier ce que l'on possède. En réveillant peu à peu votre appétit de vivre, cette émotion entrouvrira votre cœur pour vous aider à goûter de nouveau à la douceur de l'amour.

S'abandonner à sa tristesse puis s'en libérer entrouvre notre cœur et nous aide à goûter de nouveau à la douceur de l'amour.

Une telle démarche met à même de cesser de combattre la réalité et d'accepter peu à peu la perte subie. Cette reddition constitue la première étape du réajustement de nos attentes en fonction des conditions nouvelles qui régissent à présent notre univers. Contrairement à ce que l'on croit souvent, regarder en arrière et explorer chaque nuance de nos rêves déçus est essentiel pour ce faire. Ainsi, le « Je compte sur l'amour de mon partenaire » pourra se transformer en un : « Je m'attends à ce qu'on m'aime » annonciateur d'une renaissance encore timide de sa confiance en sa capacité d'exaucer ses propres vœux.

Troisième émotion qui guérit : la peur

La peur permet de se pencher sur ce qui pourrait se produire et que nous ne souhaitions pas voir arriver. Ce n'est pas un mauvais pressentiment, mais l'expression émotionnelle de ce que nous craignons. Admettre que l'on redoute l'avenir et son cortège d'événements imprévisibles aide à reprendre contact avec sa vulnérabilité naturelle et, par suite, à mieux distinguer ses besoins ainsi que les appuis sur lesquels on peut désormais compter. Ce qui aide à s'ouvrir pour accueillir l'assistance nécessaire et emplit le cœur de courage et de gratitude.

Éprouver de la peur puis s'en libérer rend capable de mieux discerner ses besoins et les appuis sur lesquels on peut désormais compter.

Grâce à ce mécanisme, nous deviendrons aptes à adapter nos besoins à ce qui nous est accessible aujourd'hui, au lieu de continuer à requérir ce dont nous ne disposons plus. « J'ai besoin de l'amour et du soutien de mon partenaire » laissera place à un simple : « J'ai besoin d'amour et de soutien ». Et cette requête qui n'est plus assortie d'aucune condition apporte la force et la détermination nécessaires pour retrouver l'amour.

Quatrième émotion qui guérit : le regret

Le regret exprime sur le plan émotionnel ce qui ne peut plus se produire mais qu'on aurait aimé voir se produire. Regretter, c'est admettre en son cœur que ses souhaits ne peuvent pas toujours se réaliser, et reconnaître son incapacité de modifier le passé. Pour se délivrer de ce dernier, s'incliner devant cette réalité est primordial. Se pencher ainsi sur ce qui n'est pas possible *incite en effet à progresser pour mieux distinguer ce qui est possible*. Ce point clarifié, on pourra plus aisément accueillir la compassion nécessaire à la bonne cicatrisation de ses blessures et, à terme, trouver l'inspiration qui permettra de donner de nouveau son cœur. En somme, la résignation émotionnelle qui accompagne les regrets apporte la paix.

Éprouver du regret puis s'en libérer permet de mieux distinguer ce qui est possible.

Peu à peu, au fil de ce processus, on abandonnera ses espoirs passés au profit de nouveaux. « J'espère être aimé » remplacera alors « Je voudrais que mon partenaire soit là pour m'aimer ». Cet espoir tout simple porte en lui l'intention et la motivation cruciales pour entamer une nouvelle vie. Il faut que la lumière d'un espoir neuf perce les ténèbres du désespoir pour que l'on sente de nouveau pleinement l'amour baigner son cœur. Alors seulement on se sentira délivré de son chagrin.

Chacune des quatre émotions qui guérissent joue un rôle essentiel dans le processus de guérison d'un cœur brisé. Aucune ne prime sur les autres et il n'existe nulle règle quant à l'ordre dans lequel on doit les éprouver. Le plus souvent, après un deuil ou une déception sentimentale, on ressent d'abord de la colère, puis de la tristesse, puis de la peur et enfin des regrets, mais suivant les circonstances et les personnes, ce schéma peut varier.

Avoir connaissance de ces quatre émotions aide à explorer ses sentiments en totalité, afin de soigner ses blessures. En négliger une seule d'entre elles risque de retarder le processus de guérison voire de le bloquer. Pour pleurer correctement un amour perdu, on doit veiller à ce que la raison donne au cœur la permission de s'abandonner aux quatre émotions qui guérissent.

LES ÉMOTIONS NÉGATIVES AIDENT À CHANGER DE DIRECTION

Lorsqu'on roule en voiture et que l'on décide de s'arrêter pour faire demi-tour, il faut en premier lieu freiner. Après une rupture ou un deuil, s'abandonner aux quatre émotions qui guérivaut équivaut à cette mesure initiale : quand l'esprit décrète qu'il est temps de repartir du bon pied dans une autre direction, c'est au cœur d'appuyer sur la pédale du frein. Avant de virer de bord pour aimer de nouveau, il est indispensable d'accomplir un travail de deuil afin d'aider son cœur à se libérer du passé.

Pleurer son amour perdu participe d'un processus de délivrance qui donne la possibilité de changer de cap et facilite la mise à jour des souhaits, des attentes, des besoins et des espoirs. À mesure que l'on cessera de se reposer exclusivement sur l'amour de son partenaire – qui n'est plus accessible –, on pourra mieux accueillir tout amour disponible.

Dès que l'on cesse de se reposer sur l'amour de son partenaire, on devient capable d'accueillir l'amour disponible.

On ne peut se libérer d'un lien amoureux pour refaire sa vie, tant que l'on n'a pas pris conscience de son attachement à l'autre comme unique source d'amour. Toute souffrance émotionnelle indique que l'on persiste à s'accrocher à quelque chose qui n'existe plus, auquel cas, seules les quatre émotions qui guérissent et la douleur qui accompagne celles-ci peuvent à terme vous délivrer de votre chagrin. Si l'on vous lance une pomme de terre brûlante, vous la lâcherez automatiquement dès qu'elle touchera vos doigts ; de la même manière, une fois capable d'éprouver pleinement la peine qui résulte des liens d'hier, on relâche son emprise sur le passé. Voilà comment fonctionne l'action libératrice de ces quatre émotions.

Quand on devient capable d'éprouver pleinement la souffrance qui résulte de l'attachement au passé, on relâche son emprise sur ce dernier.

Si en revanche on ne parvient pas à laisser s'exprimer la gamme complète de ses sentiments, on risque de rester bloqué au milieu du processus de guérison. Au lieu d'éprouver comme on le devrait des émotions, puis du soulagement, on demeurera prisonnier de ses sentiments négatifs. En effet, en cas de blocage, quelle que soit la force avec laquelle on vit une émotion, celle-ci persiste, si bien que, loin de se délivrer d'elle ainsi qu'on l'escomptait, on se laissera d'une certaine manière anesthésier par elle. Au lieu d'ouvrir son cœur à de nouvelles amours et à un nouveau bonheur, on se replie sur soi-même.

Si on ne parvient pas à laisser s'exprimer la gamme complète de ses sentiments, on risque de rester bloqué au milieu du processus de guérison. Au lieu d'éprouver des émotions, puis du soulagement, on demeurera prisonnier de ses sentiments négatifs.

Si simples que soient les mécanismes de cicatrisation des blessures de l'âme, on les ignore encore trop souvent et nombreux sont ceux qui échouent de ce fait à surmonter la perte d'un être aimé. Ils ressentent bien une ou deux émotions salvatrices, mais pas les quatre. Alors, plutôt que de cheminer doucement vers le salut, ils restent bloqués en chemin. Répétons-le une fois encore : pour mener à bien le processus de deuil, il est indispensable que chacune des quatre émotions qui guérissent soit pleinement vécue. Dans le chapitre suivant, nous apprendrons comment nous assurer de ne jamais rester prisonnier d'un état émotionnel et d'aller de l'avant pour retrouver l'amour, le bonheur et la paix.

CHAPITRE 5

Sortir de l'ornière

Connaître les quatre émotions qui guérissent permet de comprendre pourquoi écouter son cœur ne suffit pas toujours et aboutit parfois même à un blocage. On croit faire ce qu'il faut pour guérir mais, au lieu de se sentir mieux, on va de plus en plus mal. Et, telle une personne prisonnière de sables mouvants, plus on se débat pour échapper à sa souffrance émotionnelle, plus on s'y enlise.

Échaudé par quelques échecs de cet acabit, on prend alors l'habitude de s'évertuer autant que possible à fuir ses émotions négatives. À court terme, une telle technique peut apaiser les maux de l'âme, mais, comme nous allons le voir, à un certain prix...

Une des raisons pour lesquelles il est si agréable de côtoyer des enfants est que ceux-ci vivent pleinement leurs émotions : quand ils sont heureux de vous voir, ils exultent de bonheur et s'ils vous aiment, ils débordent d'amour. Nous aussi avons possédé dans nos jeunes années cette faculté d'éprouver nos sentiments à 100 %, mais elle s'est souvent un peu émoussée avec l'âge. Gérer les défis de la vie et les petites déconvenues quotidiennes peut engourdir les sens. Il est temps de les réveiller. Après un deuil, l'incapacité de sentir sa colère, sa tristesse, sa peur ou ses regrets induit une inaptitude à accueillir l'amour, la joie, la gratitude ou la paix qui soignent les plaies du cœur. C'est seulement en veillant à ne pas imposer le silence à ses émotions négatives que l'on peut ouvrir son cœur aux autres.

Refouler ses sentiments négatifs fait progressivement perdre la capacité d'éprouver des sentiments positifs.

Tant que l'on ne sait pas exprimer ses émotions négatives et que l'on n'a pas jugé sur pièces de l'efficacité de cette technique, on redoute souvent que ces sentiments viennent encore ajouter à son marasme. Pourtant, apprendre à exprimer les quatre émotions qui guérissent ne permet pas seulement de recoller les fragments d'un cœur brisé : cela garantit aussi qu'il sortira plus fort de cette épreuve. Même si cela paraît difficile à croire au premier abord, après un deuil surmonté avec succès, on aime et on vit mieux qu'auparavant.

UN FILM D'HORREUR

Je me rappelle très bien quand j'ai pour la première fois compris la nécessité d'équilibrer un sentiment par un autre : je me trouvais dans une salle de cinéma, voici environ dix-huit ans, attendant en compagnie de ma petite amie de l'époque le début d'un film d'horreur. En règle générale, je déteste ce genre de spectacle, mais mes amis m'ayant assuré que ce film était aussi empreint de spiritualité, j'avais fait une entorse à mes principes. J'étais néanmoins très nerveux et anxieux et, pour tout dire, un brin effrayé. Et me répéter qu'il ne s'agissait que d'un film ne suffisait pas à me rasséréner totalement...

Quelques minutes avant la séance, un homme gigantesque coiffé d'un chapeau de cow-boy est venu s'asseoir juste devant nous, alors que tous les autres sièges de la salle étaient inoccupés. « Quel blaireau ! », ai-je songé, fulminant de rage. Et quelle incorrection que d'obstruer ainsi notre champ de vision alors que tous les autres sièges étaient inoccupés.

Je n'ai pas imaginé un seul instant qu'il puisse agir ainsi en toute innocence, lui-même étant si grand qu'il n'avait jamais souffert de ce type de désagrément.

Trop gauche pour lui demander poliment de se déplacer, je me suis borné à bouillir de colère en silence, puis, au bout de trois ou quatre minutes, j'ai décidé de me venger en allant m'installer avec mon amie juste devant le gêneur... qui n'a absolument pas réagi – et pour cause : nous le dérangions si peu qu'il n'avait même pas soupçonné notre inconfort.

Lorsque je me fus un peu calmé, je constatai que toute la nervosité et l'anxiété qu'occasionnaient en moi la perspective de voir un spectacle effrayant s'étaient envolées. Par quelque mécanisme inconnu de moi, ma colère avait chassé mon angoisse.

Je me demandai alors si ma relative pusillanimité pouvait être imputable à ma tendance naturelle à étouffer ma colère sauf lorsque j'étais vraiment hors de moi, refouler systématiquement mes sentiments rageurs ayant renforcé mes peurs.

Pour mettre cette théorie nouvelle à l'épreuve, je résolus d'essayer de me mettre en colère dès que l'inquiétude monterait en moi. Et cela fonctionna : contrebalancer mes angoisses en exprimant ma colère chassait mon anxiété.

DE NOUVELLES DÉCOUVERTES

À la suite de cette découverte, je me penchai sur la manière dont mes clients réprimaient leurs émotions négatives et sur les situations de blocage qui en résultaient. Certains demeuraient prisonniers de leur colère parce qu'ils ne parvenaient pas à pleurer. D'autres pleuraient facilement, mais ne savaient pas se mettre en colère, moyennant quoi ils restaient otages de leur chagrin. D'autres encore se voyaient paralysés par leur peur et leur sentiment d'insécurité. Les derniers, enfin, se consumaient de regrets, incapables d'aimer pour n'avoir pas su faire face à leurs craintes.

En poussant l'analyse plus avant, je remarquai que tous ces blocages s'expliquaient par le fait que le passé de ces personnes les avait conditionnées à ne pas savoir reconnaître et exprimer une ou deux des quatre émotions qui guérissent. Je constatai alors que chaque état émotionnel négatif découlait directement d'un déséquilibre des sentiments négatifs. Une fois l'équilibre rétabli, une libération salvatrice se produisait automatiquement et les sentiments négatifs faisaient place à leurs pendants positifs : le soulagement, la paix, l'amour, la compréhension, le pardon et la confiance.

Tous les états émotionnels négatifs
résultent directement d'un déséquilibre
des sentiments négatifs.

Cela modifia radicalement mon approche thérapeutique. Avant, je pensais que les émotions négatives constituaient le problème — et certes pas la solution — et j'incitais mes patients à se débarrasser d'elles ou à s'efforcer de les exprimer. À présent, je leur conseille d'*élargir* leur perception de ces sentiments de manière à englober en elles les quatre émotions qui guérissent. Et je leur explique que s'ils y parviennent, ils pourront, lorsqu'ils se sentiront bloqués par un sentiment, passer à un autre, ce qui leur procurera presque toujours *un soulagement immédiat.*

PRISONNIER DE SA COLÈRE

Une personne qui n'est pas capable de ressentir sa tristesse, sa peur ou ses regrets risque fort de rester bloquée au stade de la colère. Ce problème concerne tout particulièrement les hommes, à cause de leur conditionnement social, qui les empêche d'admettre qu'ils éprouvent de tels sentiments. La colère est plus acceptable. De tels schémas culturels sont lourds de conséquences d'abord parce qu'ils interdisent aux hommes de s'abandonner aux mécanismes naturels de guérison de leur cœur, mais aussi parce que le jour où ils parviennent enfin à affronter les autres émotions négatives, ils sont dépassés par les événements, comme si tout le chagrin accumulé depuis leur naissance resurgissait soudain. Cette situation est très difficile à gérer. Cependant, un homme qui réussit malgré tout à mener à bien sa démarche curative sera à jamais libéré des contraintes liées à l'éducation qui brident tant de ses congénères.

Lorsqu'un homme ou une femme sont incapables d'admettre et d'avouer leurs craintes et leurs regrets, leur capacité de donner et de recevoir de l'amour se voit réduite.

Un homme au cœur brisé, qui nie sa vulnérabilité, peut se montrer excessivement exigeant, sur la défensive et froid dans le cadre de ses relations de couple ultérieures. En effet, l'amour et l'intimité réveillent sa tristesse, ses peurs et ses regrets latents. Pour fuir ces problèmes, il réagira automatiquement en tenant sa nouvelle compagne à distance. Cette relation ne pouvant de ce fait combler ses besoins émotionnels, il deviendra de moins en moins sûr de ses sentiments et de moins en moins enclin à s'engager. Alors, une nouvelle fois, croyant sincèrement agir au mieux, il s'efforcera d'étouffer sa sensibilité. En pratique, il aura donc tendance à se montrer de plus en plus exigeant, sur la défensive et indifférent.

PRISONNIER DE SA VULNÉRABILITÉ

De même, une personne incapable d'éprouver de la colère tendra à rester prisonnière d'émotions telles que la tristesse, la peur ou le regret. Ce cas de figure concerne plus souvent les femmes car la société n'apprécie guère – à tort – qu'une femme dise « non » ou extériorise sa colère. Dès son plus jeune âge, on la modèle à être désirable plutôt qu'à désirer. On la conditionne à devenir douce et aimante, au lieu de l'encourager à se faire respecter ou à exprimer sa fureur.

On modèle les femmes dès leur plus jeune âge à être désirables plutôt qu'à désirer.

Pour recoller les fragments de son cœur brisé, une femme doit apprendre à dépasser son éducation et laisser libre cours à ses sentiments. Si elle ne s'autorise pas à se mettre en colère, elle ne fera plus jamais confiance à l'amour. En effet, sans la force et les éclaircissements qu'apporte la colère, ses craintes, son chagrin et ses regrets peuvent lui paraître sans fond. C'est pour fuir de telles émotions qu'une femme au cœur brisé refuse souvent toute relation amoureuse.

De fait, tant que sa vulnérabilité n'est pas rééquilibrée par une saine colère, la simple perspective d'entamer une nouvelle histoire peut suffire à la faire renaître avec une intensité décuplée. Pour s'épargner les souffrances qui accompagnent une telle résurgence, les femmes s'enferment dans la solitude. Mais comme elles ne pourront se délivrer de leur chagrin qu'en manifestant leur colère, elles tendent à devenir déprimées, méfiantes et rigides. Et bientôt, elles-mêmes deviennent le principal frein à leur propre bonheur.

LES ÉMOTIONS NE SONT PAS LIÉES AU SEXE

Bien que les femmes éprouvent souvent des difficultés à exprimer des émotions empreintes de colère ou de violence, et que les hommes rencontrent le même problème avec leur vulnérabilité, ces disparités ne sont ni innées, ni liées au sexe. Elles résultent principalement de l'influence des parents, de la société et des leçons des premières années de la vie. Hommes et femmes ont tous un égal besoin de ressentir les quatre émotions qui guérissent.

La capacité d'éprouver des émotions n'est pas liée au sexe, mais plutôt à l'influence des parents, de la société et des leçons des premières années de la vie.

Bien que leur éducation et les normes sociales poussent les hommes à dissimuler leurs failles affectives et les femmes à étouffer leur agressivité, cette règle souffre une foule d'exceptions, surtout en cas de cœur brisé. Car si on leur en donne la possibilité, les hommes peuvent se montrer tout aussi fragiles que leurs compagnes et ces dernières peuvent faire preuve d'une brutalité toute masculine.

Dans mon travail, j'ai constaté à maintes reprises que mes patients – quel que soit leur sexe – guérissaient plus efficacement des blessures de l'âme s'ils portaient une attention égale aux quatre émotions salvatrices. J'ai aussi découvert qu'en règle générale, le sentiment qu'ils éprouvaient le plus facilement, et dont ils discutaient le plus volontiers, était leur propension à masquer certaines émotions. Et ce n'était là que la partie visible de l'iceberg.

On ne peut progresser dans la connaissance de soi qu'en sondant les couches profondes enfouies dans les tréfonds de son esprit. Bien souvent, se délivrer complètement d'un amour passe par un retour en arrière afin d'examiner d'autres périodes de souffrance plus anciennes, au cours desquelles un sentiment douloureux quelconque avait été en partie refoulé. Une fois les quatre émotions qui guérissent exprimées, on peut enfin se laisser envahir par ses sentiments sous-jacents d'amour, de compréhension, de pardon et de gratitude. Considérons ensemble quelques exemples.

QUELQUES EXEMPLES

Prisonnière de sa tristesse et de ses peurs

Richard a succombé à une crise cardiaque à l'âge de trente-huit ans. Mary, son épouse, est venue me consulter cinq ans plus tard car elle se sentait déprimée et terriblement triste. Elle me dit que son existence lui semblait vide sans Richard et dépourvue de joie. En l'interrogeant sur son processus de deuil, j'appris que celui-ci avait pris des années et que Mary n'avait jamais vraiment réussi à surmonter son chagrin. Elle avait pleuré des mois durant sans en éprouver de réel soulagement et, pendant de longues années, n'avait même pas pu envisager d'entamer un jour une nouvelle relation.

Ayant perdu son père alors qu'elle était très jeune, puis à présent son mari, la perspective d'aimer de nouveau lui semblait trop dangereuse puisqu'elle impliquait le risque de souffrir encore. Elle préférait donc fuir systématiquement les soupirants potentiels.

> **Quand on a perdu un être aimé, on considère parfois qu'aimer de nouveau est trop dangereux.**

Mary a fini par réussir à se délivrer de ses craintes et de son chagrin en s'autorisant à éprouver de la colère. Avant de venir me consulter, elle n'aurait jamais considéré cette option, qui lui aurait paru trahir son amour et son époux défunt. Moyennant quoi elle demeurait prisonnière de sa tristesse, de ses craintes et de ses regrets.

Il a suffi qu'elle s'accorde la permission d'explorer, de ressentir et d'exprimer la quatrième émotion qui guérit – la colère – pour qu'elle parvienne à progresser enfin et à retrouver l'amour. Elle a même osé exprimer ses reproches à l'encontre de Dieu, coupable à ses yeux de l'avoir prématurément privée de son père.

Éprouver ce sentiment lui a permis de reprendre contact avec son appétit d'aimer et de vivre et, à terme, lui a fourni le courage nécessaire pour entamer une nouvelle relation amoureuse. Mais tant qu'elle n'avait pas admis sa colère, ses craintes la retenaient en otage.

Prisonnier de sa colère et de son ressentiment

Tom était content de son divorce, soulagé de se savoir libéré d'une union malheureuse et de retrouver les joies du célibat. Son mariage s'était révélé une expérience frustrante : il lui semblait que quoi qu'il fasse pour sa femme, ce ne serait jamais assez et que quoi qu'il dise, ce serait une bévue. « Elle était vraiment trop exigeante, m'expliqua-t-il. Ce n'était pas drôle et, à mon sens, on doit s'amuser auprès de sa partenaire. »

Depuis son divorce, Tom riait de nouveau. Quelle joie pour lui que de pouvoir enfin jouer de la musique, décider de ses horaires, manger ce qu'il voulait et voir les films qui l'intéressaient. Il se remit à sortir avec des femmes, avec lesquelles il se divertissait, mais dès qu'une relation devenait sérieuse, il prenait la fuite. Il lui semblait que toutes les femmes qu'il fréquentait devenaient un jour trop exigeantes, tout comme son ex-femme.

Bien que Tom fût un garçon positif et qu'il ne souhaitât que du bien à son ex-épouse, il parlait encore d'elle avec colère, toujours furieux qu'elle n'eût pas mieux apprécié ses efforts. Il gérait cette rage en exprimant ses reproches et en veillant à ne plus jamais s'engager envers une femme exigeante. À son insu, il était prisonnier de sa fureur et cela empoisonnait sa vie amoureuse. En effet, dès qu'il atteignait un certain degré d'intimité avec ses nouvelles partenaires, cela réveillait son ire dont il les rendait responsables, et il les quittait.

La manière dont on gère la perte d'un amour
indique comment on gérera instinctivement
ses amours futures.

Tom rêvait d'une partenaire gaie, primesautière et toujours satisfaite de lui. Lui-même se jugeait facile à vivre et il en attendait autant de ses compagnes. Dès qu'une femme manifestait le désir d'approfondir leur relation, il se plaçait sur la défensive et l'accusait de se montrer tyrannique. Tom ne saisissait pas que ses propres attentes étaient irréalistes, ni que le partenaire exigeant, c'était *lui*.

Au fil de nos séances de travail, il a pourtant commencé à le comprendre. Il apprit qu'il était normal que les hommes et les femmes fonctionnent différemment et qu'une relation réussie implique l'acceptation de ces disparités. Mais si, intellectuellement, il pouvait admettre le besoin d'une femme d'évoquer ses sentiments négatifs, il s'inquiétait néanmoins dès que sa partenaire ne semblait pas au sommet de sa forme. Il lui fallait donc ramener ses désirs émotionnels à de plus justes proportions. Ce qui nécessitait avant tout de soigner les blessures de son cœur. Alors, nous avons étudié en quoi il n'avait pas pleinement fait le deuil de l'échec de son mariage, six ans plus tôt.

Pour pouvoir rectifier ses attentes émotionnelles, il faut avant tout soigner les blessures de son cœur.

Quand Tom a divorcé, il n'a jamais même songé à explorer les quatre émotions qui guérissent. Il se sentait tellement soulagé qu'il n'imaginait même pas souffrir de plaies requérant des soins. Nos discussions lui ont permis d'éprouver une certaine colère, mais pas de tristesse, ni de regrets. Il était trop content que sa relation avec sa femme ait pris fin.

Plus tard, en se reportant à ce qu'il ressentait au début de leurs amours, il a pu admettre un peu de tristesse et de déception, mais il ne progressait pas vraiment. Quand je lui ai demandé de se remémorer une occasion dans laquelle il s'était senti déçu, il a évoqué le décès de son père, tué dans un accident de voiture, alors que lui était âgé de douze ans.

Lors de l'enterrement, quelqu'un avait dit à Tom qu'il devait se montrer fort pour soutenir sa maman. Alors l'enfant s'était efforcé de ravaler ses larmes, de cacher son chagrin et se montrer gai, afin de ne pas représenter un fardeau supplémentaire pour sa mère. Il a fallu qu'il se rappelle cette période et s'autorise à se laisser envahir par les quatre émotions qui guérissent, pour qu'il puisse enfin soigner son cœur, qui s'était brisé à cet âge tendre et vulnérable.

Une émotion qui s'est bloquée dans notre passé demeurera difficile à éprouver pleinement tant que le verrou n'aura pas sauté.

Devenu adulte, Tom ne supportait pas de décevoir ou d'attrister ses partenaires car lui-même n'avait pas résolu ces émotions. Tant qu'il n'accepterait pas de laisser émerger sa propre peine, il ne pourrait tolérer la moindre trace de déception dans ses relations de couple. Voilà pourquoi il réagissait par la colère et les reproches.

En ouvrant son cœur à ses sentiments, il apprit progressivement à réajuster ses aspirations et à comprendre le besoin de sa partenaire de n'être pas toujours gaie. Alors seulement, il put abandonner sa position défensive et se montrer moins dur envers elle.

Ouvrir notre cœur à nos sentiments nous apprend peu à peu à réajuster nos aspirations et à comprendre les besoins de l'autre.

Prisonnière de ses regrets et de son apitoiement sur son propre sort

Rex, le mari de Danna, l'a quittée pour sa secrétaire – beaucoup plus jeune – au bout de douze ans de mariage. Ce drame remontait à plus de dix quand j'ai fait la connaissance de cette jeune femme, mais elle ne pouvait évoquer cet épisode de sa vie sans que sa voix se teinte d'apitoiement sur son sort et de désespoir. Et bien qu'elle eût relaté son histoire maintes fois depuis son divorce, elle demeurait incapable d'oublier et d'aller de l'avant. Dans son esprit, Rex avait irrémédiablement gâché sa vie et elle ne retrouverait jamais le bonheur.

Danna était prisonnière de ses regrets et de ce fait incapable de repartir du bon pied. S'accrocher au souvenir de Rex et déplorer qu'il lui manque encore tellement lui permettait d'occulter sa peur de se voir de nouveau rejeter. Au fond d'elle-même, elle se jugeait nulle et indigne d'être aimée, et redoutait qu'aucun homme ne veuille jamais d'elle. Mais tant qu'elle n'admettrait pas cette crainte, elle ne pourrait s'en délivrer.

Tel est le problème des émotions négatives : la plupart d'entre elles sont irrationnelles et fondées sur des croyances erronées mais, pour s'en débarrasser, il faut d'abord accepter de les ressentir. Or, l'orgueil de Danna lui interdisait de s'avouer sa peur d'être indigne de jamais retrouver l'amour.

Pour se débarrasser de ses croyances erronées,
il faut d'abord accepter de ressentir
ses émotions négatives.

Durant nos séances de thérapie, elle se remémora l'époque où elle aimait Rex et put commencer à éprouver de la tristesse. Elle se rappela combien elle l'aimait en ce temps là, leurs souvenirs communs, puis sa douleur lors de son départ. En sondant plus profondément sa tristesse, elle découvrit qu'une partie d'elle tremblait de ne jamais retrouver l'amour. Elle redoutait d'accorder de nouveau sa confiance par crainte de souffrir encore.

Sa peur une fois admise, Danna remonta encore un peu plus loin en arrière pour évoquer une autre situation génératrice d'effroi : son père criant après sa mère et la maltraitant. Bien qu'il n'eût jamais dirigé sa colère contre sa fille, celle-ci tremblait cependant à l'idée qu'il le fît et, pour se prémunir contre l'ire paternelle, s'efforçait d'être toujours sage. Au fond d'elle-même, elle pensait que si elle s'exprimait librement ou agissait à son idée, elle perdrait l'amour de son père et serait punie.

Danna eut du mal à éprouver du courroux contre son père car celui-ci ne l'avait jamais maltraitée. Elle ne comprenait pas qu'elle pouvait néanmoins lui reprocher tout ce qu'il n'avait pas fait pour elle, et de lui avoir inculqué qu'il n'était pas prudent pour elle de s'affirmer. Son père n'avait jamais pris le temps de connaître Danna, de découvrir ce qu'elle ressentait ou souhaitait, ou de s'intéresser à ses besoins. Danna s'autorisa enfin à fustiger la négligence paternelle et put ainsi se délivrer de ses appréhensions.

S'OUVRIR DE NOUVEAU À L'AMOUR

Ayant utilisé cette approche avec des milliers de patients, je puis affirmer que s'abandonner sans contrainte à chacune des quatre émotions qui guérissent permet à *tous* de se délivrer de leurs chagrins passés pour accueillir chaque jour un peu plus d'amour, de bonheur et de succès. Bien souvent, les

75

personnes que je reçois ont déjà exprimé à loisir deux ou trois de ces émotions, mais ce n'est qu'après avoir ouvert leur cœur à(ux) chaînon(s) manquant(s) qu'elles parviendront à aller de l'avant.

Dans la plupart des situations de blocage, il est très utile de faire rejaillir dans son esprit des événements passés lors desquels le sentiment en cause a pu ne pas être pleinement admis, avoué ou autorisé. Une fois que l'on sait ce que l'on cherche, cette démarche introspective se révèle en général assez facile : poser la bonne question suffit à faire resurgir l'émotion enfouie.

Pour parvenir à ouvrir son cœur comme dans les exemples qui précèdent, il faut veiller à combattre les conditionnements hérités du passés afin d'écouter jusqu'au bout chacune des quatre émotions salvatrices.

D'autres facteurs peuvent également intervenir pour bloquer la perception d'un sentiment curatif. Ainsi, nous verrons dans le chapitre suivant comment perdre un être aimé peut nous empêcher de nous abandonner aux « bonnes » émotions. En considérant ce nouvel angle d'approche, nous nous pencherons alors sur les méthodes permettant de faire remonter à la surface les sentiments enfouis, afin de mener à bien le processus de guérison avec amour, acceptation, compréhension et confiance.

CHAPITRE 6

Les bonnes fins font les bons (re)commencements

Nul ne tombe amoureux en pensant : « Unissons-nous, puis, après quelques années de bonheur, séparons-nous dans la douleur. » Quand on s'éprend, on ne prévoit pas de perdre un jour cet amour tout neuf. Pourtant, même si, au début, amour rime avec toujours, il arrive que celui-ci disparaisse Et quand cela se produit, cela nous brise le cœur.

La fin d'une relation sentimentale constitue une perte déchirante quels que soient les motifs qui l'ont amenée. Et la manière dont nous en faisons notre deuil affecte tout le reste de notre vie. Qu'un couple soit séparé par la mort, par un divorce ou par d'autres causes, son ou ses ex-moitié(s) doivent veiller à mener à bien leur travail de deuil car les bonnes fins font les bons recommencements.

Quelles que soient les causes d'une séparation, on doit veiller avec un soin tout particulier au bon déroulement du travail de deuil.

Pour repartir du bon pied et retrouver l'amour, il faut s'accorder le temps de ressentir pleinement son chagrin et de pleurer tout son content. Toutefois, diverses circonstances entourant la fin d'une relation peuvent compliquer le processus de guérison et le rendre plus ardu. Et à moins de bien comprendre la marche à suivre, on risque de saboter sans le vouloir, de diverses manières, ce mécanisme naturel.

PLEURER SUR UNE TRAGÉDIE

Comme je l'ai raconté dans l'introduction de ce livre, j'ai appris la mort de mon père pendant ma lune de miel. En reposant le téléphone après avoir pris connaissance de cette tragique nouvelle, je me sentais à la fois étourdi, fou de rage et horrifié. « Comment cela a-t-il pu arriver ? ai-je crié. Qui peut commettre une telle horreur ? Ce n'est pas juste. Comment peut-on faire une chose pareille ? »

J'avais aidé bien des patients à surmonter leurs drames personnels, mais je n'avais jamais pour ma part vécu une telle épreuve. Grâce au soutien de ma famille et de mes amis, ainsi qu'à celui de quelques ateliers de réflexion, j'ai réussi à laisser libre cours à mon chagrin et à guérir. Au début, il me semblait que jamais ma souffrance ne s'apaiserait ; pourtant, peu à peu c'est ce qui s'est produit. Et quand la douleur s'est envolée, mon cœur était empli de sérénité et d'amour. Je n'aurais jamais pu prévoir ni même imaginer combien cette expérience m'apporterait.

Quand la souffrance s'apaise, elle fait place aux souvenirs heureux et à la paix.

Je l'ai expliqué plus haut : mon père a pris un auto-stoppeur qui l'a abandonné dans le coffre de sa voiture après l'avoir dévalisé. Au bout de quelques heures, papa a succombé à un coup de chaleur.

Après son enterrement, j'ai voulu partager autant que faire se peut l'expérience vécue par mon père au cours de ses dernières heures. Il me semblait que je serais plus proche de lui de cette manière. Je me suis donc fait enfermer dans le coffre de sa voiture sous les yeux de ma mère et de mes frères et sœurs. Il était plus vaste que je ne l'escomptais. Je vis les traces laissées sur la paroi par le tournevis avec lequel il l'avait frappée dans l'espoir d'attirer l'attention d'un passant – en vain. Je vis aussi qu'il avait tenté de forcer la serrure du coffre et qu'il avait démonté l'un des feux arrière pour avoir plus d'air.

Sans réfléchir, j'ai glissé mon bras à travers le trou ainsi ménagé. Comme je m'apprêtais à rentrer ma main à l'intérieur, mon frère, qui se tenait dehors m'a dit : « Regarde si tu peux atteindre le bouton d'ouverture. » Je tendis le bras et, après quelques tâtonnements, atteignis le bouton d'ouverture du coffre et me libérai.

Le choc nous laissa cois. Si seulement notre père avait songé à cette manœuvre, il aurait encore été parmi nous. Malheureusement, quand on se trouve emprisonné dans un coffre, on ne se préoccupe que de tenter de l'ouvrir de l'intérieur. Je n'aurais pas plus que mon père pensé au bouton d'ouverture situé à l'extérieur si mon frère, qui, lui, le voyait, ne me l'avait pas conseillé. Et mon père en est mort.

Durant les mois suivant sa disparition, j'ai travaillé sur ma colère et laissé la tristesse que m'inspirait son absence envahir mon âme. J'ai fait face à ma propre terreur de périr enfermé dans un coffre de voiture et écouté les regrets suscités par mon incapacité de ramener mon père à la vie ou d'alléger les souffrances qu'il avait subies. Entendre les récits d'autres personnes ayant vécu un drame comparable et discuter avec elles a facilité ce processus. Même si chaque évocation de la mort de mon père ravivait mon chagrin, elle m'aidait aussi à le soigner.

> *Pour soigner une souffrance, il faut d'abord*
> *parvenir à la ressentir.*

Peu à peu, le souvenir de mon père cessa de me déchirer le cœur. Bien que je n'aimasse guère parler de ce qui lui était arrivé, je m'y forçais, conscient qu'il s'agissait d'un volet essentiel de mon processus de guérison. À force de tels échanges, j'ai commencé à sentir de nouveau l'amour de mon père pour moi et la douceur de mon amour pour lui : j'étais guéri. En effet, ce n'est que lorsque, après un deuil ou une séparation, on parvient à songer au passé et à éprouver de l'amour sans souffrir, que la guérison est effective. Aujourd'hui, je ne puis penser à mon père et à sa fin tragique sans me sentir envahi d'un merveilleux sentiment d'amour et de paix.

> *Lorsque après un deuil ou une séparation,*
> *on parvient à songer au passé et à éprouver*
> *de l'amour sans souffrir, le processus*
> *de guérison est achevé.*

Pour ma part, j'avais la chance de savoir comment on doit accomplir un travail de deuil, à l'inverse de milliers de personnes moins bien informées qui demeurent prisonnières de leur chagrin pendant de longues années. Au lieu de trouver la paix, elles pleurent en silence et, parce qu'elles ignorent que l'on peut soigner un cœur brisé, restent bloquées au lieu d'aller de l'avant.

PERDRE SON COMPAGNON

Quand on perd un être cher dans un accident, il est important de savoir que le chagrin qu'on éprouve n'est pas destiné à perdurer toujours. Si l'on ne comprend pas comment guérir les souffrances, on risque de confondre cette souffrance et l'amour que l'on porte à la personne disparue. En d'autres termes, on en arrive à croire que toute perspective de mieux-être, de bien-être, voire de bonheur minimiserait notre réel sentiment de perte.

> **On croit souvent à tort que si l'on aime vraiment quelqu'un, on souffrira à jamais de l'avoir perdu.**

Retrouver le bonheur implique alors que l'on a « oublié » le disparu. S'il s'agit d'un conjoint, on peut même en venir à assimiler tout nouveau sentiment à une trahison. Ce genre de réflexion peut gravement entraver le processus naturel de guérison, puisqu'il nous interdit de jamais nous délivrer du passé.

Si l'on estime que se libérer de sa tristesse équivaudrait à un « désamour », on tendra à s'accrocher à sa peine. L'esprit ne se contente donc pas de refouler parfois des sentiments négatifs : il lui arrive aussi de nous inciter au blocage en niant des sentiments positifs.

> **Pour guérir des blessures de l'âme, il ne suffit pas de s'abandonner pour un temps à ses émotions négatives. Il faut aussi s'autoriser à se libérer du passé et à retrouver le bonheur.**

Peu à peu, à mesure que le cœur cicatrise, penser à notre partenaire disparu nous inspirera toujours du chagrin et une cruelle impression de manque, mais nous sentirons bien plus vivement encore la chaleur de notre amour pour lui. Au lieu de réveiller notre souffrance, le souvenir de nos instants à deux nous emplira de paix et de gratitude, et loin de nous sentir seuls et vides, nous accueillerons l'amour qui nous environne et nous soutient, tandis que nous commencerons à refaire notre vie.

Contrairement à ce que d'aucuns affirment, les larmes éternelles ne sont pas la marque d'un grand amour. Le désespoir indique que le processus de deuil demeure inachevé. Par conséquent, un chagrin impérissable n'est pas une preuve d'amour par-delà la mort, mais plutôt une maladie nécessitant un traitement. Nul n'est destiné à vivre sans amour et conserver un cœur brisé est bien plus tragique qu'aucun décès. S'éprendre de nouveau n'implique pas que l'on cesse d'aimer ceux que l'on a perdus.

Aucune mort n'est plus tragique que vivre avec un cœur brisé.

Mais même en sachant cela, on peut demeurer prisonnier de son affliction. Si l'on s'obstine au moindre blocage à chercher l'émotion manquante, on finira par la trouver, mais si l'on ignore que chercher, on peut facilement piétiner une vie entière. C'est pourquoi il est si important de comprendre parfaitement comment on doit éprouver chacune des quatre émotions qui guérissent. Laisser les sentiments remonter à la surface ne suffit pas. Dans la plupart des cas, il faudra aussi fouiller dans les tréfonds de son âme pour y dénicher les émotions enfouies.

Pour soigner un cœur brisé, il ne suffit pas de simplement laisser remonter ses émotions à la surface.

Quand on a passé sa vie à refouler certains sentiments spécifiques suivant les circonstances, il n'est pas facile de retrouver ceux-ci, puisque notre conditionnement nous interdit alors de ressentir pleinement les quatre émotions qui guérissent. Les séances de thérapie conjugale, les ateliers de réflexion, les groupes de soutien et les exercices individuels jouent un rôle essentiel à cet égard car ils offrent l'occasion de se libérer des contraintes issues du passé et d'écouter ses émotions cachées.

LE POUVOIR DE GUÉRIR SON CŒUR

Bien que nous possédions le pouvoir de nous soigner, nous avons besoin de l'assistance d'autres personnes au cours du processus curatif. De même qu'un médecin ira faire réduire une fracture osseuse par un confrère, on ne traite pas tout seul un cœur brisé. Une aide compétente et un soutien empreint de tendresse sont indispensables.

Un atelier de réflexion ou un groupe de soutien permettent de débusquer facilement les émotions enfouies. Des sentiments refoulés resurgiront en effet simplement parce qu'ils auront été évoqués par une tierce personne. Solitaire, on n'aurait jamais vécu cela, mais là, on se délivre automatiquement de l'émotion en cause.

Les sentiments refoulés resurgissent automatiquement dès qu'un tiers les partage.

Par exemple, entendre une personne qui n'est pas prisonnière de sa colère évoquer celle-ci réveillera la partie de vous qui est furieuse, abolissant le conditionnement qui vous interdisait d'éprouver de la fureur. Un fragment assoupi de votre être renaît à la vie, ce qui vous délivre de votre blocage. C'est un mécanisme identique à celui par lequel un torrent de larmes versé à la fin d'un bon mélo vous libère de votre chagrin. Il ne s'agit pas de larmes de désespoir ou d'autoapitoiement qui dépriment encore plus. Au contraire : après, on se sent beaucoup mieux.

Verser des larmes curatives ne déprime pas ;
cela fait du bien.

Les séminaires et les groupes de soutien aident à reprendre contact avec ses sentiments. Un travail sur la durée avec un thérapeute génère une confiance et une impression de sécurité qui permettent de plonger plus avant dans son âme. Un spécialiste qui sait poser la bonne question au bon moment contribue grandement à faire émerger les émotions cachées et à aider son patient à s'en affranchir.

Effectuer de petits exercices est également très utile, mais ceux-ci sont d'une efficacité incomparable s'ils sont pratiqués conjointement à un suivi psychologique, des ateliers de réflexion ou des réunions de soutien. Explorer ses sentiments blessés en présence d'oreilles amies est idéal, surtout dans les premières phases du processus de guérison. Un chagrin devient plus supportable dès que d'autres peuvent s'y reconnaître et le partager avec eux permet de s'en libérer et d'en guérir au mieux.

LES DÉFIS DE LA GUÉRISON

Chaque drame individuel engendre des défis spécifiques. Carol a perdu son époux, Steve, dans un accident de voiture. Elle lui avait recommandé de boucler sa ceinture de sécurité, mais il n'avait pas suivi ce conseil, si bien qu'il a péri au lieu d'être simplement blessé. Elle découvrit aussi après sa mort qu'ils avaient de graves problèmes financiers, dont il lui incombait à présent de s'affranchir.

De ce fait, si une partie d'elle-même était au désespoir, une autre bouillait de rage, ce qui la déconcertait fort. La plupart des gens ne sont pas habitués à éprouver plusieurs émotions simultanément. Carol, elle, cumulait tristesse — parce qu'elle aimait Steve et qu'il lui manquait — et colère parce que son mari n'avait pas jugé utile d'attacher sa ceinture de sécurité. À cela venait s'ajouter l'angoisse suscitée par ses nouvelles charges pécuniaires. Et comme elle ignorait l'importance de consacrer du temps à explorer chacune de ses émotions, elle se laissa dépasser par celles-ci et son processus de guérison s'enraya.

Lors de l'enterrement de Steve, elle était accablée, bien sûr, mais une partie de son cœur persistait à fulminer et à blâmer le disparu pour ses erreurs. Comme selon elle une femme vraiment aimante ne devait pas manifester de ressentiment à l'égard de son conjoint décédé, elle s'efforça de réprimer sa colère. Mais en son for intérieur, elle reprochait toujours à Steve son imprudence et de l'avoir abandonnée avec un tel fardeau. Et la crainte que lui inspirait ses nouvelles responsabilités alimentaient encore son courroux et sa rancœur.

Plus Carol refoulait sa fureur, plus il lui devenait malaisé d'éprouver une réelle tristesse. En effet, enfouir comme elle le faisait sa rage et sa peur l'empêchait de s'abandonner à sa tristesse et donc de s'en libérer. Pire, l'abattement qui la tenaillait néanmoins se muait en apitoiement sur son sort. Elle parvenait bien à pleurer, mais ses larmes ne lui procuraient aucun réconfort. Plus les jours passaient, plus son cœur lui semblait atrocement vide.

Quand on réprime sa colère, la tristesse que l'on éprouve vire à l'apitoiement sur son sort.

L'exemple de Carol montre combien le processus de deuil peut parfois se compliquer. On regrette son partenaire disparu, mais dans le même temps, on le blâme et on le maudit. Et au lieu de s'accorder le droit de se mettre en colère, on refoule cette émotion parce que l'on pense devoir n'éprouver que du chagrin. De même, on réduit ses craintes au silence pour ne pas peser sur son entourage ni inciter celui-ci à conserver une image négative du disparu. Nous taisons tout cela et nous nous efforçons de nous montrer forts.

Seulement, si vous ne communiquez à âme qui vive vos sentiments divers, votre ressentiment peut vous accompagner à chaque instant de votre vie. Dans le pire des cas, vous en viendrez à vous considérer comme une victime pour le restant de votre existence. Comme vous traînerez avec vous vos « mauvais » sentiments de colère et de reproches, vous ne tarderez pas à vous juger de surcroît coupable de ne plus aimer votre partenaire comme autrefois. Et malgré tous vos efforts pour raviver votre tendresse, vous finirez agacé et convaincu de votre insensibilité.

Grâce à nos séances de travail, Carol a fini par parvenir à avouer sa colère et sa peur, ce qui lui a permis de se libérer enfin de sa tristesse et de ses regrets. Ses remords se dissipèrent, elle reprit confiance en elle comme en sa capacité d'assumer ses nouvelles responsabilités, et sa perception d'elle-même s'améliora.

RESTER PRISONNIER DE SA COLÈRE

Sharron et Ed se disputaient sans cesse. Leurs valeurs respectives étaient trop éloignées pour qu'ils puissent s'entendre et ils se séparèrent. Après leur rupture, Sharron éprouva de la colère, mais aussi de la peur – laquelle contribuait à entretenir cette colère.

Elle redoutait en effet que la propension d'Ed à gâter outrageusement leur fils Nathan, âgé de neuf ans, lors de ses séjours auprès de lui, mette à mal tous ses efforts éducatifs.

Alors qu'elle s'évertuait à inculquer à l'enfant la notion de la valeur de l'argent, son ex-époux lui offrait tout ce qu'il désirait. Et tandis qu'elle insistait pour qu'il accomplisse certaines tâches domestiques, Ed ne lui refusait jamais rien. Sharron ne savait que faire pour protéger Nathan de cette situation génératrice de confusion.

Les craintes de la jeune femme au sujet de son fils et ses regrets alimentaient sa colère à l'encontre d'Ed. Au lieu de se libérer progressivement de la colère liée à leur séparation, elle la laissa grandir. Lorsque, quelques mois plus tard, Nathan connut des difficultés scolaires, la fureur de Sharron ne fit qu'empirer.

Pour ne rien arranger, elle avait dû reprendre un travail pour gagner sa vie, devenant de ce fait moins disponible pour son fils. Et tout en déplorant que ce dernier ne fignole pas mieux ses devoirs, elle manquait de temps pour lui donner la compassion et la compréhension nécessaires afin de redresser la situation. À sa colère contre Ed s'ajoutait donc un profond sentiment de culpabilité à l'égard de Nathan.

Il est difficile de faire preuve de compassion quand on est en proie à la colère.

Sharron ne s'étant jamais accordé le loisir de pleurer l'échec de son mariage, les frustrations liées à son rôle parental lui pesaient d'autant plus. De fait, un cœur blessé mal cicatrisé, telle une plaie ouverte, réagit aux tracas quotidiens avec une sensibilité exagérée. La colère rendait Sharron incapable d'assumer les problèmes de son fils, mais dès qu'elle le rabrouait ou se montrait peu réceptive à ses soucis, elle en éprouvait des remords. Et son ressentiment envers Ed s'accroissait d'autant.

Comme vous pouvez le constater, la situation s'aggravait de jour en jour. Heureusement, en participant à un atelier Mars et Vénus, Sharron a appris l'existence des quatre émotions qui guérissent. Elle a alors compris qu'elle n'avait jamais fait son deuil de l'échec de son mariage et donc n'avait pu en guérir. Elle avait éprouvé de la colère, mais jamais de tristesse. Prendre le temps de laisser ce sentiment s'exprimer lui a permis peu à peu de pardonner à Ed et d'admettre qu'il n'était pas responsable de leur échec. Il n'était seulement pas le bon mari pour elle.

> *Prendre le temps d'éprouver de la tristesse permet de se libérer progressivement de sa colère et de pardonner.*

Ses larmes de tristesse ont adouci sa colère et elle a enfin pu ressentir de nouveau un peu d'amour et d'appréciation pour Ed. Se rappeler la flamme partagée au début de leur relation lui a permis de se libérer de celle-ci avec amour, de se remémorer les jours heureux avec gratitude et de se sentir mieux. Elle a aussi trouvé la force de cesser de se fustiger pour la stupidité dont elle avait fait preuve en épousant cet homme, et, par conséquent, a repris confiance dans sa capacité de construire ultérieurement une relation durable.

En outre, Sharron s'est persuadée de l'importance de tenir des propos positifs sur Ed devant Nathan. Elle a également admis que l'enfant possédait certaines des qualités qu'elle refusait de reconnaître à son père. Cette démarche a aidé Nathan à accepter les divergences d'opinion de ses parents. De son côté, Sharron a appris à ne plus nécessairement déprécier les valeurs d'Ed dès qu'elle se trouvait en désaccord avec elles.

Un jeune garçon qui entend dire du bien de son père peut se réjouir d'offrir certaines ressemblances avec celui-ci. C'est pourquoi Sharron fut poussée à pardonner à Ed autant pour le bien de son fils que pour le sien propre.

Le plus beau don que des parents puissent faire à leurs enfants est de s'aimer l'un l'autre.

S'accorder le droit de plonger plus loin en elle-même et d'explorer son chagrin en profondeur a permis à Sharron de se libérer de sa colère et de devenir plus aimante. Cela l'a rendue plus heureuse, et son fils aussi bénéficie grandement de son épanouissement. La perspective d'une nouvelle relation ne la rebutait plus autant. Sharron a fini par se remarier avec l'homme qui lui convenait, et a eu d'autres enfants.

RÉPRIMER NOS SENTIMENTS

Quand on réprime ses sentiments parce qu'ils semblent par trop dénués d'amour, il est temps de solliciter une aide extérieure et d'exposer à un thérapeute les émotions dont l'on rechignerait à discuter avec sa famille ou ses amis. Voilà le moment idéal pour consulter un conseiller conjugal ou pour s'inscrire à un atelier de réflexion ou à un groupe de soutien.

Souvent, on réprime sa colère car ce sentiment ne semble pas suffisamment empreint d'amour.

Pour trouver un répit, il nous incombe de créer un cadre approprié pour exprimer nos sentiments « mal-aimants » dans un contexte où ceux-ci ne blesseront personne et dans lequel ils ne seront pas jugés trop négatifs. Une fois que nous serons libres d'explorer et d'avouer toutes nos émotions, notre cœur pourra entamer sa guérison en s'ouvrant peu à peu au pardon, à la compréhension, à l'amour et à la confiance.

Un thérapeute expérimenté ne jugera pas vos sentiments, mais vous aidera, en vous écoutant et en vous interrogeant, à identifier ceux qu'il vous est nécessaire d'éprouver et d'exprimer. Se dévoiler ainsi, sans craindre de blesser quiconque ou que ses aveux se retournent contre soi, offre au cœur le loisir de cicatriser. Bâtir cet environnement protecteur équivaut à couler un plâtre autour d'un os brisé pour lui permettre de se ressouder.

Admettre ses émotions en toute sincérité assure de retrouver l'amour. Quelles que soient les circonstances, une approche adéquate permet de se délivrer de son chagrin et ouvre la porte à un nouveau départ sentimental. S'appliquer ainsi à conclure correctement une histoire passée garantit de bonnes bases pour les relations futures. Un cœur ouvert aux autres est plus capable de trouver l'amour qu'il désire, requiert et mérite.

CHAPITRE 7

L'Exercice du mieux-être

Se rappeler son partenaire et déplorer sa disparition ou son départ devrait apporter un mieux-être, mais parfois, ce simple contact avec ses émotions ne suffit pas à enclencher le processus de guérison. On ressent bien sa souffrance, mais on n'en retire aucun soulagement. Cela se produit en général lorsque l'on néglige, à son insu, un aspect important de ces mécanismes curatifs, entravant de ce fait la capacité naturelle de chacun de cicatriser ses blessures. L'une des meilleures méthodes pour entraîner et optimiser cette faculté consiste à pratiquer l'Exercice du mieux-être expliqué dans ce chapitre. Quand vous l'aurez bien maîtrisé, vous serez capable de soigner toutes vos plaies émotionnelles.

L'une des meilleures méthodes pour entraîner et optimiser la faculté naturelle de l'être humain à cicatriser ses blessures consiste à pratiquer l'Exercice du mieux-être.

Bien qu'il existe mille et une manières et techniques pour entrer en contact avec ses sentiments douloureux, on ne peut être assuré de s'en délivrer puis de retrouver l'amour si l'on ignore les bases du processus de cicatrisation des blessures de l'âme.

L'Exercice du mieux-être, lui, nous accoutume à guetter les souffrances pour mieux les surmonter. Sans cela, on risque de demeurer prisonnier de son chagrin, et de peu à peu refouler celui-ci.

L'Exercice du mieux-être passe par l'écriture de lettres empreintes d'émotion.

ÉCRIRE UNE LETTRE EMPREINTE D'ÉMOTION

Lorsque vous êtes la proie de tourments émotionnels, consacrez environ vingt minutes à coucher par écrit vos sentiments tels que l'expliquent les paragraphes qui suivent. Plus tard, lorsque vous connaîtrez mieux cette technique, vous pourrez vous dispenser du support papier et classer vos sentiments en pensée, les yeux clos, ou encore en en discutant avec un thérapeute ou avec un groupe de soutien.

Je pratique pour ma part cet exercice depuis dix-sept ans et il m'arrive encore d'éprouver le besoin de noter mes émotions. Quand quelque chose me préoccupe vraiment, je m'assieds devant mon ordinateur et j'écris.

L'Exercice du mieux-être comporte trois étapes.

1 – Exprimer les quatre émotions qui guérissent en même temps que nos désirs, nos besoins et nos souhaits.
2 – Exprimer la réponse pleine d'amour et de compréhension que nous voudrions recevoir.
3 – Exprimer notre pardon, notre compréhension, notre gratitude et notre confiance.

Étudions plus en détail chacune de ces parties.

Première partie : Exprimer ses sentiments

La première étape de l'Exercice du mieux-être consiste en l'écriture d'une lettre à la personne dont la disparition ou le départ vous brise le cœur. Vous pouvez aussi écrire une lettre à un tiers que vous imaginez réellement à l'écoute de vos problèmes, tel qu'un bon ami, ou votre ange gardien. Veillez à bien explorer à fond chacune des quatre émotions qui guérissent. Si vous souhaitez modifier l'ordre donné ci-après, pas de problème ; commencez par le sentiment que vous éprouvez le plus violemment. Consacrez environ deux ou trois minutes à chacune des quatre émotions, laissez-les vous envahir tour à tour.

Pendant que vous rédigez votre lettre, imaginez que son (ou sa) destinataire entend chacun de vos mots, qu'il (ou elle) est capable de percevoir vos sentiments et de vous offrir sa compréhension et son soutien en retour. Même si dans la vraie vie cette personne n'était pas aussi attentive à vos émotions, imaginez comment vous réagiriez et ce que vous diriez si elle l'était. Cette démarche est indispensable au bon déroulement du processus de guérison de votre cœur.

Le format d'une lettre exprimant ses sentiments

Cher(ère) ___,

Je t'écris cette lettre pour exprimer ma souffrance, afin de trouver la force d'accepter, de pardonner et d'aimer.
En ce moment, ...

1 – Cela me met en colère que...
  Je suis en colère parce que...
  Je suis furieux(se) quand...
  Je n'aime pas...
  J'aimerais...

93

2 – Je suis triste que...
Je suis triste parce que...
Je suis triste quand...
J'aurais voulu...
J'attends...

3 – J'ai peur que...
J'ai peur parce que...
J'ai peur quand...
Je ne veux pas...
J'ai besoin...

4 – Je regrette que...
Je regrette parce que...
Je regrette lorsque...
Je voudrais...
J'espère...

Merci de m'avoir écouté(e)

Je t'aime

Signé : ____

Deuxième partie : Exprimer un soutien en retour

Pour prendre la responsabilité de soigner soi-même son chagrin sans attendre un secours extérieur, il faut avant tout apprendre à s'aimer au lieu d'espérer que l'amour vienne d'autrui. C'est très facile : il suffit de s'aider comme on aiderait un ami qui souffre. Après avoir noté ses sentiments, il est temps de passer à la seconde phase, qui consiste à trouver en soi une réponse empreinte d'amour et à l'exprimer. Il est très important de transcrire en mots ce dont on a besoin pour se sentir choyé, compris et soutenu – tout comme on l'a fait pour ses doutes.

Dans un deuxième temps, on va donc s'adresser une lettre, feignant cette fois d'être celui ou celle à qui on avait exposé nos émotions et rédigeant la réponse que l'on souhaiterait obtenir. Si vous avez choisi d'écrire votre première missive à un ami ou à votre ange gardien, notez ce que vous pensez qu'il ou elle vous répondrait. Choisissez les mots qui vous font vous sentir entendu et choyé. Vous pouvez vous inspirer de ce format-type.

Le format de la lettre-réponse

Cher(ère) ____,

1 — Merci de...
2 — Je comprends...
3 — Je regrette...
4 — Je t'en prie, pardonne-moi de...
5 — Je veux que tu saches...
6 — Tu mérites...
7 — Je veux...

Parfois, ce second exercice est plus utile encore que l'expression des quatre émotions qui guérissent. Coucher par écrit ce que l'on désire vraiment et ce que l'on a réellement besoin d'entendre accroît la capacité de recevoir l'appui qu'on mérite. Imaginer ce soutien aide à ouvrir son cœur pour mieux le soigner.

Troisième partie : Exprimer des sentiments positifs

Après avoir rédigé la réponse qui vous conviendrait le mieux, il vous faut à présent exprimer et affirmer ses sentiments positifs de pardon, de compréhension, de gratitude et de confiance. Cette troisième étape est elle aussi très importante.

Si vous le souhaitez, employez la forme de la lettre-type qui suit.

Le format de la dernière lettre

> *1 — Merci de...*
> *2 — Je comprends...*
> *3 — Je suis conscient(e) que...*
> *4 — Je sais...*
> *5 — Je te pardonne...*
> *6 — Je te suis reconnaissant(e) de...*
> *7 — Je suis sûr(e) que...*
> *8 — En ce moment, je suis en train de...*

Prendre ainsi le temps de donner la parole à vos sentiments positifs vous apportera un immense mieux-être. Parfois, au début, cet exercice vous laissera un brin épuisé, mais à mesure que vous vous y accoutumerez, vous en émergerez au contraire régénéré.

QUELQUES EXEMPLES DE LETTRES

Exemple de lettre exprimant des sentiments

La lettre qui suit montre comment Bill a tiré profit de l'Exercice du mieux-être pour reprendre contact avec les quatre émotions qui guérissent. Il a tout simplement recouru au format-type de lettre pour extirper les sentiments enfouis dans son cœur. N'hésitez pas à utiliser chaque accroche de phrase aussi souvent que vous en éprouverez le besoin avant de passer à la suivante.

Si vous souhaitez en sauter une, ne vous gênez pas non plus. Utilisez la lettre-type comme un outil destiné à vous aider à reprendre contact avec vos quatre émotions qui guérissent et à extérioriser celles-ci.

Chère Susan,

Je t'écris cette lettre pour te dire mon chagrin, dans l'espoir de trouver la force d'accepter et de pardonner ton départ et d'aimer de nouveau.
Pour l'heure, je me sens seul, blessé, abandonné et trahi.

1 — *Je suis furieux que tu sois partie.*
    Je suis furieux que tu sois tombée amoureuse d'un autre.
    Vous imaginer tous les deux ensemble me met en colère.
    Je n'aime pas être rejeté.
    J'aimerais que tu m'aimes encore.

2 — *Je suis triste que tu ne fasses plus partie de ma vie.*
    Je suis triste car je ne sais pas vers où me tourner.
    Cela m'attriste de penser à mon amour pour toi.
    Je voulais vivre heureux à jamais ; je voulais que tu m'aimes toujours.
    J'attendais de toi que tu m'aimes et que tu respectes tes promesses envers moi.

3 — *J'ai peur de m'être montré stupide.*
    J'ai peur car j'ignore quand et comment j'ai fait fausse route.
    Cela m'effraie de devoir repartir de zéro. Je ne veux pas être seul.
    J'ai besoin de ton amour et de ton amitié.

4 — *Je regrette que nous ne soyons plus ensemble.*
    Je regrette de ne pouvoir te faire changer d'avis.
    Songer à l'amour que nous avons partagé m'emplit de regrets.
    Je veux que tu m'aimes. Je veux que nous restions mariés.
    J'espère apprendre à me défaire de ces regrets.

Merci de m'avoir écouté.
Je t'aime.

                                        Bill.

Exemple de lettre-réponse

Cher Bill,

1 – *Merci d'avoir partagé tes sentiments avec moi.*

2 – *Je comprends combien je t'ai blessé.*

3 – *Je suis désolée, tellement désolée de ne plus t'aimer comme auparavant. Je regrette que les choses aient changé.*

4 – *Je t'en prie, pardonne-moi de t'avoir quitté et rejeté.*

5 – *Je veux que tu saches que je t'aime, mais que nous n'étions pas faits l'un pour l'autre. Je chérirai toujours le souvenir des moments que nous avons passé ensemble. Je te suis tellement reconnaissante de l'amour et du soutien que tu m'as apportés.*

6 – *Tu mérites d'être aimé et de vivre une merveilleuse relation avec une personne qui t'appréciera vraiment.*

7 – *Je veux que tu sois heureux et que tu retrouves l'amour.*

Tendrement,

Susan.

Exemple de lettre de conclusion

Chère Susan,

1 – *Merci de m'avoir aimé. Pour ma part, je t'aimerai toujours.*

2 – *Je comprends que je dois me détacher de toi, et j'y parviendrai un jour.*

3 – *Je comprends que ce genre de chose prend du temps. Je souffre beaucoup et il me faudra longtemps pour guérir.*

4 – *Je sais que tu m'aimes à ta façon. Je sais que tu ne m'appartiens pas et que tu es libre d'agir à ta guise.*

5 – *Je te pardonne de ne pas m'aimer. Je te pardonne de m'avoir quitté. Je te pardonne de ne pas m'avoir laissé ma chance.*

6 — *Je te suis reconnaissant pour toutes les années que nous avons passées ensemble.*

7 — *Je crois fermement que je retrouverai un jour l'amour et que je surmonterai cette épreuve.*

8 — *Pour l'instant, je m'emploie à repartir de zéro pour reconstruire ma vie. Je fais ce qu'il faut pour retrouver l'amour et le bonheur. Je sais que les choses vont s'arranger.*

Tendrement,

Bill.

QUATRE QUESTIONS

Une autre manière de gérer les quatre émotions qui guérissent consiste à simplement se poser ces quatre questions :

1 — Que s'est-il passé ?
2 — Qu'est-ce qui ne s'est pas passé ?
3 — Que pourrait-il se passer ?
4 — Qu'est-ce qui ne pourrait pas arriver ?

Bien souvent, les hommes préfèrent cette approche, au moins au début.

Répondre à ces quatre questions fait automatiquement remonter les émotions curatives.

En vous penchant sur elles, veillez à vous accorder l'autorisation d'éprouver votre colère, votre chagrin, votre peur, vos regrets et tous les autres sentiments analogues.

Si vous voulez pousser l'introspection un peu plus loin, voici quelques suggestions pour affiner les quatre questions de base.

Question n° 1

Que s'est-il passé que vous n'auriez pas voulu voir advenir ?

Que se passe-t-il que vous ne vouliez pas voir advenir ?

Que s'est-il passé que vous n'appréciez pas ?

Question n° 2

Qu'est-ce qui ne s'est pas passé et que vous auriez voulu voir se produire ?

Qu'est-ce qui ne se passe pas et que vous voudriez voir advenir ?

Qu'aurait-il dû advenir ?

Question n° 3

Que pourrait-il se passer que vous ne souhaiteriez voir advenir ?

Qu'est-ce qui est important pour vous ?

Que pourrait-il arriver que vous souhaiteriez voir advenir ?

Question n° 4

Qu'est-ce qui ne pourrait pas arriver et que vous souhaiteriez voir advenir ?

Qu'est-ce qui ne peut pas arriver et que vous auriez souhaité voir advenir ?

Qu'est-ce qui peut arriver que vous souhaiteriez voir advenir ?

Vous poser ces questions ou pratiquer les trois phases de l'Exercice du mieux-être vous préparera à gérer plus efficacement les vagues d'émotion suscitées par votre deuil amoureux. Grâce à ces techniques, vous pourrez en outre vous souvenir de votre partenaire sans courir le risque de demeurer prisonnier de sentiments douloureux. Ce qui vous rend libre de rester en contact avec vos émois pour mieux guérir.

CHAPITRE 8

Trouver la force de pardonner

Quand on reproche son chagrin à son partenaire, on s'interdit de se libérer de ses sentiments douloureux à son insu. Le ou la rendre pleinement responsable de nos larmes nous pousse en effet à nous accrocher à notre souffrance jusqu'à ce qu'il ou elle modifie son attitude ou son comportement. Ce qui constitue un évident facteur de blocage.

Reprocher notre chagrin à notre partenaire nous interdit de nous en délivrer, à moins qu'il ou elle modifie son comportement ou son attitude.

Blâmer l'autre peut promouvoir la cicatrisation des plaies du cœur – mais seulement pour un temps – en vous aidant à déterminer ce que vous aimez et ce que vous n'aimez pas, et à exprimer votre colère. On évite notamment ainsi d'endosser une trop grande part de responsabilité dans l'échec de son couple. En effet, quand on se flagelle à l'excès, c'est généralement parce qu'on ne s'autorise pas à blâmer autrui.

Mais dès que l'on a établi un contact avec sa colère grâce aux reproches, il faut travailler à se libérer de ceux-ci. Car si les autres sont sans nul doute coupables de leurs erreurs, ils ne sont en rien responsables de nos sentiments. Pardonner équivaut à absoudre l'autre de tout ce que nous éprouvons de négatif à cause de lui. Et trouver la force de le faire permet de se délivrer de son chagrin.

Pardonner revient à cesser de rendre l'autre responsable de ce que l'on éprouve.

Même si, à l'évidence, notre ex-partenaire peut encore nous bouleverser, nous devons prendre conscience de notre capacité de nous libérer de notre souffrance. Éprouver de la colère ou de la tristesse parce qu'il ou elle nous a négligé nous fait progresser ; en éprouver parce qu'il ou elle nous a blessé nous bloque. Lui reprocher notre chagrin plutôt que ses erreurs interrompt notre processus de guérison. Lorsqu'on ne parvient pas à faire évoluer ses émotions, on tend à blâmer son partenaire pour ce que l'on ressent plus que pour ce qu'il a (ou n'a pas) fait.

Voici quelques exemples d'affirmations exprimant des émotions et d'autres traduisant un reproche. Prenez le temps d'imaginer que vous prononcez ces phrases et de percevoir ce qui sépare les premières des secondes. L'émotion met en contact avec la passion alors que les reproches bloquent. Et oser extérioriser ses émotions rend plus fort, tandis que se perdre en récriminations revient à se poser en victime.

Émotion	Reproche
Je suis furieux que tu ne me traites pas avec respect.	Je suis furieux que tu me rendes si malheureux.
Je suis furieuse et blessée que tu me traites de cette façon.	Je suis furieuse que tu puisses me blesser de la sorte.

Je suis furieux que tu aies obtenu ce que tu voulais et moi pas.

Je suis furieux que tu me fasses me sentir si jaloux.

Je suis furieuse que tu sois rentré si tard sans même appeler pour me prévenir.

Je suis furieuse que tu m'aies effrayée. Je ne savais pas quoi faire.

Je suis blessé que tu m'aies ignoré et que tu accordes plus d'importance aux autres qu'à moi.

Je suis blessé car tu m'as fait me sentir ignoré et inintéressant.

Je suis triste que tu ne m'aies pas rapporté de cadeau

Je suis triste que tu me fasses me sentir mal aimée.

J'ai peur que tu me juges.

J'ai peur que tu me fasses me sentir nul.

Je suis furieuse que tu te sois montré critique à mon égard, ou, j'ai peur que tu me critiques.

Je suis furieuse que tu aies gâché ma journée, ou, j'ai peur que tu gâches ma journée.

Je suis furieux que tu m'aies fait attendre.

Je suis furieux que tu me mettes tellement en colère.

J'ai peur de discuter avec toi.

J'ai peur que tes propos me bouleversent.

J'ai peur que ce que j'ai à dire ne t'intéresse pas.

J'ai peur que tu me fasses me sentir nul et inintéressant.

Je suis bouleversée parce que tu t'es montré grossier envers moi.

Je suis bouleversée parce que tu me rends trop malheureuse.

104

Je suis bouleversé parce que je ne sais jamais sur quel pied danser avec toi. Une minute, tu es tendre et la suivante, tu te montres distante.	Je suis bouleversé car tu me bouleverses trop.

Il est normal de reconnaître ce que nous ressentons face à ce que notre partenaire dit ou fait, et tout aussi naturel d'admettre qu'il ou elle nous bouleverse parfois, mais après cela, il faut veiller à se libérer de ces sentiments. Si nous continuons à lui imputer nos états d'âme, nous nous détruirons en même temps que nous le ou la blesserons. Rendre l'autre responsable de ce que l'on continue d'éprouver après une offense empêche d'aller de l'avant. Et on demeurera bouleversé jusqu'à ce que l'aimé accepte de changer d'attitude...

L'IMPORTANCE DU PARDON

Pour résumer de manière succincte ce que j'ai expliqué au cours des derniers paragraphes, le pardon est primordial car lui seul délivre de la tentation de s'accrocher à sa souffrance. Il restitue la liberté de s'affranchir de son chagrin et de retrouver ses émotions et l'amour. De plus, en ayant absous l'autre et recouvré sa sensibilité, on se révèle plus apte à affronter ses problèmes divers.

Quand on plonge dans ses sentiments avec l'intention de pardonner, on est moins enclin à blâmer son partenaire. Et même si on entame sa réflexion par des reproches, continuer à explorer les quatre émotions qui guérissent auprès d'une personne extérieure ou coucher ses idées par écrit permet de surmonter ses rancœurs.

À l'inverse, exposer directement ses émotions à l'objet de ses reproches accroît la tendance à formuler des récriminations au lieu de formuler des émotions. Cela ne signifie pas qu'il soit mauvais de discuter de ses sentiments avec son partenaire, mais simplement qu'il faut choisir un moment où il ou elle est disposé(e) à écouter. Et il faut attendre pour ce faire d'avoir déjà trouvé en soi une certaine mesure de pardon.

Exposer d'abord ses sentiments à une personne que n'entache aucun reproche, facilite beaucoup le pardon.

Conditionner son empressement à pardonner à la réaction d'autrui est une idée déplorable. Cela indique juste que l'on blâme cette personne pour la souffrance qu'on endure plutôt que pour ce qu'elle a fait ou n'a pas fait. Et un partenaire qui doit se défendre d'être responsable de notre état émotionnel est moins disponible pour nous écouter et réagira moins favorablement à notre égard.

La plupart des livres traitant de communication insistent à juste titre sur l'importance de commencer ses phrases par « je pense... » ou « je ressens... » plutôt que par « tu es... ». Mais même s'il s'agit là d'un conseil pertinent, on doit cependant veiller à ce que ces affirmations à la première personne ne se transforment pas en reproches. Une phrase sur le mode « je ressens » peut en effet se révéler tout aussi riche de récriminations qu'une phrase débutant par « tu », et braquer l'autre avec autant d'efficacité.

Une phrase sur le mode « je ressens » peut se révéler tout aussi riche de récriminations qu'une phrase débutant par « tu ».

Si nous prenons le temps de nous abandonner à nos émotions et de trouver la force de pardonner, notre propension à blâmer les autres pour nos états d'âme régressera. En nous exprimant sans émettre de reproches, nous rendrons notre partenaire beaucoup plus réceptif à nos paroles. Chercher à pardonner avant de discuter de nos sentiments, de nos besoins, de nos désirs et de nos souhaits permet d'éviter de se placer sur le terrain de la rancœur.

PARTAGER SES SENTIMENTS
SANS FAIRE DE REPROCHES

Les femmes sont particulièrement enclines à discuter de leurs sentiments. Leur instinct leur dicte que partager leur souffrance avec une personne qui les aime incitera cette personne à faire son possible pour les protéger et pour les soutenir à l'avenir. De fait, évoquer notre chagrin peut pousser notre entourage à nous aider.

Si les autres ne savent pas ce que nous ressentons, ils ne peuvent pas modifier certains de leurs comportements, ni deviner de quel genre d'assistance nous avons besoin.

La manière dont nous exprimons nos émotions détermine l'écho que celles-ci recevront. Les femmes abusent souvent des tournures verbales empreintes de reproche, si bien qu'au lieu de les écouter et d'éprouver le désir de leur venir en aide, leur compagnon campera encore plus fermement sur ses positions.

REMETTRE SA VIE D'APLOMB

Un couple qui a donné naissance à des enfants puis se sépare doit admettre que sa relation ne prendra jamais vraiment fin. Mais même si on ne peut y mettre un terme, on peut cependant la modifier. Bien qu'on ne forme plus un couple, on demeure parent et, à ce titre, voué à communiquer sans assommer de reproches son ex-partenaire et co-parent.

Pour remettre sa vie d'aplomb, il ne faut pas seulement cesser de se penser victime, mais aussi s'assurer qu'on ne s'exprime pas non plus comme une victime. La plupart des problèmes relationnels entre divorcés vient de leur propension à se blâmer l'un l'autre plutôt que de réfléchir et de travailler sur eux-mêmes avant de dialoguer.

Même si en apparence on se dispute à propos d'argent, de responsabilités, de promesses à tenir, de valeurs différentes, de théories éducatives divergentes et de répartition du temps que les enfants passent auprès de chacun, en réalité, on se dispute parce que l'on n'a pas appris à communiquer autrement que par reproches interposés. Au bout de quelques minutes de palabres, on en vient à attaquer... la manière de se disputer.

Quand en revanche nous devenons capable d'exprimer nos différends sans récriminations, l'autre comprend plus facilement notre point de vue. Et si les deux parties se sentent écoutées et respectées, elles pourront trouver des solutions créatives pour résoudre leurs différences et leurs problèmes.

Même si nous choisissons mal nos mots, du moment que notre démarche exprime le pardon, notre partenaire sera capable d'entendre nos sentiments et de réagir de manière plutôt positive. Attention toutefois, car si vous ne maîtrisez pas les techniques de communication, vous tendrez à reprocher à votre interlocuteur son attitude défensive sans voir pour autant que vos critiques le poussent dans ses retranchements.

En prenant conscience de votre capacité de modifier vos émotions et en mettant celle-ci en application, vous pourrez cesser d'incriminer votre partenaire pour vos états d'âme. Mais cela nécessite que nous comprenions pleinement notre pouvoir sur nos sentiments négatifs. Sinon, nous nous accrocherons à ceux-ci et laisserons la rancœur empoisonner notre être. Dans le prochain chapitre, nous étudierons d'autres défis auxquels chacun se trouve confronté au cours du processus de guérison suivant un deuil ou une séparation.

CHAPITRE 9

Dire adieu avec amour

À la fin d'une relation, on ne peut emprunter que deux voies : accroître sa capacité d'aimer ou entamer un déclin progressif. Le grand défi lorsque l'on refait sa vie est de se délivrer de son chagrin dans le pardon, la compréhension, la gratitude et la confiance. En définitive, dire adieu de cette manière laisse content de soi, de son avenir et de son passé. Il faut cependant admettre que cela est plus facile à dire qu'à faire.

Tant qu'on ne comprend pas parfaitement ce qui est nécessaire au processus de guérison, il est facile de rester prisonnier d'une kyrielle d'états émotionnels indésirables tels que le ressentiment, le reproche, l'indifférence, le remords, l'insécurité, le désespoir, ou la jalousie et l'envie. Ces sept écueils interdisent d'aimer de nouveau pleinement. Ils manifestent aussi clairement que l'on n'a pas achevé son processus de guérison. Et s'ils persistent, cela indique que l'on néglige un aspect de ce mécanisme.

Ces sept chausse-trapes constituent le pendant négatif des quatre émotions qui guérissent. S'y abandonner ou lutter contre elles ne sert à rien et plus on les ressent, plus on en souffre. On peut les comparer à des sables mouvants émotionnels : plus on se débat contre elles, plus profondément on s'y enlise.

Les sept attitudes négatives évoquent des sables mouvants émotionnels : plus on se débat contre elles, plus profondément on s'y enlise.

Chacun de ces états nous transmet un message particulier. Si nous parvenons à le décrypter, le « vecteur du message » disparaîtra ; sinon, il continuera à frapper à notre porte. Il ne repartira qu'une fois entendu. Et si nous ignorons ses appels, ceux-ci se feront plus insistants.

Chacune des sept attitudes négatives incarne une sorte d'enseigne lumineuse pointée telle une flèche vers une souffrance que nous nions.

Quand les circonstances entourant la perte de notre amour nous interdisent d'éprouver pleinement notre chagrin, ces émotions surviennent pour nous indiquer les lacunes de notre processus de guérison.

Chacune d'elles vise à mettre en évidence certains sentiments et désirs salvateurs refoulés.

Une fois que nous serons capables de localiser et de soigner nos douleurs cachées, ces attitudes négatives s'évanouiront d'elles-mêmes.

Chacune des sept attitudes négatives incarne une sorte d'enseigne lumineuse pointée telle une flèche vers une souffrance que nous nions.

Le seul moyen de s'affranchir de leur emprise est donc de prêter attention à leur message.

SE DÉLIVRER DU RESSENTIMENT

La plus répandue de ces sept attitudes négatives est le ressentiment, surtout lorsque la relation ou le mariage qui a pris fin n'était pas empreint d'amour ni rassurant. Nous nous en voulons et nous en voulons à notre partenaire parce nous avons perdu notre temps avec lui. Et nous concevons du ressentiment parce que nos espoirs et nos attentes n'ont pas été comblés. Bien que nous ayons donné de nous-même, nous n'avons pas reçu en retour ce que nous escomptions. Et si poussés qu'aient été nos efforts, ils n'ont jamais suffi à notre partenaire. Ce ressentiment est certes parfaitement légitime, mais il constitue aussi un signe net que l'on n'est pas prêt à s'engager dans une nouvelle histoire de couple.

On l'a vu, quand on se sent plein d'aigreur, le plus grand défi qui s'offre à chacun est de réussir à dire adieu avec pardon et amour. On a bien sûr le droit d'éprouver du ressentiment, mais il faut travailler à le surmonter en se remémorant l'amour qu'on éprouvait autrefois pour l'autre, puis en lui pardonnant ses erreurs. En prenant le temps de faire totalement son deuil d'une relation, on parvient peu à peu à se défaire de toutes ses rancœurs pour souhaiter bonne chance à son ex.

À terme, on finit par devenir capable de se défaire de toutes ses rancœurs et de souhaiter bonne chance à son ex-partenaire.

Pour exhumer les vestiges de son amour d'antan, il faut tout d'abord s'abandonner aux quatre émotions qui guérissent.

1 – Nous pourrons éprouver le besoin de ressentir de la colère contre cette personne qui

nous a fait perdre tant d'années, qui nous a trahi ou qui nous a privé de l'amour et du soutien que nous méritions.

2 – Nous pourrons éprouver le besoin de ressentir de la tristesse parce que notre relation a pris fin, que nous n'avons plus personne à aimer et que cela n'a pas marché.

3 – Nous pourrons éprouver le besoin de ressentir de la peur parce que nous nous sommes montrés crédules, que nous redoutons de recommencer et d'être un jour de nouveau bernés, et que nous ignorons comment faire fonctionner une relation de couple.

4 – Nous pourrons éprouver le besoin de ressentir du regret de ne pas pouvoir revenir en arrière et réussir notre couple, de ne pas pouvoir rattraper le temps perdu et de ne pas pouvoir agir sur les sentiments de notre partenaire.

Exprimer alors notre pardon et notre compréhension nous aidera à nous rappeler l'amour qui nous unissait au début à l'autre. Et c'est crucial. Le pardon ne devient en effet réel que lorsque l'on peut se remémorer ses sentiments positifs d'amour pour l'autre.

La signification du pardon

Parfois, on est incapable de pardonner parce qu'on ne comprend pas vraiment ce qu'un tel acte implique. On croit à tort que si on absolvait son partenaire et éprouvait de l'amour à son égard, il en découlerait nécessairement une reprise de la relation de couple. C'est faux. Le meilleur moyen de dire adieu est de le faire avec amour : « Je t'aime, mais nous ne sommes pas faits l'un pour l'autre. » Si on doit dire : « Je ne t'aime plus » pour quitter l'autre, on s'en va avec un cœur fermé. Et il est difficile d'attirer l'amour dans ces conditions.

> *Pardonner à son ex-partenaire ne signifie pas que l'on doive reprendre sa relation avec lui.*

En revanche, un cœur grand ouvert sait mieux reconnaître l'âme sœur et seule une personne ouverte à l'amour est capable de déceler le bon partenaire. De même, nous sommes plus attirés par les êtres susceptibles de nous combler que par ceux que nous jugeons aptes à nous décevoir. Tant que penser au passé fait se rétrécir notre cœur, il demeurera difficile de retrouver l'amour. Parfois, on rencontrera un partenaire aimant, mais on ne sera pas à même d'apprécier sa chance... En effet, un cœur hermétiquement clos à l'un ne peut être totalement accueillant pour les autres.

SE DÉLIVRER DES REPROCHES

Bien souvent après une séparation, on se borne à blâmer son ex pour les difficultés qui ont brisé le couple et à savourer son soulagement d'être débarrassé de lui ou d'elle, avant de reprendre le cours de sa vie en solo. On respire, enfin délivré de cette relation et libre de tenter de nouveau sa chance au jeu de l'amour et du bonheur. Encore une fois, il s'agit d'une réaction légitime, mais qui indique que l'on étouffe une foule de sentiments mal digérés. Si l'on persiste dans cette voie, on risque de n'attirer que des partenaires de nature à réveiller ces émotions latentes.

> *Éprouver du soulagement indique clairement que l'on nie une foule de sentiments latents.*

Les motifs de soulagement varient suivant qu'on vient de Mars ou de Vénus. L'homme se rassérène en attribuant à sa partenaire la responsabilité de leurs problèmes de couple, alors qu'une femme se réjouit plutôt de ne plus sentir l'avenir de la relation reposer sur ses épaules. Cela fait du bien, certes, mais il faut cependant réfléchir un peu plus avant si l'on veut guérir son cœur et trouver la bonne moitié, la prochaine fois.

Souvent un homme est impatient d'oublier sa mésaventure, mais n'a pas pour autant pardonné à son ex. Pour lui, la solution immédiate à ses maux consiste à trouver sur-le-champ une nouvelle amante. On peut y voir au premier abord une attitude positive, mais dès que ses relations ultérieures lui poseront des difficultés analogues à celles qui avaient conduit son précédent couple à l'échec, il sera prompt à blâmer sa nouvelle partenaire et pardonner lui viendra plus malaisément.

Pour trouver la paix, il doit se demander en quoi lui-même a contribué à ses problèmes conjugaux. Plus il adoptera une attitude responsable, plus il pourra pardonner. Et, ce faisant, il se rendra disponible pour une future relation réussie.

> *Pour trouver la faculté de pardonner, un homme doit se demander en quoi il a contribué aux difficultés de son couple.*

Les femmes pécheraient plutôt, pour leur part, par un sens trop aigu des responsabilités et retirent, on l'a vu, un certain apaisement lorsqu'elles ne se sentent plus tenues d'assumer seules l'équilibre de la relation. Elles pensent avoir fait assez de sacrifices et n'avoir plus rien à donner. L'écueil, pour elles, serait de pardonner trop vite, car elles risqueraient de rester prisonnières de leurs remords. Là où les hommes affichent plutôt une incapacité de dépasser le stade des reproches faits à l'autre, les femmes tendent en effet à s'autoflageller en se persuadant qu'elles sont à l'origine de l'échec du couple.

Pour pardonner et oublier, une femme doit tout d'abord examiner en quoi les turbulences du couple l'ont affectée, puis prendre le temps d'éprouver tour à tour les quatre émotions qui guérissent. Ce n'est qu'à ce prix qu'elle pourra absoudre son partenaire sans se culpabiliser outre mesure.

> *Après une séparation, les hommes restent plutôt bloqués au stade des reproches faits à l'autre, tandis que les femmes tendent à demeurer prisonnières de leurs remords.*

À ce moment seulement, elle pourra juger de sa véritable contribution à la dérive de son couple. Cette attitude adulte lui permettra de retrouver la confiance nécessaire pour aller de l'avant et entamer une nouvelle relation amoureuse. Elle sera à même d'admettre que les souffrances vécues au cours de son union passée ne se reproduiront pas forcément dans la prochaine.

> *Regarder en face sa véritable part de responsabilité dans l'échec de son couple donne à une femme la force de comprendre que les souffrances vécues au cours de son union passée ne se reproduiront pas nécessairement dans la suivante.*

Si pour elle, « couple » signifie « sacrifices », elle rechignera à s'engager de nouveau. De même, un homme qui persiste à reprocher à son ex l'échec de leur relation pourra entamer d'autres liaisons, mais risque de battre prestement en retraite dès que l'on attendra de lui un menu sacrifice ou un banal compromis, de ceux qui jalonnent le quotidien de la vie à deux.

Les raisons évoquées plus haut expliquent pourquoi quand on éprouve du soulagement après avoir mis fin à une relation, il faut continuer à se pencher sur ses sentiments déplaisants. En effet, une bonne part de cette impression de délivrance provient du fait que l'on n'est désormais plus obligé d'éprouver ces émotions désagréables. Et on tendrait volontiers à oublier au plus vite ce qui s'est passé. Cette stratégie possède des atouts certains, mais elle n'est pas appropriée en cas de rupture.

En prenant le temps d'explorer les émotions tapies sous notre soulagement, nous mettrons au jour une kyrielle de sentiments latents. Et malgré notre désir légitime d'oublier le passé pour croquer la vie à pleines dents, la prudence conseille de s'accorder le loisir de déplorer toute l'aventure et de s'abandonner aux quatre émotions qui guérissent. Quand on n'a plus besoin d'oublier son passé pour se sentir mieux, on est prêt à entamer une nouvelle relation intime.

SE DÉLIVRER DE L'INDIFFÉRENCE

Lorsqu'une rupture ne prend pas en compte toutes les émotions, on court le risque de manifester à l'avenir un trop grand détachement, voire une certaine indifférence. Et en s'efforçant de se montrer raisonnable, on peut, hélas, refouler son sentiment de perte. Comme l'esprit s'adapte plus rapidement que le cœur aux situations nouvelles, une rupture « raisonnable » représente également un défi. Dans le cas où deux personnes décident de manière réfléchie de se quitter, il arrive qu'elles demeurent pourtant encore attachées l'une à l'autre sur le plan émotionnel.

Chacun espère avoir pris la bonne décision d'un point de vue rationnel... mais l'intellect n'est pas le seul élément à contenter : il faut aussi veiller à éprouver des regrets quelles que soient les circonstances de la rupture. C'est pourquoi, après avoir pris la décision de se dire adieu, on doit s'autoriser à éprouver des vagues récurrentes d'émotions contradictoires. Sinon, on risque de perdre le contact avec son désir profond d'aimer et d'être aimé.

Même si on se sent mieux de vivre sans l'autre, il faut prendre le temps de faire le deuil de son couple. On doit admettre qu'une partie de soi espérait que cette relation défunte durerait toujours. Il faut prêter attention à ce fragment de sa personnalité, patiemment, jusqu'à ce que le cœur guérisse.

Il peut être difficile de ressentir les quatre émotions qui guérissent quand la rupture était de toute évidence la meilleure solution.

Quand on met fin à une relation de manière raisonnée, il faut garantir à ses émotions le droit de demeurer à la traîne de son esprit. Car il est légitime de regretter la rupture et d'en éprouver de la tristesse, même si elle représentait la meilleure solution. Et il faut prendre le temps de s'y adapter sur le plan affectif.

Dans ce type de situation, il peut arriver que l'on n'éprouve pas automatiquement un sentiment de perte. Il faudra alors travailler à exhumer ce dernier. Pour ce faire, on peut se remémorer les espoirs et les rêves des débuts. Ce qui permet de réfléchir aux événements que l'on n'aurait pas voulu voir se produire, d'en concevoir de la colère, puis de pardonner.

Vous devez vous abandonner à votre peur que cette rupture se révèle une grave erreur, et au chagrin occasionné par votre incapacité de faire fonctionner cette relation. Il est normal de rêver encore parfois de vous réconcilier avec votre ex et, cette fois, de réussir votre couple. Tout cela fait partie du processus de deuil. Nourrir de telles pensées ne signifie pas devoir les mettre en pratique ni renouer avec votre partenaire. Et encore moins si vous vous sentez désespérément seul(e) et prêt(e) à tout pour échapper à votre solitude.

Explorer son attachement à l'autre permet de se délivrer de lui sans devoir pour cela se couper de ses émotions.

Oser s'avouer son sentiment de solitude, même quand son esprit a clairement tourné la page, aide à maintenir dans son cœur une ouverture à l'amour. Une rupture sans fracas peut aisément masquer un océan de tristesse, de souffrances et de déceptions secrètes. Si vous ne parvenez pas à éprouver de sentiment de perte, essayez de projeter votre esprit dans une autre circonstance où vous avez perdu un être cher. Quelque part dans votre passé, un événement a dû figer votre capacité de ressentir pleinement votre besoin d'amour.

Une rupture sans fracas peut aisément masquer une vie de tristesse, de souffrances et de déceptions secrètes.

Remontez dans le temps en pensée, jusqu'à une situation qui, malgré votre jeune âge, a exigé que vous vous montriez fort. Une situation dans laquelle vous n'aviez personne pour vous épauler. Une époque où vous ne jugiez pas prudent d'admettre votre chagrin. Alors, vous avez pris la décision raisonnable de réprimer ces sentiments jusqu'au jour où il deviendrait possible de les extérioriser. À présent, le temps est venu de le faire. Cela ne peut plus vous nuire. Retrouver une à une les quatre émotions salvatrices, puis pardonner du fond du cœur vous permettra de surmonter l'épreuve de votre rupture pour repartir du bon pied.

SE DÉLIVRER DE SES REMORDS

Devant la fin d'une relation amoureuse, on peut éprouver deux types de remords : les premiers occasionnés par le souvenir de toutes les manières dont on a blessé ou déçu son conjoint, et les seconds parce qu'on a suscité la rupture. On avait promis d'aimer son partenaire et voilà qu'on rompt cette promesse. Que l'on soit en proie à l'un ou l'autre de ces types de remords (ou aux deux), la solution est identique et passe par s'absoudre soi-même.

Bien qu'il soit naturel de se sentir coupable lorsque l'on a commis une erreur, il n'est pas sain de continuer à battre sa coulpe une fois qu'on s'est avoué cette faute. Cette culpabilité empêche alors de s'aimer et d'apprécier sa vie.

De même que certaines personnes ressassent leur souffrance après avoir subi une injustice, d'autres s'accrochent à leurs remords d'avoir fait certaines choses ou de ne pas en avoir fait. Douleur et culpabilité sont inextricablement liées car l'antidote unique à ces deux poisons est le pardon. Pour se délivrer de sa souffrance, il faut pardonner à l'autre ; pour se délivrer de ses remords, il faut s'absoudre soi-même de ses erreurs et de ses manquements à l'égard de l'autre.

Il est plus difficile de se pardonner à soi-même si on n'a pas encore appris à pardonner aux autres.

Se sentir coupable de mettre un terme à une relation indique sans conteste une blessure affective mal cicatrisée. Bien souvent en effet, on demeure incapable de se pardonner à soi-même tant qu'on n'a pas reçu l'absolution de son entourage.

Attention, il ne s'agit pas ici de l'ex-partenaire ; ce serait vraiment trop restrictif de penser ne pouvoir retrouver la paix que muni de son pardon. Il est en revanche utile de rédiger en profondeur une lettre d'excuses admettant vos erreurs et exprimant le souhait que votre ex puisse un jour vous en absoudre. Pour l'heure, préoccupez-vous plutôt de trouver un thérapeute ou un groupe de soutien auprès duquel vous pourrez vous décharger de tous vos remords. L'objectivité et l'indulgence de vos interlocuteurs vous aideront à vous accorder votre propre grâce.

Il n'est pas indispensable d'avoir obtenu le pardon de l'autre pour se l'accorder à soi-même.

En général, ceux de mes patients qui se sentent coupables d'avoir quitté leur partenaire ont eux-mêmes été abandonnés dans le passé et ne connaissent que trop bien le chagrin qu'ils viennent d'infliger. Mais leurs remords découlent en fait plus du rejet subi autrefois — et de la souffrance latente qu'ils en conçoivent encore — que de la situation présente.

Lorsqu'on ne peut se pardonner d'avoir fait souffrir un autre être, c'est toujours parce qu'on a soi-même souffert à un moment ou à un autre de sa vie et qu'on n'a pas pleinement fait jouer les quatre émotions qui guérissent afin de trouver la paix et la miséricorde. Dans ce cas, on aura avantage à se remémorer les circonstances passées dans lesquelles on a été quitté ou blessé.

Pardonner à ceux qui nous ont blessés
nous permet de nous pardonner d'avoir blessé
notre ex-compagnon.

Certains s'accrochent à leurs remords parce qu'ils se jugent mauvais et pensent que l'on doit concevoir de la culpabilité d'avoir quitté un partenaire qui se sent blessé, trahi ou abandonné. Ce raisonnement est erroné.

Une relation qui n'est pas satisfaisante pour l'un ne peut l'être pour l'autre, et le plus beau cadeau que l'on puisse faire à son partenaire est de lui rendre sa liberté afin qu'il ou elle puisse trouver l'amour. Et de toute façon, vous ne pouvez en aucun cas combler les besoins d'un partenaire qui ne vous apporte pas ce que vous attendez d'une relation de couple. La rancœur ne tardera en effet pas à empoisonner vos rapports.

Il arrive parfois qu'on éprouve des remords alors même qu'on est victime de la rupture. On plaint à tort son ex, alors qu'en réalité ce serait à lui ou à elle de regretter sa conduite.

Cette propension à la culpabilité résulte, comme tant d'autres maux, de la répression des quatre émotions salvatrices.

L'esprit bâillonne celles-ci de quatre manières afin de nous inspirer du remords d'être parti : il nie, il se justifie, il rationalise et il se flagelle. Entrons dans les détails.

Nier

Nous nous disons que notre partenaire ne nous a pas vraiment maltraité ; nous refusons d'admettre la vérité. Pour éviter de demeurer prisonnier des non-dits, il est indispensable d'écouter sa colère. Cette dernière émane des événements survenus à notre corps défendant, aspect que l'on risque autrement de négliger.

Se justifier

On justifie la situation en trouvant des excuses à son partenaire. On assure par exemple : « Mais il ne voulait pas faire cela. » Pour éviter de tourner en rond, il faut écouter sa tristesse. Celle-ci révèle ce que l'on aurait voulu voir arriver mais qui ne s'est pas produit. Elle souligne ce qui nous manque au lieu de se focaliser sur les raisons pour lesquelles l'autre ne nous a pas soutenu.

Rationaliser

On se dit que ce qui s'est passé n'a pas vraiment d'importance, et ce, pour une multitude d'excellentes raisons. « Ce pourrait être bien pire », affirme-t-on par exemple. Pour éviter de se perdre en arguments « rationnels » de ce type, il faut admettre sa crainte de ne jamais obtenir ce qu'on désire et ce dont on a besoin. La peur évoque ce qui pourrait se passer et que l'on ne veut pas voir se produire. Elle aide à déceler ce qui est important pour soi et plus seulement ce qui est important pour son compagnon (ou sa compagne).

Se flageller

On s'accuse d'avoir suscité des réactions dont on ne voulait pas. « Si je m'étais comporté différemment, il n'aurait pas fait cela », déplore t-on. Ou alors, on objecte, se faisant l'avocat du diable : « Elle a fait ça, mais moi, j'avais fait ça. » Pour éviter de se perdre en élucubrations de cet acabit, il faut accueillir ses regrets. Ceux-ci aident à reconnaître ce que l'on ne peut désormais changer. Et admettre son incapacité de changer son partenaire permet de cesser de se croire responsable de son comportement.

Quand ces quatre tendances empêchent d'éprouver les émotions négatives, elle posent problème. Prendre le temps d'explorer ces sentiments aide à voir clairement la réalité. Alors, on peut prendre la décision de partir sans remords ni culpabilité.

Ce n'est jamais un acte d'amour que d'accorder à l'autre l'occasion de vous blesser. Si une relation ne comble pas vos besoins, la solution la plus empreinte de tendresse consiste à mettre fin à cette relation. Si vous découvrez que votre partenaire n'est pas l'homme ou la femme de votre vie, il faut en changer. Mais plutôt que de le ou la quitter parce qu'il ou elle n'est pas assez ceci ou trop cela, ou parce qu'il ou elle vous fait souffrir d'une façon ou d'une autre, partez en pardonnant et en admettant que vous vous êtes trompé en le ou la choisissant.

SE DÉLIVRER DE SON SENTIMENT D'INSÉCURITÉ

À la fin d'une relation, on s'accroche à l'espoir d'une réconciliation, parfois dans le but de gérer ses craintes et son sentiment d'insécurité. Cela évite en effet de devoir se mesurer à ses angoisses et constater l'ampleur de la perte subie. Tant que l'on croit pouvoir un jour renouer avec son ex, on n'a pas besoin d'envisager de refaire sa vie. Malheureusement, quoique ce stratagème procure un certain répit, il empêche le processus de guérison de s'accomplir. Vivre d'espoir dispense de regarder ses peurs en face pour se délivrer de son sentiment d'insécurité.

Même s'il existe de réelles chances de réconciliation avec votre ancien(ne) partenaire, la meilleure manière de les amener à se concrétiser est d'admettre avant tout que reprendre la vie en commun se révèle pour l'heure impossible. Car il faut d'abord vous abandonner pleinement à votre chagrin, puis vous en libérer. Il s'agit là de la meilleure chose à faire pour guérir, mais aussi pour hâter un éventuel « *happy end* ».

— — — — — — — — — — — — — — — — — —
Nous accrocher à notre douleur peut retenir notre partenaire de se décider à nous revenir.
— — — — — — — — — — — — — — — — — —

Lorsqu'une relation s'achève, elle ne peut se rebâtir que sur de nouvelles bases de compréhension et de pardon. Or, tant que l'on s'accroche à sa souffrance, on n'absout pas vraiment l'autre. De plus, notre chagrin peut inciter notre partenaire à persister à se sentir coupable. Il lui sera plus difficile d'éprouver l'envie de revenir auprès de nous si nous aiguillonnons sans cesse ses remords par nos actes ou nos paroles.

Deux partenaires qui souhaitent se raccommoder doivent changer ou se corriger d'une manière ou d'une autre. Pleurer sans contrainte une rupture permet de se libérer progressivement de son chagrin pour trouver le pardon, la compréhension et la gratitude, ainsi que la force intérieure et la confiance indispensables pour trouver l'amour nécessaire à chacun.

Alors, on n'est plus ni demandeur, ni envahissant, ni anxieux, ni tenaillé par un sentiment d'insécurité. L'esprit et le cœur rassérénés, on devient capable de s'imposer les ajustements nécessaires pour attirer de nouveau son ex ou pour admettre qu'il ou elle ne convient pas. Mener à bien le deuil d'une relation permet donc de renouer avec l'aimé ou de trouver un nouveau et meilleur partenaire.

SE DÉLIVRER DU DÉSESPOIR

Parfois, si on a subi des violences, été négligé, déçu, sevré de tendresse, abandonné ou trahi, on pourra continuer à se percevoir comme une victime après la dissolution du couple. Il faut alors vous rappeler que même si vous avez effectivement été une victime, la nouvelle liberté apportée par la rupture vous donne aujourd'hui la possibilité de trouver la plénitude du bonheur. Vous n'êtes plus une pauvre chose, mais un adulte responsable de son propre bien-être.

Mais même quand l'esprit admet cette réalité, on se *sent* souvent encore victime. Et, en conséquence, on se croit médiocre et incapable d'obtenir jamais ce dont on a besoin et que l'on mérite. Tant que l'on ne se délivrera pas de ce désespoir, on ne trouvera pas la motivation essentielle afin d'effectuer les choix adéquats pour trouver l'amour.

Même quand on a pris les mesures nécessaires pour se protéger, on se sent parfois encore victime.

Cette tendance à exagérer en permanence sa propre fragilité est compréhensible, mais, sauf si l'on peut bénéficier d'une aide pour soigner son chagrin, elle n'est pas saine. Le désespoir indique clairement que le cœur est prisonnier de multiples strates de souffrances muettes. Le défi qui s'offre alors à nous est de guérir ces douleurs et de retrouver la capacité d'accorder notre confiance à un autre être. Si l'on ignore comment se libérer de son chagrin, on risque fort de laisser son passé gâcher le reste de sa vie.

Voici quelques exemples de réactions malsaines de victime :

- Je ne retrouverai jamais le bonheur après ce qui m'est arrivé.
- Ma vie est fichue à cause de ce qui m'est arrivé.
- J'ai gâché ma vie à cause de ce qui s'est passé.
- Je ne pourrai plus jamais aimer après ce qui m'est arrivé.
- Je ne ferai plus jamais confiance à un homme (à une femme) après ce qui m'est arrivé.
- Je suis trop fatigué(e) pour refaire ma vie après ce qui m'est arrivé.
- Je n'ai plus envie de me montrer aimant(e) après ce qui m'est arrivé.
- Je suis trop amer(ère) pour aimer de nouveau après ce qui m'est arrivé.
- Je n'ai plus rien à donner après ce qui m'est arrivé.
- Je suis malheureux(se) aujourd'hui à cause de ce qui m'est arrivé.
- Je ne peux plus accorder ma confiance à cause de ce qui m'est arrivé.
- Je suis seul(e) à présent et je ne retrouverai jamais l'amour à cause de ce qui m'est arrivé.
- Je ne digérerai jamais ce qui s'est produit.

— Mes plus belles années sont derrière moi. Je n'ai plus aucune chance de retrouver l'amour.

Plutôt que de laisser de telles certitudes boucher votre horizon, utilisez-les comme un tremplin pour plonger dans la mare de vos sentiments latents. Par exemple, une personne qui se répète « Je n'aimerai plus jamais » pourra avantageusement prendre le temps d'explorer ses peurs, puis, partant de là, se pencher sur d'autres occasions plus anciennes qui lui ont inspiré des craintes similaires.

On peut utiliser ses croyances négatives pour mettre en lumière les sentiments latents tapis dans les placards du subconscient.

Comprenons-nous : il est normal que des idées du type de celles énumérées ci-dessus vous traversent l'esprit au cours du processus de guérison, mais l'objectif consiste à identifier les modes de réflexion erronés dont ces pensées témoignent. S'avouer que l'on est prisonnier d'un comportement de victime permet de commencer à traiter les émotions négatives associées à un tel état d'esprit. Stimuler ainsi nos mécanismes curatifs naturels réveille immédiatement notre sagesse, notre réceptivité et notre créativité intuitive, dont la lumière dissipe les ténèbres de notre désespoir.

Tant que l'on continue à rendre le passé responsable de sa souffrance présente, on se persuade que celle-ci découle uniquement du passé et pas du tout de la réalité actuelle. Mais les chagrins latents d'hier empêchent d'éprouver pleinement les possibilités offertes par aujourd'hui. Au lieu de repartir de zéro pour se bâtir une nouvelle existence pleine de joie et d'amour, on continue à souffrir et à se positionner en victime.

SE DÉLIVRER DE LA JALOUSIE ET DE L'ENVIE

Face à une rupture, certains réagissent par la jalousie. Celle-ci, non contente de faire souffrir celui ou celle qui l'éprouve, empêche de partager les joies de son entourage. Et comme elle annihile la capacité d'aimer, il faut de toute urgence apprendre à l'identifier afin de travailler à la soigner.

La jalousie et l'envie se manifestent sous des formes variées. En voici quelques exemples :

- On découvre que son ex-partenaire est heureux ou s'amuse et on en conçoit de l'irritation ou de l'agacement. Cette réaction est provoquée par la jalousie.
- Vos enfants ou votre entourage disent du bien de votre ex-partenaire et cela vous met mal à l'aise. C'est l'envie qui motive votre sentiment d'inconfort.
- On se sent exclu et blessé dès que l'on imagine que son ex-partenaire aime une autre personne et s'épanouit auprès d'elle. Cette souffrance est une forme de jalousie.
- Le bonheur de votre ex vous désole tandis que ses ennuis vous emplissent de félicité. Dans les deux cas, il s'agit de jalousie.
- Dès que vous voyez un couple d'amoureux, vous ricanez sous cape : cela ne durera pas. Cette attitude empreinte de cynisme reflète votre envie.

La jalousie prend mille visages pour faire de notre vie un enfer. Plutôt que d'en souffrir, apprenons à l'utiliser pour panser les blessures de notre cœur. Ce sentiment indique en effet que nous réprimons une myriade de désirs insatisfaits et étouffons nos problèmes sous-jacents.

> *Lorsqu'on est en proie à l'envie, le bonheur d'autrui afflige, tandis que les malheurs des autres emplissent de félicité.*

La jalousie naît lorsque quelqu'un d'autre possède ce que nous voulons. Au lieu de souhaiter connaître une chance identique, nous nous consumons parce que cet autre est plus heureux que nous. L'envie survient quand on se répète qu'on est content de ce qu'on a, alors qu'en réalité, ce n'est pas le cas et qu'on désire davantage. Cette forme de convoitise ou de dépit sert d'outil pour découvrir ce qu'on se cache à soi-même. Si j'envie le succès de mon voisin, c'est que moi-même, je souhaiterais mieux réussir. Et si je jalouse une personne parce qu'elle est aimée ou reconnue, c'est parce que moi aussi, je voudrais être aimé. La jalousie et l'envie révèlent donc nos aspirations secrètes.

Lorsqu'on désire quelque chose que l'on croit ne pas pouvoir obtenir, on tend, pour éviter d'en éprouver du dépit, à minimiser ce souhait ou même à le nier. On adopte le raisonnement suivant : « Si je ne peux pas l'avoir, ce n'est pas très grave. De toute façon, je n'en avais pas vraiment envie. » Mais si une partie de soi ne s'est pas résignée à renoncer à l'objet de ses vœux, on éprouvera de la jalousie si un autre s'en empare.

Tant que nous ne serons pas capables de nous réjouir du bonheur et du succès des autres, nos chances de félicité demeureront réduites. La jalousie et l'envie chassent justement ce que l'on attend de l'existence. Et l'envie indique clairement que l'on nie sa capacité de formuler ses souhaits.

> *La jalousie et l'envie chassent la chose même que l'on attend de la vie.*

La jalousie compte parmi les états émotionnels les plus pénibles. Comme pour les six autres attitudes négatives, plus on s'y laisse aller, plus elle devient douloureuse et torturante. À l'inverse des quatre émotions qui guérissent, lesquelles s'envolent pourvu qu'on les accueille, les attitudes négatives se révèlent beaucoup plus tenaces.

Si une pointe d'envie se traduit par un : « Tu possèdes ce dont je rêve », le jaloux gémit plutôt : « Tu possèdes ce que je désire et je souffre de ne pas le détenir. » Voilà pourquoi l'envie est significative des sentiments sur lesquels il importe de travailler pour se délivrer de son chagrin. Si on ne les combat ni ne les soigne, on entravera ou repoussera à son insu l'amour, le bonheur et le succès dont on rêve précisément.

Au lieu de s'enliser dans les affres de la jalousie, on peut utiliser celle-ci pour stimuler ses émotions curatives profondes. Admettons que le remariage de votre ex vous rende jaloux(se). Au lieu de vous abandonner à la jalousie, au mal-être et à la rancœur, et de vous répandre en propos critiques, essayez de réfléchir aux sentiments qui suivent. Si vous le préférez, notez-les par écrit.

Explorer les sentiments tapis sous la jalousie

1. Peur

- J'ai peur de ne pas trouver l'homme (la femme) de ma vie.
- J'ai peur de ne pas faire ce qu'il faudrait.
- J'ai peur de ne pas être assez bien.
- J'ai peur que les autres croient que notre union a échoué à cause de moi.
- J'ai peur de ne pas savoir que faire pour trouver l'amour.

- J'ai peur de commettre une grave erreur.
- J'ai peur que plus personne ne veuille de moi.

2. Tristesse

- Je suis triste de ne pas me remarier
- Je suis triste de ne pas mener une vie très heureuse.
- Je suis triste que notre mariage n'ait pas marché.
- Je suis triste que personne ne veuille de moi.
- Je suis triste de ne pas être heureux(se) en ce moment.
- Je suis triste de ne pas être encore marié(e).
- Je suis triste de ne pas avoir trouvé le (la) bon(ne) partenaire.

3. Colère

- Je suis furieux(se) d'être encore célibataire.
- Je suis furieux(se) que notre mariage ait pris fin.
- Je suis furieux(se) qu'ils soient heureux et moi pas.
- Je suis furieux(se) d'attendre encore l'amour.
- Je suis furieux(se) de devoir repartir de zéro.
- Je suis furieux(se) qu'on s'intéresse plus à eux qu'à moi.
- Je suis furieux(se) car lorsque nous étions mariés, il (elle) ne se montrait pas si ouvert(e).

4. Regret

- Je regrette de ne pas pouvoir être heureux pour eux.
- Je regrette de ne pouvoir faire confiance à l'amour.
- Je regrette que notre mariage ait échoué.
- Je regrette de ne pas être celui (celle) qui se marie.

– Je regrette de ne pas parvenir à trouver l'âme sœur.
– Je regrette de ne pas parvenir à trouver une personne qui m'aime de cette façon.

5. Intention

– Je veux me remarier.
– Je veux trouver l'amour.
– Je veux pardonner à mon ex-partenaire.
– Je ne veux plus être aussi critique et jaloux(se).
– Je veux aimer de nouveau.
– Je veux croire en l'amour.
– Je veux me marier.
– Je veux me sentir de nouveau heureux(se) et en forme.

6. Sentiments positifs de pardon, de compréhension, de gratitude et de confiance

– Je pardonne à mon ex de m'avoir blessé(e).
– Je pardonne à mon ex de m'avoir trahi(e).
– Je pardonne à mon ex d'avoir changé et de ne plus m'aimer.
– Je pardonne à mes amis de l'aimer aussi.
– Je comprends qu'il ou elle a le droit d'être heureux(se).
– Je comprends que nous n'étions simplement pas faits l'un pour l'autre.
– Je suis plein(e) de gratitude pour l'occasion qui m'est offerte de retrouver l'amour.
– Je suis plein(e) de gratitude pour l'amour qui baigne ma vie.
– Je suis plein(e) de gratitude d'avoir une famille et des amis.
– J'ai confiance en ma capacité de retrouver l'amour.

133

- Je crois fermement que je suis en voie de combler tous mes besoins.
- Je crois fermement que je trouverai l'amour dont je rêve.

Voici comment on peut échapper au piège de la jalousie pour sonder plus profondément son âme et ses émotions sous-jacentes. Une fois ces sentiments négatifs explorés, leurs pendants positifs enfouis pourront à leur tour resurgir.

SOIGNER SON PASSÉ

En clair, au lieu de laisser les sept attitudes négatives entraver la guérison du cœur, on peut les mettre à profit pour déceler et soigner ses sentiments enfouis. Tant que l'on demeure prisonnier d'une de ces chausse-trapes, on n'est pas prêt à s'engager dans une nouvelle relation car, pour expérimenter les possibilités illimitées d'amour et de bonheur qui s'offrent à nous, il nous faut au préalable guérir les blessures du passé. S'affranchir du chagrin occasionné par les événements révolus permet de s'ouvrir aux possibilités réelles dont on dispose.

Ce n'est qu'une fois que vous serez capable de fêter la fin d'une relation et de rendre grâce pour les leçons inculquées par cette rupture que votre cœur sera enfin guéri et libéré du passé. Si, lorsque vous viviez ensemble, votre partenaire vous maltraitait, son comportement ne vous inspirera bien entendu aucune gratitude, mais vous aurez tout lieu de vous réjouir de la force et de la sagesse acquises en apprenant à vous soigner et à vous détacher du passé. Dans le prochain chapitre, nous étudierons plus en détail les mécanismes par lesquels les êtres se libèrent de leur douleur et de leur chagrin.

CHAPITRE 10

Oublier ses blessures

Pleurer la perte de son conjoint dans le cadre d'un divorce est souvent particulièrement difficile. Un deuil est plus simple car les circonstances obligent à admettre le caractère définitif de la séparation. On comprend qu'on ne pourra désormais plus compter sur l'amour ni sur l'appui de l'autre. Ce qui permet de le (ou la) pleurer sans retenue.

En cas de divorce, l'ancien compagnon ou l'ancienne compagne est toujours vivant(e). Et il est plus difficile de s'épancher sur la rupture car on continue souvent de se sentir blessé. Il arrive que la manière dont il ou elle nous traite nous inspire du ressentiment, ou que nous soyons jaloux(se) de l'amour et du soutien qu'il ou elle reçoit d'un(e) autre. On peut aussi lui reprocher son manque d'assistance, ou pester en revanche parce qu'on est contraint de conserver des rapports avec lui (ou elle).

Quelle que soit la mesure dans laquelle on a été maltraité, on peut continuer à se sentir blessé.

Se sentir blessé indique qu'on ne s'est pas complètement affranchi du besoin du soutien affectif de son ex-conjoint. Par exemple, l'impolitesse d'un inconnu nous touchera beaucoup moins que celle de notre ancien partenaire car on n'attend pas autant d'un étranger que d'un compagnon. Après un divorce, il faut du temps pour se réadapter afin de ne plus espérer que notre ex fasse preuve des égards dûs à un époux.

Pendant des années nous avons donné de nous à un être, en escomptant en retour son amour et son appui. Et une partie de nous espère encore obtenir ce que nous n'avons pas reçu alors que nous le méritions. Nous pensons que l'autre demeure notre débiteur. Et, au fond de notre cœur, nous attendons qu'il règle sa dette. Tant que l'on n'aura pas renoncé à s'en remettre à lui, on continuera à se sentir blessé par lui.

Oublier ses blessures confère la liberté de refaire sa vie et de trouver l'amour dont on a besoin et auquel on a droit. Mais tant qu'on continue à présumer du soutien affectif de son ex, on aggrave ses blessures au lieu de les soigner. Dépendre émotionnellement d'autrui est bien quand on dispose d'un tel soutien, mais une fois séparé de son partenaire, il faut s'en affranchir.

Tant qu'on continue à présumer du soutien affectif de son ex, on ne fait qu'aggraver ses blessures.

On ne peut soigner un os brisé si l'on n'admet pas en premier lieu qu'il est brisé. De même, s'obstiner à dépendre sentimentalement de son ex-conjoint revient à refuser de reconnaître la réalité de la rupture. On réprime sa sensation de perte et on nie le chagrin occasionné par l'impossibilité de se reposer désormais sur lui. Bien qu'une telle attitude puisse procurer un répit passager, on finit toujours par en vouloir à l'autre de ne pas mieux jouer le jeu.

Lorsque nos espérances sont déçues et que cela

nous fait mal, nous commençons à nous percevoir comme des victimes et pensons que notre ex se met en travers du chemin de notre bonheur. Tant que nous persisterons dans cette erreur de jugement, nous continuerons à souffrir du comportement de l'autre. Prendre conscience des mécanismes par lesquels nous prêtons le flanc aux « attaques » nous rendra libre de changer d'attitude.

Voici quelques exemples courants de sentiments de blessure et de comportements de victime sous-jacents, de nature à entretenir votre chagrin.

Sentiments de blessure et comportements de victime

Sentiment de blessure	Comportement de victime
Je suis blessé que tu ne te sois pas donné plus de mal pour améliorer la situation.	Si tu avais fait un effort, je serais peut-être heureux aujourd'hui.
Je suis blessée que tu n'aies pas songé à solliciter une aide.	Si tu avais sollicité une aide, je serais peut-être heureuse aujourd'hui.
Je suis blessé que tu n'aies pas changé pour moi.	Si tu avais accepté de changer, je serais peut-être heureux aujourd'hui.
Je suis blessée de n'avoir jamais compté pour toi.	Si tu t'étais préoccupé de mes besoins, je serais peut-être heureuse aujourd'hui.

Je suis blessé que tu aies tellement changé.	Si seulement tu pouvais changer pour redevenir ce que tu étais, je pourrais peut-être retrouver le bonheur.
Je suis blessée que tu m'aies rejetée.	Si seulement tu voulais bien m'aimer de nouveau, je pourrais retrouver le bonheur.
Je suis blessé que tu aies aimé quelqu'un d'autre, et pas moi.	Si seulement tu faisais un effort pour m'aimer, je pourrais être heureux.
Je suis blessée que tu m'aies ignorée.	Si seulement tu m'aimais plus, je pourrais être heureuse.
Je suis blessé que tu m'aies trahi. Tu n'as pas tenu tes promesses envers moi.	Si tu avais tenu tes promesses, je serais peut-être heureux aujourd'hui
Je suis blessée que tu m'aies critiquée.	Si seulement tu m'avais soutenue, je serais peut-être heureuse aujourd'hui.
Je suis blessé que tu m'aies ridiculisé.	Si tu m'avais respecté, je serais peut-être heureux aujourd'hui.
Je suis blessée que tu m'aies abandonnée.	Si tu étais resté, je serais peut-être heureuse aujourd'hui.

Explorer ces sentiments douloureux permet de distinguer les comportements de victime qui leur sont associés. Attention : ces réactions inconscientes peuvent empêcher de jamais se délivrer de sa peine en entretenant en vous un besoin de continuer à éprouver du chagrin.

VIVRE DANS LE PRÉSENT

Pour se libérer de sa souffrance, il faut tout d'abord admettre que l'on ne doit plus compter sur son ancien partenaire et se résigner à la fin du couple qu'on formait avec lui. Il n'est plus responsable de nos chagrins. Oui, il nous a blessé, mais aujourd'hui, c'est à nous et non plus à lui qu'il incombe de faire en sorte que la situation s'arrange. Et même si cet individu est effectivement à l'origine de nos blessures, c'est à nous de les soigner et de recoller les fragments de notre cœur brisé.

Dès que vous renoncerez à attendre que votre ex-conjoint vous apporte le bonheur, il ou elle perdra son pouvoir de vous blesser. Et lorsqu'il ou elle ne pourra plus vous meurtrir dans le présent, vous acquerrez la liberté de vous délivrer des anciennes douleurs que vous traînez derrière vous. Il s'agit là d'un concept à la fois très simple et très profond : si je n'ai nul motif de m'inquiéter, je puis oublier mes soucis et cesser de me tracasser. De même, si plus rien ne me blesse, je peux oublier mes plaies et cesser de souffrir. Et si pour l'heure, rien ne me meurtrit, il me sera encore plus facile de me dégager des vestiges de mes blessures passées.

Dès lors que nous renonçons à attendre que notre ex-conjoint nous apporte le bonheur, il ou elle perd son pouvoir de nous blesser.

Si votre ex-partenaire persiste à faire des choses qui vous ennuient, vous devez admettre que ces chicanes ne vous brisent pas le cœur – pour la bonne raison que celui-ci est déjà en miettes ! Cette prise de conscience est primordiale. Si vous pouviez mesurer votre souffrance en degrés comme votre température corporelle, un léger agacement vaudrait cinq petits degrés sur cette échelle imaginaire, contre cent pour un cœur brisé.

Si votre cœur est guéri, lorsque votre ex vous cherchera des noises, vous éprouverez une blessure équivalant à cinq degrés, mais si votre cœur saigne encore, la plus petite agression vous forcera à éprouver simultanément les cent degrés de douleur résultant de votre cœur brisé, auxquels viendront s'ajouter les cinq degrés supplémentaires résultant de cette offense nouvelle.

Tant que vous ne comprendrez pas cette subtilité fondamentale, vous croirez que chaque fois que votre ex-époux vous tarabuste, il vous transperce de nouveau le cœur. En réalité, même si vous ressentez bien cent cinq degrés de douleur, ce n'est que parce que cette tracasserie a ravivé des souffrances passées. Croire à tort que notre partenaire nous « re-brise » le cœur encore et toujours accroît de beaucoup notre chagrin. Si bien que si nous n'accordons pas à notre âme le loisir de guérir, les actes irritants ou déplaisants de notre ex risqueront de nous sembler insupportables.

Aussi longtemps que l'on se posera en victime, on continuera d'essuyer des coups. Or, il est bien plus difficile de se délivrer de son chagrin quand on continue à accumuler les blessures. En réapprenant à vivre dans le présent, et en admettant que la souffrance qu'on cherche à oublier trouve son origine dans le passé, on finira par se libérer de ce cercle vicieux.

Pour vous délivrer de votre chagrin, répétez-vous que vous avez été une victime, mais qu'à présent, ce n'est plus le cas.

Pour réduire une fracture, on doit, dès qu'on a constaté son existence et replacé l'os dans sa position normale, protéger ce dernier afin de le soustraire à toute nouvelle agression. Il ne se ressoudera jamais si on le brise de nouveau sans relâche. De la même façon, il est impossible de guérir les blessures de son cœur en l'emplissant de pardon, de compréhension, de gratitude et de confiance si l'on se perçoit encore comme une victime.

Si nous conférons à notre ex-compagnon le pouvoir de nous « re-briser » le cœur encore et toujours, ce dernier ne guérira jamais.

Voici quelques « trucs » pour s'affranchir de son comportement de victime en vivant dans le présent.

– Oui, j'ai été déçu et trahi, mais aujourd'hui, je suis libre de modifier mes désirs et mes attentes.
– Oui, j'ai été sevrée d'amour, rejetée et abandonnée, mais à présent, je suis libre de trouver le bonheur auprès d'un autre.
– Oui, je souffre encore, mais elle a perdu le pouvoir de me blesser.
– Oui, mon cœur a été brisé, mais aujourd'hui, c'est à moi qu'incombe la responsabilité de le soigner.
– Oui, je me sens désespéré, mais je sais qu'un jour je retrouverai l'amour.
– Oui, j'ai sans doute perdu du temps, mais j'ai appris beaucoup d'utiles leçons. Aujourd'hui, je peux guérir mon cœur brisé et me préparer à trouver un amour véritable et durable.

LES DEUX VISAGES DE LA GUÉRISON

Schématiquement, la guérison des blessures du cœur peut se subdiviser en deux volets principaux, tous deux indispensables au bon déroulement du processus. D'une part, on doit s'accorder la permission de ressentir ce que l'on ressent. Et d'autre part, on doit adopter une attitude de non-victime, tout en écoutant ses sentiments de victime passés.

Pour guérir sa souffrance, il faut l'écouter, mais aussi bien comprendre qu'elle appartient au passé.

Afin d'expliquer cette approche curative, j'utilise volontiers l'image d'un parent serrant tendrement son enfant contre son cœur. L'enfant pleure et gémit : « Je suis trop triste. Personne ne m'aimera jamais vraiment. » Le père ou la mère le laisse s'exprimer sans l'interrompre, puis répond : « Mais non ! Moi, je t'aime et je t'aimerai toujours. » Cet adulte plein de compassion se contente de câliner son enfant et de comprendre son chagrin. Puis, il le rassure : il est aimé.

Quand nous nous sentons en position de victime, une partie de nous doit jouer le rôle du parent, positif et responsable, mais une autre partie de nous a besoin de redevenir un enfant avide de formuler ses sentiments pour parvenir à mieux les comprendre. Si vous avez des enfants, vous êtes en général fermement enraciné dans un comportement de non-victime, ce qui vous rend plus libre d'écouter intelligemment votre fragilité, puis de vous en délivrer.

Pour se délivrer de son chagrin, il faut apprendre à conserver un comportement positif et adulte tout en écoutant ses sentiments de victime.

Pour saisir concrètement à quoi ce processus ressemble, tentez la petite expérience suivante : pendant quelques minutes, essayez de faire deux choses différentes simultanément. De votre main gauche, décrivez des cercles sur votre ventre dans le sens des aiguilles d'une montre et, en même temps, tapotez-vous le sommet du crâne de la main gauche.

Allez-y, essayez de le faire tout de suite ! C'est très amusant et cela ne vous prendra que quelques instants. Ne poursuivez la lecture de ce chapitre que quand vous aurez maîtrisé cet exercice. S'il vous paraît trop facile, inversez les mains ou essayez de décrire des cercles dans le sens inverse des aiguilles d'une montre. Dès que l'on s'y entraîne un peu, cette petite gymnastique devient plus aisée, mais elle n'est certes pas naturelle. Dissocier ainsi l'action de ses deux mains exige un effort conscient.

Gércr sa souffrance émotionnelle n'est pas plus ardu, mais, de la même manière cela demande un peu de concentration. Lorsqu'on réussit d'un même élan à savoir qu'on n'est plus une victime (se tapoter la tête) et à éprouver des sentiments de victime (décrire des cercles sur son ventre), c'est qu'on a réussi à adopter une attitude propice à la cicatrisation des plaies de l'âme.

ADOPTER UNE ATTITUDE PROPICE À LA GUÉRISON DE SON CŒUR

La plupart des gens comprennent mal comment se forger une attitude propice à leur guérison. Le plus souvent, soit ils refoulent leur vulnérabilité, soit, au contraire, ils se noient en elle et ne parviennent pas à s'en extirper. Résultat : ils collectionnent les états émotionnels indésirables et succombent à des sentiments récurrents de souffrance, de jalousie, de rancœur, de reproche, d'indifférence, de désespoir, d'insécurité et de culpabilité. Tant qu'ils ne soigneront pas leur cœur, ils ne sauront pas communier avec l'amour, la sagesse, la réceptivité et la créativité qui dorment en eux.

Si vous ne réussissez pas à vous imposer une attitude propice à votre guérison, le simple fait d'évoquer vos émotions pourra aggraver votre état. Et pour peu que votre auditeur se borne à compatir à votre chagrin, la conversation risque de vous laisser encore plus amer, déprimé ou épuisé. Parler ne suffit pas pour soigner les plaies du cœur, même s'il arrive que le simple fait d'exprimer sa souffrance procure un soulagement temporaire. Cela n'apporte cependant aucune amélioration réelle ou durable.

Colères ou plaintes ne suffisent pas si l'intention de pardonner est absente ; se sentir blessé et triste donnera juste la migraine si l'on ne cherche pas à mieux comprendre et accepter ce qui s'est produit ; l'analyse de ses peurs, ses soucis et ses doutes ne fera qu'intensifier son sentiment d'insécurité si l'on ne rend pas grâce simultanément pour tous les bienfaits reçus. Et tant que l'on n'apprendra pas en outre à s'absoudre soi-même, avouer à autrui sa honte, son embarras et ses regrets ne fera qu'entretenir son manque de confiance en soi.

Pour adopter une attitude propice à la guérison de notre âme meurtrie, il nous faut prendre le temps d'accueillir les émotions venues du passé et d'enrichir celles-ci de notre volonté de pardonner à ceux qui nous ont blessés, de mieux comprendre les événements, de rendre grâce pour les dons reçus de la vie et de faire de nouveau confiance à l'avenir et au sexe opposé.

CHAPITRE 11

Le principe du 90/10

Une souffrance affective est presque toujours liée à des chagrins passés mal digérés. Une parole ou un fait blessants rouvrent en effet toutes les plaies antérieures mal cicatrisées. Ces séquelles de notre enfance et de nos relations amoureuses passées intensifient les émotions que nous inspire notre présente rupture. En fait, le plus souvent, quatre-vingt-dix pour cent de notre peine résultent du passé et seulement dix pour cent des motifs « officiels » de notre malaise. C'est pourquoi, quand on ne parvient pas à se libérer de ses sentiments douloureux, il convient de se pencher sur les véritables raisons de sa souffrance, qui sont rarement celles que l'on croit.

> *Seuls dix pour cent de notre souffrance proviennent de l'événement que nous en rendons « officiellement » responsable.*

Nous supportons les conséquences de ce principe du 90/10 en permanence. Après une journée pénible peuplée d'individus agressifs ou d'embouteillages et couronnée par un violent mal de tête, on rapporte chez soi ses émotions mal supportées. Pour peu que notre partenaire nous agresse dès que nous franchissons le seuil, cela risque de constituer la proverbiale goutte d'eau qui fait déborder le vase... et il ou elle « paiera » pour tous nos tracas de la journée. Dans ce cas, on s'énerve contre son compagnon ou sa compagne alors qu'en réalité l'essentiel de son agacement résulte d'événements survenus plus tôt. Si vous aviez passé une journée idyllique, l'attitude de l'autre vous paraîtrait beaucoup plus supportable et vous sauriez vous montrer plus compréhensif, puisque vous ne traîneriez pas derrière vous ces longues heures d'agacement.

Le même principe s'applique à vos sentiments latents, qui remontent parfois à votre enfance. Une rupture douloureuse ravive ces blessures anciennes. Et si vous restez otage d'émotions négatives telles que le ressentiment, les reproches, l'indifférence, la culpabilité, l'insécurité, le désespoir ou la jalousie, cela indique clairement que quatre-vingt-dix pour cent de votre souffrance résultent du passé et seulement dix pour cent de la rupture elle-même.

Rencontrer des difficultés pour se débarrasser de tels sentiments devrait donc nous inciter à étudier les liens unissant le présent au passé, car le processus de guérison devient bien plus simple dès qu'on parvient à revivre ses vieux chagrins enfouis.

Il est toujours plus facile de gérer un événement écoulé que son pendant présent. En effet, lorsqu'on regarde en arrière, on possède l'immense avantage de savoir comment les choses se sont terminées. Cela rend plus objectif et aussi plus compatissant et apte à écouter ses souvenirs sans se départir d'une attitude propice à la guérison de son cœur. Une partie de nous souffre tandis que l'autre se comporte comme un ami ou un parent aimant.

Quand on se penche sur son passé, on possède l'immense avantage de savoir comment les choses se sont terminées.

Comme on se sent en sécurité et soutenu sur le plan émotionnel, on exprimera plus facilement les sentiments qui refont surface dans le cadre de son épreuve actuelle, ce qui permet d'identifier automatiquement la blessure ancienne sur laquelle celle-ci vient se surimposer. Comprendre en quoi la souffrance endurée en ce moment même vous rappelle d'autres circonstances dans lesquelles vous avez éprouvé des sentiments similaires favorise une délivrance plus profonde.

Cette approche thérapeutique a aidé des milliers de mes patients et de participants à mes ateliers de réflexion, et m'a aussi secouru personnellement lors de l'échec de mon premier mariage.

GUÉRIR LE PASSÉ POUR GUÉRIR LE PRÉSENT

Quand Bonnie et moi nous sommes rencontrés, nous sommes très vite tombés amoureux l'un de l'autre. Après être sorti avec elle pendant un an et demi, j'ai cru vouloir l'épouser, mais je n'étais pas encore prêt à franchir cette étape. Une partie de moi n'était pas tout à fait sûre d'elle. J'aimais Bonnie, mais la perspective de me marier éveillait en moi des sentiments ambivalents. J'ignorais à l'époque qu'une part d'incertitude constitue une composante normale du processus amoureux. Je vous passe les détails : bref, nous avons décidé de rompre.

Trois ans plus tard, je convolais avec une autre femme, une amie de longue date. Nous préparions tous deux notre doctorat de psychologie et nous avons commencé à animer des ateliers de relations de couple, au gré desquels nous partagions avec nos élèves une bonne part des enseignements de notre vie à deux.

Au bout de deux ans de mariage, nous avons dû

dresser un constat d'échec : nous n'éprouvions plus l'un pour l'autre ni passion ni attirance et n'étions à l'évidence pas faits pour vivre ensemble. Nous sommes donc convenus de nous séparer. Soigner mon cœur après mon divorce m'a permis de vivre cette rupture sans animosité et avec amour, puis de comprendre, un peu plus tard, que Bonnie était la femme de ma vie.

Le jour de la séparation

Je me rappelle encore les moindres détails de cette triste journée. Bien que ma première femme et moi ayons sans conteste pris la bonne décision, je ne pouvais me défendre d'une profonde déception. Je ne parvenais pas à croire que nous en soyons arrivés là et j'étais fort triste que notre relation s'achève. En outre, même si nous nous séparions d'un commun accord, une partie de moi désirait et aimait encore cette femme et avait besoin d'elle. Elle aussi était bouleversée car, même si nous avions admis être inconciliables, nous nous aimions et étions très attachés l'un à l'autre.

Je suis parti de mon côté et j'ai pleuré des heures durant, roulant sans but au volant de ma voiture en écoutant des mélodies que nous appréciions tous deux. J'ai dû verser des torrents de larmes. J'ignorais où j'allais et ce que j'allais faire : il me semblait que mon univers s'était écroulé autour de moi. J'éprouvais un profond sentiment d'échec tant sur le plan personnel que sur le plan professionnel. Comment en effet pouvais-je oser animer des ateliers de relations de couple alors que j'étais moi-même incapable de réussir mon mariage ?

J'étais tellement effondré que j'ai appelé ma mère. En temps normal, je lui téléphone plutôt pour prendre de ses nouvelles ou pour lui raconter les événements heureux qui m'arrivent. Cela devait bien faire vingt ans que je n'avais plus pleuré ou évoqué mes chagrins devant elle.

Je lui ai demandé si elle pouvait venir en Californie – j'habitais Los Angeles, à cette époque, et elle vivait au Texas. Elle a aussitôt acquiescé. Elle s'apprêtait à aller rendre visite à l'un de mes neveux, mais elle promit de se décommander et de prendre le premier avion pour accourir auprès de moi.

En l'attendant à l'aéroport, j'ai commencé à noter tous les sentiments qu'éveillait en moi l'échec de mon mariage. Je savais l'importance, dans ce genre de situation, d'extérioriser ses émotions. Non seulement cela m'aiderait à long terme, mais, dans l'immédiat, cela me procurait un indéniable soulagement. Tout en couchant mon chagrin sur le papier, j'entendis une voix cristalline monter du plus profond de mon être. « Ne m'abandonne pas, je t'en prie, ne t'en vas pas », suppliait-elle. Et cette voix m'a remis en mémoire un souvenir d'enfance oublié.

Relier le présent au passé

Quand j'avais environ six ans, mes parents nous ont emmenés, mes quatre frères et sœurs et moi, en vacances à Los Angeles pour rendre visite à nos cousins californiens. Nous avions loué pour un mois une maison sur la plage.

J'étais le plus jeune membre de l'expédition et, comme mes aînés, je ne me tenais plus d'excitation à la perspective de découvrir le parc d'attractions de Disneyland. Peu après notre arrivée, nous avons reçu nos cousins, qui ont proposé à ceux d'entre nous qui le souhaitaient de venir passer quelques jours chez eux. Un de mes frères m'ayant chuchoté qu'ils habitaient près de Disneyland, j'ai immédiatement accepté l'invitation. Je pensais que tous les autres en feraient autant.

Quand je suis arrivé chez mes cousins, j'ai vu avec stupeur que ni mes parents ni aucun de mes frères et sœurs ne suivaient dans la seconde voiture. Le choc : je me trouvais tout seul, sans maman, au milieu de quasi-étrangers. J'ai passé une semaine chez eux... sans même mettre les pieds à Disneyland.

Pas une fois au cours des sept jours qui ont suivi je n'ai songé à demander à ma tante Innie d'appeler ma mère pour lui demander de venir me chercher. Je pensais que les miens m'avaient oublié et que je ne retournerais jamais auprès d'eux. Je me rappelle qu'un jour une colère insensée m'a envahi. Du haut de mes six ans, j'ai marché jusqu'au bout du pâté de maisons, déterminé à quitter cette prison pour retrouver ma famille. Arrivé au premier croisement, j'ai réalisé que je ne savais pas où aller. Alors, j'ai rebroussé chemin, l'oreille basse et la mort dans l'âme.

Les enfants ne savent pas toujours reconnaître les occasions de recevoir de l'amour qui s'offrent à eux, ce qui leur donne un pénible sentiment d'impuissance.

Rentrer à la maison

Au bout d'une semaine, j'ai fondu en larmes parce qu'un de mes cousins me taquinait. Ma tante m'a jeté un coup d'œil et a simplement commenté : « Toi, tu as besoin de ta maman. » À ces mots, j'ai éclaté en sanglots hystériques. Personne jusqu'alors n'avait réalisé à quel point cela me bouleversait d'être séparé de ma famille.

Des années plus tard, Tante Innie m'a raconté

qu'elle n'avait jamais vu un enfant pleurer si fort que moi ce jour là. Elle m'a aussitôt raccompagné chez mes parents, mais elle a préféré ne pas raconter à ma mère ma crise de larmes, pour ne pas l'inquiéter. Maman a cependant deviné mon trouble et passé le reste de la journée à me dorloter.

Le lendemain, sur la plage, je me rappelle avoir regardé autour de moi et m'être senti incroyablement petit et perdu dans l'immensité du vaste monde. Je m'interrogeais sur tous les gens que je voyais s'agiter alentour : Où allaient-ils ? Que faisaient-ils ? Et je me demandais comment je pourrais un jour me tailler un place dans cet espace gigantesque.

Cette impression devait me rester à mon insu. La partie de mon être qui s'était toujours sentie minuscule, faible et insignifiante avait vu ses doutes se confirmer. Je croyais que cette angoisse s'était dissipée avec les années, mais en réalité, à trente ans révolus, je m'identifiais toujours, au tréfonds de mon âme, au petit garçon effrayé ignorant comment rentrer chez lui.

Noter mes pensées en attendant ma mère avait fait remonter à la surface de ma mémoire ce souvenir jusqu'alors tapi dans mon subconscient. Avant, je me souvenais bien de ma promenade seul sur la plage avec maman, mais j'avais complètement refoulé l'épisode du séjour chez mes oncle et tante. Et je ne me rappelais plus combien je m'étais senti abandonné.

Réveiller des émotions et des souvenirs refoulés

L'échec cuisant de mon mariage avait réveillé ce souvenir enfoui. J'ai pu inscrire mes émotions d'enfant à la suite de celles que j'avais déjà notées et établir un lien entre ce que j'éprouvais et mon passé. Ce faisant, j'ai revécu cette réminiscence doulou-

151

reuse en donnant au petit garçon de six ans tapi en moi les mots nécessaires pour exprimer clairement son chagrin et les quatre émotions qui guérissent. Au milieu de cet aéroport, j'ai senti des larmes couler sur mes joues, celles d'un enfant qui avait perdu sa maman et se sentait affreusement seul, abandonné, blessé, trahi et terrifié à l'idée de ne jamais revoir sa famille. Accorder ainsi la parole à des sentiments qui ne s'étaient jamais extériorisés, et que je n'avais jamais vraiment écoutés, m'a permis de transformer un cauchemar en une expérience enrichissante.

Rétrospectivement, il est facile de minimiser ces sentiments en objectant que le petit garçon n'avait pas réellement été abandonné. Seulement, lui ne le savait pas. Il s'est cru seul au monde, sans plus personne pour prendre soin de lui. Il était furieux d'avoir été délaissé et triste d'être seul, il avait peur que ses parents l'aient oublié et ne l'aiment plus et il regrettait de ne pas savoir comment rentrer chez lui. Il se sentait inutile, incapable de se débrouiller par lui-même et totalement perdu.

Après avoir ainsi consigné par écrit mes souvenirs douloureux, je me suis senti beaucoup mieux. L'avion de ma mère est alors arrivé et je l'ai serrée dans mes bras en la remerciant d'être venue si vite. Puis, je lui ai rapidement expliqué que ma femme et moi nous étions séparés le jour même et que j'ignorais où je dormirais ce soir-là.

Sans rien savoir du travail intérieur que je venais d'accomplir en l'attendant, ma mère a suggéré que nous nous installions provisoirement chez Tante Innie ! Je n'en croyais pas mes oreilles. Non content d'avoir récupéré ce souvenir afin de guérir la blessure qu'il m'avait laissée, je disposais à présent de l'occasion de retourner séjourner chez ma tante, mais cette fois en compagnie de ma mère.

Revivre le passé

Ma mère a passé une semaine avec moi chez Tante Innie... et nous sommes allés deux fois à Disneyland. J'étais encore anéanti par ma récente rupture, mais pouvoir évoquer mes sentiments avec maman, une personne qui m'aimait encore, me fut d'un immense secours. Ce fut pour nous une longue semaine : je croulais sous la tristesse, je ne parvenais pas à dormir et il m'arrivait d'être saisi de frissons ou de crises de tremblements, mais mon état ne m'empêchait pas d'apprécier la présence de ma mère à mes côtés. J'étais d'autant plus conscient de ma chance qu'il m'arrivait par moments de me sentir réellement aussi vulnérable qu'un enfant de six ans.

Le septième jour, la veille du départ de maman, je me rendis avec elle à une fête d'adieu organisée par l'un de mes plus illustres patients, qui se mourait d'un cancer – il devait disparaître un mois plus tard. Il avait invité tous ses amis pour les saluer une dernière fois et les remercier de tout l'amour qu'ils lui avaient donné.

Lors de la réception, on nous présenta à une myriade de célébrités et, alors que d'ordinaire les grands de ce monde m'intimidaient toujours un peu, je trouvai ces mondanités faciles en comparaison de la semaine d'enfer que je venais de vivre. En présentant maman à un invité, je remarquai pour la première fois de ma vie que j'étais plus grand qu'elle.

Après une semaine de travail sur mon chagrin, j'ai remarqué pour la première fois de ma vie, en regardant ma mère, que j'étais plus grand qu'elle.

J'avais toujours tenu pour acquis qu'elle était plus grande que moi. À l'âge de trente-quatre ans, pour la première fois de ma vie, je me voyais enfin « grand », adulte. Jusqu'à présent, une partie de moi se percevait toujours comme un enfant qui tient la main de sa mère pour marcher sur la plage en se demandant comment il pourra un jour se faire une place dans le vaste monde qui l'entoure. Ce soir là, je sus que j'avais enfin surmonté le traumatisme vécu à l'âge de six ans.

Retrouver son intégrité

Paradoxalement, m'autoriser à redevenir en pensée un bambin en larmes m'a permis de progresser. Un enfant qui ne peut pas s'épancher auprès d'une oreille aimante et compatissante lorsqu'il a subi un choc affectif prendra l'habitude de refouler ses émotions. Tout se passera alors comme si un fragment de son âme se figeait, incapable de reprendre sa croissance tant qu'un événement douloureux ultérieur ne sera pas venu le ranimer. Le vieux chagrin se réveillera alors, ce qui rendra sa guérison possible et permettra à l'enfant devenu adulte de retrouver son intégrité émotionnelle.

Ce processus de guérison m'a permis de comprendre que je n'avais pas été attiré par ma femme pour de mauvaises raisons ou parce que je manquais de jugement, mais parce qu'une partie de moi était réprimée et requérait des soins. Une fois guéri de mon passé, je deviendrais libre de trouver le grand amour. Il m'a fallu environ un an de deuil pour admettre que Bonnie était la femme de ma vie, et nous sommes mariés et heureux depuis lors. Dans le prochain chapitre, nous disséquerons ensemble les mécanismes de cicatrisation des séquelles du passé.

CHAPITRE 12

Traiter ses points sensibles

Pour guérir les blessures du cœur, se libérer de
son chagrin et retrouver les quatre émotions qui guérissent, bien sûr il faut, on l'a vu, établir une passe-
relle entre sa souffrance présente et des douleurs
éprouvées par le passé. Cela permet de traiter ces
plaies mal cicatrisées afin de se délivrer de sa douleur
actuelle.

Ce concept constitue la base de toutes les
méthodes psychothérapeutiques existantes. Évoquer
son passé permet de se rappeler ses chagrins et
mieux nous nous remémorons notre souffrance,
moins celle-ci peut nous étreindre aujourd'hui. Un
abîme sépare « J'ai été blessé » de « Je suis en train
de subir une blessure ».

Si on se doit d'écouter son chagrin, le ressasser ne
sert en revanche pas à grand chose. Mieux vaut l'utiliser comme un tremplin pour plonger dans la mare
de ses émotions mal digérées, et la mettre à profit
afin de localiser la plaie ancienne qu'il faut soigner.
Et il faut admettre dans le même temps que ces
affres qu'on éprouve impliquent simplement que les
émotions entourant un incident antérieur ne sont
toujours pas résolues.

UNE GUÉRISON EN TROIS ÉTAPES

Un processus de guérison bien mené comporte trois phases.

Dans un premier temps, il faut associer sentiments présents et émotions anciennes. Si, par exemple, je me sens meurtri aujourd'hui, parce qu'on me rejette, il me faudra me rappeler quand je me suis senti rejeté dans le passé.

Dans un deuxième temps, on revivra l'incident blessant. Pour conserver le même exemple, m'étant rappelé un rejet déjà survenu, j'opérerai un voyage imaginaire dans le temps pour revivre la scène en cause.

Enfin, dans un troisième temps, on étoffera l'incident de détails et de ressources dont on ne disposait pas à l'époque où il s'est produit. Ainsi, j'imaginerai que je peux partager mes émotions avec un parent ou un ami attentif, ou encore mon ange gardien, puis je traiterai mon chagrin en pratiquant les trois étapes de l'Exercice du mieux-être.

Au lieu de vous appesantir sur l'offense subie, reliez votre peine à ses pendants passés en vous remémorant tous les souvenirs qui vous poussent à vous sentir aujourd'hui rejeté. Puis, revivez ces vieux chagrins, mais cette fois, en prenant le temps de développer les scènes initiales : vous pourrez les regarder au ralenti, interrompre le déroulement des événements pour mieux explorer des aspects plus profonds d'une expérience qui vous avaient jusqu'alors échappé, ou vous pencher plus longuement sur une émotion particulière, afin de chercher à pardonner, à mieux comprendre et à concevoir de la gratitude et de la confiance.

En fait, procédez exactement comme si vous regardiez une vidéocassette. À tout instant, vous pouvez presser la touche « arrêt sur image ». Cela permet d'isoler un sentiment spécifique, puis de le traiter en accueillant les quatre émotions qui guérissent. Vous pourrez exercer votre capacité de transformer vos mauvais souvenirs en expériences enrichissantes en étudiant plus en détail chacune des quatre émotions curatives et en vous accordant le soutien qui vous faisait défaut à l'époque.

PARTAGER SON CHAGRIN

Partager son chagrin avec un ami, un thérapeute ou un groupe de soutien aide à parcourir ces trois étapes. En évoquant son histoire, on l'associe sans effort à ses sentiments actuels. Face à des interlocuteurs que ce récit touche à des degrés divers, on va automatiquement commencer à revivre le passé. Et y procéder entouré de personnes qui ont vécu des expériences similaires et qui en ont guéri accroît de beaucoup la capacité de soigner ses propres blessures, le processus naturel de guérison étant grandement accéléré par vos interactions avec vos congénères.

Attention : si une assistance extérieure peut hâter la guérison, elle peut cependant parfois aussi bloquer le processus. En présence de personnes qui multiplient les conseils au lieu de simplement vous écouter, vous risquez de perdre de vue vos émotions réelles et de cesser de progresser. Pour accueillir notre chagrin, il nous faut nous sentir en sécurité, certains que nul ne minimisera nos sentiments, ne portera de jugement sur eux, ni ne les utilisera contre nous de quelque manière que ce soit. Et nous devons posséder l'assurance que tout ce que nous dirons demeurera confidentiel. Quand ces conditions sont réunies en revanche, exprimer ses sentiments favorise la cicatrisation des blessures de l'âme.

La possibilité d'ouvrir son cœur en toute tranquillité est un élément essentiel de ce processus. En effet, devenus adultes nous réprimons certains sentiments parce que, lorsque nous étions enfants, les exprimer ne nous paraissait pas totalement sans danger. Or, la façon dont on gère ses émotions se forge très tôt, si bien que ceux d'entre nous qui ne pouvaient pas en exprimer certaines en toute sécurité dans leur jeunesse ont pris l'habitude de réagir, confrontés au stress, en refoulant leurs sentiments.

Les enfants extériorisent leurs émotions sans crier gare, souvent au moment le plus inopportun, et leurs parents, leur nounou ou leurs frères et sœurs n'ont pas toujours le temps de leur prêter une oreille attentive, ni la compétence requise pour les apaiser. Mais un enfant qui ne peut s'exprimer ni explorer son cœur à son propre rythme n'apprendra pas à surmonter ses émotions négatives pour trouver en lui des sentiments positifs de pardon, de compréhension, d'acceptation, de gratitude et de confiance.

Nous autres adultes pouvons créer un environnement propice à la guérison de nos plaies. Nous pouvons choisir des amis capables d'écouter sans juger voire nous assurer le concours d'un groupe de soutien ou d'un thérapeute susceptibles de nous aider à découvrir et à explorer nos pulsions. Il n'est jamais trop tard pour apprendre à transformer ses émotions négatives en émotions positives. Savoir comment guérir d'un cœur brisé ne permet donc pas seulement de surmonter l'épreuve que constitue un deuil ou une séparation, mais d'en sortir incroyablement plus fort.

Il n'est jamais trop tard pour apprendre à transformer ses émotions négatives en émotions positives.

LES MULTIPLES STRATES
DU PROCESSUS DE GUÉRISON

Même lorsqu'on a l'impression d'avoir surmonté la perte de l'être aimé, il n'est pas rare de subir des rechutes. Alors qu'on se sentait mieux, on voit resurgir les symptômes classiques indicateurs d'émotions refoulées : la souffrance, le ressentiment, les reproches, l'indifférence, la culpabilité, l'insécurité, le désespoir et la jalousie. Même si l'on progresse sur la voie du salut, tant que les blessures du cœur ne seront pas complètement cicatrisées, ces sentiments et d'autres traduisant des sentiments latents pourront reparaître de manière cyclique.

Soigner les plaies de son cœur prend du temps. Une fois une strate de chagrin traitée, il faut passer à la suivante, et ainsi de suite, un peu comme si on épluchait un oignon. En pratique, cela signifie qu'après s'être pour un temps senti aimant et enclin au pardon, on redeviendra momentanément jaloux ou plein de rancœur.

---

*Le cœur se soigne petit à petit, strate
après strate.*

Alors qu'on avait retrouvé foi en l'avenir et en sa capacité de retrouver l'amour, on sombrera de nouveau dans l'anxiété et le doute et on en viendra même parfois à regretter de nouveau l'absence de son ex-compagnon ou compagne. Au sentiment de bien-être qui vous habitait succèdera une résurgence de culpabilité, de sentiment d'impuissance ou d'impression que vous ne méritez pas d'être aimé. Soudain, sans raison apparente, les sentiments tendres et aimants s'effacent sous une glaciale indifférence. Il ne s'agit pas vraiment de rechutes, mais d'étapes qui indiquent que l'on entame le traitement d'une nouvelle strate de chagrin.

Faire pleinement son deuil d'un amour prend longtemps. Pour chaque pas accompli en avant, on en fait souvent un en arrière. Mais même si cela ressemble à des récidives du mal d'amour, il ne s'agit de rien de tel. Au contraire, cela marque le bon déroulement du processus de guérison.

Chaque fois qu'on croit avoir accompli son processus de guérison, on n'en a en réalité accompli qu'une étape – on n'a soigné qu'une strate de son cœur.

Si on ne comprend pas ce mécanisme, on risque de mal interpréter les phases de recul qui jalonnent le processus et de se décourager. Et, au lieu de travailler sur ses émotions, on sera tenté de rechercher un soulagement immédiat en réprimant ses sentiments douloureux et, comme on l'a vu, d'en subir les conséquences pendant le restant de ses jours.

RETROUVER SES ÉMOTIONS PERDUES

Les symptômes de refoulement signalent que l'on contient une ou plusieurs des quatre émotions qui guérissent la colère, la tristesse, la peur ou le regret. Pour soigner son cœur, il faut apprendre à revenir sur une vie entière de répression de certains sentiments, afin de retrouver ceux qui sont enfouis au plus profond de l'âme. Quand on agit ainsi depuis l'enfance, une telle démarche peut se révéler laborieuse.

Ce matin, j'ai refermé par erreur le fichier informatique contenant ce chapitre sans sauvegarder mes dernières modifications, soit deux pages de texte. Par chance, je possède un système de secours qui récupère les fichiers perdus ou détruits par erreur, sinon j'aurais complètement perdu ces pages. De la même manière, on efface en grandissant certaines réactions et certains fichiers émotionnels de sa mémoire et, tant qu'on n'est pas capable de les récupérer, on manque d'éléments pour soigner ses blessures.

Nous possédons tous un système de secours permettant de récupérer les souvenirs perdus afin de les traiter.

Si par exemple, vous tendez depuis l'enfance à réprimer vos sentiments de colère, votre capacité d'éprouver de la fureur et de vous en libérer une fois adulte demeurera limitée. Cela peut faire de vous à jamais l'otage de votre peur, de votre tristesse ou de vos regrets. Résultat : vous éprouverez de temps à autre des émotions symptomatiques du refoulement telles que la jalousie ou la culpabilité, pour ne citer qu'elles. Votre rage muette d'antan vous empêche d'écouter correctement votre colère actuelle. La même analyse peut s'appliquer à toutes les autres émotions salvatrices.

Solliciter une aide extérieure équivaut à recourir à un système de récupération de fichiers perdus ou détruits : nous demandons à quelqu'un de nous appuyer pour secouer notre mémoire engourdie. Des neurochirurgiens ont découvert que stimuler certaines parties du cerveau faisait émerger des souvenirs totalement oubliés. Mais, fort heureusement, les émotions enfouies peuvent être ramenées à la surface de la conscience sans recourir à la chirurgie !

Partager sa souffrance avec d'autres peut faire resurgir des souvenirs enfouis.

Un sentiment est refoulé parce que, autrefois, il ne vous paraissait pas prudent ou utile de l'exprimer. Et tant que vous jugerez impossible de partager vos pensées, vos sentiments ou vos désirs, vous continuerez à réprimer certaines émotions. Pas question, bien entendu, de se confier à n'importe qui. Certains interlocuteurs n'apportent aucun soutien, bien au contraire. Sachez vous défier d'eux.

Se confier à un thérapeute ou à un groupe de soutien procure le sentiment de sécurité nécessaire pour ouvrir pleinement son cœur.

Si vous souhaitez acquérir la capacité d'ouvrir pleinement votre cœur à l'amour, à la sagesse, à la réceptivité et à la créativité, c'est à vous qu'il incombe de bâtir un cadre propice à l'exploration et à l'expression de vos émotions présentes et passées.

SOIGNER SON PASSÉ

Associer souffrance actuelle et chagrins anciens libère efficacement les sentiments réprimés de longue date qui limitent votre capacité d'éprouver de la peine et de vous en extraire. Une personne qui traîne une angoisse latente datant d'une vieille mésaventure accueillera plus mal une peur du même ordre et, si elle ne parvient pas à écouter ses craintes pour s'en libérer, risque de demeurer prisonnière de ses sentiments négatifs, car incapable de les surmonter pour les remplacer par leurs pendants positifs.

Une angoisse passée mal digérée empêche d'écouter sa peur actuelle et de s'en délivrer.

Pour assouplir votre mémoire, pratiquez l'exercice suivant, qui vous aidera à savoir relier systématiquement les événements présents au passé. Tout en écoutant une musique apaisante, appelez vos souvenirs thème par thème. Écoutez les réponses qui montent en vous. Prenez chaque réminiscence et décortiquez-la, même si elle ne correspond pas exactement au sujet que vous avez choisi. Si vous cherchez par exemple à vous rappeler une occasion où vous vous êtes senti aimé, vous vous remémorerez peut-être au contraire des occasions où vous ne vous êtes pas senti aimé. C'est normal et prévisible. Quand un souvenir douloureux vous revient, emparez-vous en et scrutez-le à la loupe.

MOBILISER SES SOUVENIRS

Prenez le temps de revivre cette scène surgie du passé, puis améliorez-la à l'aide de l'Exercice du mieux-être. Ne perdez pas votre temps à essayer d'en préciser les détails ou de mieux la visualiser. Une vague réminiscence suffit. Attachez-vous plutôt à ce que vous avez ressenti. Imaginez ensuite que, ce jour-là, vous ayez éprouvé exactement ce que vous ressentez à présent. C'est beaucoup plus facile qu'il n'y paraît et, grâce à ce petit exercice, votre passé ne tardera pas à cesser de vous effrayer pour se muer en un ami fidèle.

Même une vague réminiscence suffit pour soigner son passé.

Ne croyez pas que vous deviez à chaque fois choisir un sujet d'étude nouveau. Rien n'interdit de se repencher à maintes reprises sur le même souvenir. Loin de rouvrir votre vieille blessure, cela

163

accroîtra votre faculté de vous libérer de votre chagrin pour trouver en vous le pardon, la compréhension, la gratitude et la confiance. Regarder en arrière pour se rappeler des choses difficilement tolérables, puis les pardonner, augmentera en effet votre capacité de mansuétude.

La prochaine fois que vous reviendrez sur ce souvenir particulier, réabordez-le d'un œil neuf, sans tenir compte de l'absolution accordée lors de votre dernière séance d'introspection, puis répétez l'exercice tout entier. Chaque fois que vous étudierez cet épisode, vous accroîtrez votre aptitude à pardonner et à transformer votre chagrin en sentiments positifs.

Guérir les sentiments passés renforce la capacité de pardonner, de rendre grâce et d'accorder sa confiance dans le présent.

Quand vous vous sentez peu porté à l'indulgence, ne luttez pas contre vous-même. Replongez-vous plutôt dans votre passé pour y trouver une circonstance similaire à celle qui vous chiffonne aujourd'hui et traitez celle-ci. Associer votre problème actuel à cet événement passé, puis revivre ce dernier dans un esprit de mansuétude vous aidera à vous délivrer de la souffrance induite par votre intransigeance de l'époque, et, lorsque vous repasserez au présent, à trouver en vous plus de tolérance.

Tout en épluchant ainsi une scène précise, efforcez-vous d'élargir dans le même temps votre horizon. Guérir un souvenir fait en effet resurgir d'autres souffrances qui requerront à leur tour vos soins. Si vous ne vous rappelez guère votre enfance, commencez par vous remémorer des scènes vieilles de quelques années, voire de quelques mois. Traiter ainsi tout ce qui remonte à votre mémoire ravivera inévitablement d'autres réminiscences.

Pour stimuler ce mécanisme, regardez un album de photos. L'exactitude de vos souvenirs importe peu. Si un détail vous échappe, essayez d'imaginer ce que vous vous remémoreriez si vous le pouviez ; cela fonctionnera tout aussi bien, même si cela manque de précision. Le film que vous créerez ainsi vous aidera à établir un contact avec vos sentiments passés.

RECHERCHER DES SOUVENIRS POSITIFS

La plupart des thèmes de réflexion énumérés à la fin de ce chapitre visent à réveiller des souvenirs positifs qui vous permettront de vous sentir épaulé par votre passé, lorsque vos expériences doulou-reuses – celles qui nécessitent un traitement – rejail-liront.

Quand j'ai demandé à Lisa, une de mes patientes, de se rappeler une époque où elle se sentait aimée de son père, elle s'est souvenue d'une occasion où celui-ci n'avait pas tenu une promesse qu'il lui avait faite, ce qui l'avait blessée. Kevin, à qui j'avais posé une question identique concernant sa mère, a commencé par évoquer un trajet en voiture, un jour qu'ils devaient déjeuner ensemble et sa fierté à la perspective de profiter seul de sa maman pendant quelques heures. En réfléchissant plus sérieusement à ce souvenir, il s'est rappelé avoir attendu des heures devant son école qu'elle vienne le chercher. Cette fois, un flot de tristesse et de chagrin l'a envahi. Il a alors pu associer son sentiment d'abandon actuel à la tristesse éprouvée lorsque sa mère avait oublié de passer le chercher à l'école.

Passer ainsi au crible les séquelles de ses antécé-dents élargit la mémoire et fait resurgir des sentiments positifs qui avaient été refoulés en même temps que leurs pendants négatifs.

Plus on exhume ses souvenirs négatifs, plus les souvenirs positifs gagnent en force et en clarté.

Quand Kevin se fut guéri de la tristesse occasionnée par l'étourderie de sa mère en écoutant tour à tour aussi sa peur, ses regrets et sa colère, il put prendre conscience de l'amour profond qu'il vouait à sa mère en ce temps-là. Se rappeler une époque où il aimait ses parents sans retenue et dépendait totalement d'eux lui a permis d'ouvrir son cœur à plus d'amour et d'appui dans sa vie d'adulte. Même s'il se sentait toujours rejeté par son ex-partenaire, il accueillait désormais mieux le soutien proposé par ses amis et sa famille.

De son côté, après avoir pansé son point sensible et pardonné à son père, Lisa devint capable de se remémorer son innocence et sa confiance d'enfant, mais aussi de se montrer moins intransigeante envers elle-même. Et quoiqu'elle n'eût pas encore totalement digéré la culpabilité que lui inspirait le fait d'avoir mis fin à son mariage, elle trouvait un soulagement dans ses souvenirs heureux. Traiter cet abcès issu du passé lui a permis de se libérer de sa honte, de ses remords et de son sentiment de ne jamais être à la hauteur de ce qu'on attendait d'elle.

L'évocation des expériences positives et le traitement des points délicats rétablit le contact avec toutes les émotions positives que l'on peut avoir refoulées et ressuscite une époque où l'on vivait à plein, débordant d'amour et de joie. Il ne s'agit nullement de rêver de redevenir des enfants, mais de retrouver certaines qualités propres à l'âge tendre afin de devenir des adultes responsables riches d'amour, de joie de vivre et de créativité.

Une fois que vous aurez récupéré tous ces sentiments positifs empreints d'innocence tout en demeurant un homme ou une femme sage et expérimenté(e), vous serez un être complet. Développer les aspects positifs de votre personnalité ne suffit toutefois pas ; il vous faut apprendre à exhumer ces atouts que vous possédiez autrefois. Guérir vos vieilles blessures vous emplira d'un amour immense, qui coulera tel un baume apaisant sur vos plaies plus récentes.

PRENDRE LES IDÉES COMME ELLES VIENNENT

Lorsque vous aborderez un des thèmes qui suivent, travaillez sur toutes les idées qui vous viendront en réponse. Si cependant devait resurgir un épisode sur lequel vous ne souhaitez pas vous pencher, ne vous forcez pas à surmonter votre réticence. Passez à une autre question. Rien ne vous oblige à faire face d'emblée à tous vos problèmes. Plus tard, quand votre cœur commencera à guérir, vous pourrez plus facilement gérer ces pensées dérangeantes.

Ces thèmes de réflexion ne visent pas à déterrer des souvenirs pénibles. Si vous vous sentez de bonne humeur ou heureux, inutile de fouiller votre passé. La méthode décrite dans ces pages est conçue pour vous aider à vous délivrer de votre chagrin actuel en le reliant à vos expériences plus anciennes. Se rappeler des instants positifs au cours desquels on a démontré sa valeur contribue à libérer l'âme de ses souffrances et à l'armer pour affronter au mieux les défis présents.

Le but du jeu n'est pas de déterrer des souvenirs pénibles, mais de retirer un soutien de ses succès passés.

D'une certaine façon, on fait d'une pierre deux coups : d'une part, on soigne des problèmes anciens susceptibles d'affecter ou d'intensifier ses émotions du jour et, d'autre part, en reprenant contact avec ses sentiments positifs d'autrefois, on tire d'eux une force qui aide à résoudre ses difficultés contemporaines.

Les thèmes énumérés en fin de chapitre peuvent aussi être utilisés lors de séances avec votre thérapeute ou dans le cadre d'un atelier de réflexion. Dans ce dernier contexte ou dans celui d'un groupe de soutien, je vous conseille vivement de former un binôme avec un autre participant afin de vous interroger mutuellement à tour de rôle, puis de discuter des émotions que vos questions font resurgir. Quand vous découvrirez un point sensible, un souvenir porteur d'une lourde charge émotionnelle, interrompez-vous pour le traiter en pratiquant à la manière d'un jeu de rôles l'Exercice du mieux-être.

Revivre un épisode délicat de son passé au sein d'un atelier de réflexion ou d'un groupe de soutien permet d'enrichir celui-ci en explorant puis en exprimant les quatre émotions qui guérissent. Votre comparse ou votre thérapeute pourra alors vous poser des questions adaptées successivement aux trois formats de lettre de l'Exercice du mieux-être. S'en tenir à ces formats épargne des digressions inutiles et des analyses sans objet. Il est primordial de discuter après des sujets abordés durant l'exercice.

Dans le cadre d'une séance de thérapie ou d'un atelier de réflexion, on peut revivre un point sensible issu du passé, puis le soigner.

Fermez les yeux et imaginez que vous vous trouvez projeté dans le passé, en train de vous pencher sur un des thèmes suggérés. Une fois que vous aurez terminé, vous pourrez mieux interpréter la réponse que vous auriez souhaité obtenir à la manière d'un jeu de rôles : déterminez la réponse idéale, puis demandez à votre partenaire de vous la donner, tout en conservant les paupières closes. Vous vous trouvez toujours dans le passé.

En écoutant ces mots tant espérés, songez à ce que vous auriez ressenti si vous les aviez entendus autrefois. Efforcez-vous de croire que c'est ce qui se produit. Autorisez-vous à laisser parler votre instinct lorsque vous recevez enfin l'amour que vous méritiez. Accueillir celui-ci réveillera automatiquement les sentiments positifs que vous réprimiez aussi.

Même si nous ne pouvons pas modifier le passé, nous pouvons parvenir à sentir ce que nous aurions éprouvé si quelqu'un nous avait écoutés et avait été là pour nous lorsque nous en avions besoin. Pour guérir son cœur, point n'est besoin de réécrire le passé ; il suffit simplement de s'accorder à soi-même l'amour et le soutien dont on a manqué autrefois, afin de raviver les sentiments positifs d'amour, de confiance, de joie, d'appréciation, de confiance, d'enthousiasme, etc. qu'on avait refoulés en même temps que ses émotions négatives.

ACQUÉRIR D'UTILES TALENTS

En plus de nous aider à réveiller nos sentiments positifs enfouis, traiter nos points sensibles nous donnera la capacité de favoriser des talents importants laissés en friche et de nous exercer à les utiliser.

En effet, chacun de nous aurait dû apprendre dans son enfance à :

- Pardonner,
- Se pardonner à lui-même (elle-même),
- Respecter son prochain,
- Se respecter lui-même (elle-même),
- Proposer son aide,
- Solliciter de l'aide,
- Partager ses sentiments de manière appropriée,
- Exprimer clairement ses idées, ses sentiments et ses vœux,
- Écouter les autres avec compréhension et compassion,
- Faire preuve de patience,
- Se corriger lui-même (elle-même),
- Attendre pour savourer un plaisir,
- Coopérer avec son prochain,
- Partager ses succès avec son entourage,
- Accueillir gracieusement les compliments et les félicitations,
- Prodiguer aux autres des compliments et des félicitations,
- Prendre des risques calculés,
- Distinguer le bien du mal et éduquer sa conscience,
- Faire preuve d'honnêteté,
- Admettre sa propre valeur et celle des autres,
- Résoudre ses problèmes de manière créative,
- Accepter ce qui ne peut être modifié,
- Penser par lui-même (elle-même) et penser avec son cœur,
- Assumer la responsabilité de ses actes et de ses sentiments,
- Donner sans compter, mais se fixer des limites saines.

À la lecture de cette liste, vous constaterez que la plupart des adultes que vous connaissez n'ont pas assimilé ces talents. Mais il n'est jamais trop tard pour bien faire ! Prendre le temps de soigner son cœur permet d'acquérir ces vertus et, à mesure que votre blessure se refermera, vous sentirez grandir votre capacité de vous ouvrir à celles-ci. Accomplir sans relâche les exercices destinés à panser vos plaies ne fera qu'intensifier ce mécanisme.

EXERCICES DE MÉMOIRE

Penchez-vous sur les thèmes exposés à la fin de ce chapitre et écoutez les réponses qui montent en vous. Lorsque vous vous rappellerez un événement, remémorez-vous son commencement, son déroulement, puis son issue. Remontez alors plus loin dans le temps afin de vous pencher sur une anecdote antérieure à la première. Répétez ainsi chaque thème deux ou trois fois. Quand il n'éveillera plus aucun écho en vous, passez à une autre idée.

Raviver de la sorte des souvenirs positifs réconforte énormément quand on souffre. Si des réminiscences douloureuses ou négatives surgissent, accueillez-les néanmoins aussi. N'oubliez pas que relier votre chagrin actuel à vos souffrances passées favorise la guérison. Chaque fois que vous identifierez un point sensible ou un souvenir pénible, traitez-le grâce à l'Exercice du mieux-être.

Chaque fois que vous revenez sur un thème de réflexion, reportez-vous un peu plus longtemps en arrière jusqu'à exhumer, si possible, votre plus ancien souvenir en la matière. Si par exemple, on vous suggère de vous replonger dans vos souvenirs scolaires, tâchez de vous rappeler votre tout premier jour d'école.

Ne vous laissez pas limiter par la liste qui suit : peu importe que vous l'entamiez par son début ou par son milieu. Vous pouvez au choix la suivre dans l'ordre ou prendre les thèmes au hasard. Et vous pouvez revenir sur l'un d'eux autant de fois que cela vous paraîtra souhaitable ou nécessaire.

THÈMES POUR TRAITER SES POINTS SENSIBLES AFIN DE REPARTIR DU BON PIED

- Rappelez-vous une occasion où vous avez connu le succès.
- Rappelez-vous une occasion où vous vous êtes senti sûr de vous.
- Rappelez-vous une occasion où vous avez eu peur, puis avez retrouvé la sécurité.
- Rappelez-vous une occasion où vous avez fait confiance à quelqu'un.
- Rappelez-vous une occasion où vous avez compté sur quelqu'un.
- Rappelez-vous une occasion où on vous a momentanément oubliée avant de se remémorer votre existence.
- Rappelez-vous une occasion où vous avez eu besoin d'une chose et l'avez obtenue.
- Rappelez-vous une occasion où vous n'avez pas obtenu ce dont vous pensiez avoir besoin, mais l'avez reçu d'une autre manière.
- Rappelez-vous une occasion où vous avez possédé une chose qu'un autre désirait.
- Rappelez-vous une occasion où une autre possédait ce que vous désiriez et où cela a éveillé en vous une saine émulation.
- Rappelez-vous une occasion où vous avez obtenu ce que vous désiriez.
- Rappelez-vous une occasion où, n'ayant pas

obtenu ce que vous désiriez, vous avez fait une nouvelle tentative en ce sens.

- Rappelez-vous une occasion où un autre a obtenu ce que vous désiriez et vous avez été content pour lui.
- Rappelez-vous une occasion où vous avez demandé quelque chose et obtenu satisfaction.
- Rappelez-vous une occasion où vous avez réitéré une demande en la formulant différemment.
- Rappelez-vous une occasion où vous avez négocié un accord satisfaisant pour tous.
- Rappelez-vous une occasion où on vous a porté à dos d'homme.
- Rappelez-vous une occasion où on vous a retenue de force.
- Rappelez-vous une occasion où on vous a encouragé.
- Rappelez-vous une occasion où on vous a désirée.
- Rappelez-vous une occasion où on vous a apprécié.
- Rappelez-vous une occasion où vous vous êtes fait un ami.
- Rappelez-vous une occasion où vous vous êtes réconciliée avec quelqu'un.
- Rappelez-vous une occasion où on vous a pardonné une erreur.
- Rappelez-vous une occasion où vous avez résisté à la tentation.
- Rappelez-vous une occasion où vous avez été malade, puis vous êtes senti mieux.
- Rappelez-vous une occasion où quelqu'un s'est montré content de vous voir.
- Rappelez-vous une occasion où vous vous êtes sentie contente de vous.
- Rappelez-vous une occasion où vous n'avez pas su quoi faire, puis avez trouvé une solution.

- Rappelez-vous une occasion où tout s'est arrangé pour le mieux.
- Rappelez-vous une occasion où vous avez découvert un nouvel endroit.
- Rappelez-vous une expédition-shopping que avez vraiment appréciée.
- Rappelez-vous une occasion où on vous a aidée à résoudre un problème.
- Rappelez-vous une occasion où vous avez pleuré et vous êtes senti mieux après.
- Rappelez-vous une occasion où vous vous êtes sentie embarrassée, mais tout a fini par s'arranger.
- Rappelez-vous un secret que vous avez gardé.
- Rappelez-vous une erreur qui vous a appris quelque chose.
- Rappelez-vous une occasion où vous avez soudain cessé de ne pas vous sentir à la hauteur.
- Rappelez-vous une occasion où, bien que découragé, vous avez agi quand même.
- Rappelez-vous une occasion où d'autres sont arrivés en retard et sans que cela pose problème.
- Rappelez-vous une occasion où vous êtes arrivée à l'heure.
- Rappelez-vous une occasion où vous avez dit ce que vous pensiez.
- Rappelez-vous une occasion où quelqu'un a pris votre défense.
- Rappelez-vous une occasion où on a reconnu vos mérites.
- Rappelez-vous une occasion où on a eu besoin de vous et où vous avez aidé votre prochain.
- Rappelez-vous une occasion où on vous a trompée et où cela vous a servi de leçon.
- Rappelez-vous une occasion où quelqu'un n'a pas tenu sa promesse envers vous, mais vous

avez tout de même obtenu ce dont vous aviez besoin.

- Rappelez-vous une occasion où vous vous êtes amusé en groupe.
- Rappelez-vous quand vous avez appris à conduire.
- Rappelez-vous l'examen du permis de conduire.
- Rappelez-vous une occasion où vous avez fini un livre.
- Rappelez-vous un passage à la bibliothèque.
- Rappelez-vous une occasion où vous avez regardé la télévision tard le soir.
- Rappelez-vous une occasion où vous vous êtes levée très tôt.
- Rappelez-vous une occasion où vous avez respecté un délai.
- Rappelez-vous une scène de retrouvailles.
- Rappelez-vous une occasion où vous avez reçu un cadeau.
- Rappelez-vous une fête donnée en votre honneur.
- Rappelez-vous une occasion où vous êtes tombé, mais vous êtes relevé.
- Rappelez-vous une occasion que vous n'avez pas manquée.
- Rappelez-vous une occasion où vous avez appris quelque chose de nouveau dans le domaine sexuel.
- Rappelez-vous une occasion où vous vous êtes sentie physiquement excitée.
- Rappelez-vous un baiser enivrant.
- Rappelez-vous la naissance d'une nouvelle aventure.
- Rappelez-vous une perte que vous avez fini par accepter.
- Rappelez-vous une circonstance où, venant de perdre un être cher, vous vous êtes réjoui d'avoir pu le connaître.

- Rappelez-vous une occasion où vous avez nagé avec votre famille ou avec des amis.
- Rappelez-vous une occasion où vous avez sauté dans le vide.
- Rappelez-vous une occasion où vous vous êtes blessé et on vous a soigné.
- Rappelez-vous un séjour à l'hôpital.
- Rappelez-vous une occasion où on vous a conduit quelque part.
- Rappelez-vous une occasion où on vous a nourrie.
- Rappelez-vous une fête.
- Rappelez-vous un nouveau look que vous aviez adopté.
- Rappelez-vous un voyage à la découverte d'un endroit jusqu'alors inconnu de vous.
- Rappelez-vous une occasion où vous avez mené un projet à bien.
- Rappelez-vous une occasion où on vous a récompensé.
- Rappelez-vous une occasion où vous vous êtes sentie dépossédée, mais avez néanmoins obtenu ce dont vous aviez besoin.
- Rappelez-vous une occasion où vous avez mis fin à une dispute.
- Rappelez-vous une occasion où on vous a honoré.
- Rappelez-vous une occasion où vous avez fait un sacrifice pour autrui.
- Rappelez-vous une occasion où vous vous êtes fait de nouveaux amis.
- Rappelez-vous une occasion où vous avez suivi la voie dictée par votre cœur.
- Rappelez-vous une occasion où vous vous êtes libéré de chaînes.
- Rappelez-vous une occasion où vous avez fui une tentation.

— Rappelez-vous une occasion où vous vous êtes pardonné une erreur.

— Rappelez-vous une occasion où vous avez mangé ce que vous désiriez.

— Rappelez-vous une occasion où vous avez fini par trouver votre chemin.

— Rappelez-vous une occasion où vous avez dû faire preuve de ténacité.

— Rappelez-vous une occasion où vous vous êtes surpassée et en avez conçu de la fierté.

— Rappelez-vous une occasion où vous avez conduit pendant des heures, puis vous êtes reposé.

— Rappelez-vous une nuit blanche.

— Rappelez-vous une occasion où vous vous êtes réveillée en pleine forme.

— Rappelez-vous une situation d'urgence au cours de laquelle on vous a porté assistance.

— Rappelez-vous une visite reçue alors que vous étiez malade.

— Rappelez-vous une occasion où vous avez apporté des fleurs à quelqu'un.

— Rappelez-vous une occasion où vous êtes arrivé en retard sans que cela pose problème.

— Rappelez-vous une occasion où vous vous êtes aperçue que la situation n'était pas aussi grave que vous le pensiez.

— Rappelez-vous une occasion où vous avez effectué le mauvais choix, mais les choses se sont arrangées.

— Rappelez-vous une occasion où on vous a proposé de l'aide.

— Rappelez-vous une occasion où vous croyiez avoir raison, mais vous vous trompiez.

— Rappelez-vous une occasion où vous avez appris une leçon importante.

— Rappelez-vous une occasion où vous escomptiez une récompense.

- Rappelez-vous une occasion où vous avez découvert qu'on ne vous trompait pas.
- Rappelez-vous une occasion où vous attendiez qu'on vous renvoie l'ascenseur.
- Rappelez-vous un événement que vous avez attendu avec une réelle impatience.
- Rappelez-vous une occasion où vous avez avoué un vœu cher à votre cœur.
- Rappelez-vous une occasion où vous avez remboursé une dette.
- Rappelez-vous une occasion où vous avez offert un cadeau sans rien attendre en retour.
- Rappelez-vous une occasion où on vous a donné quelque chose gratuitement.
- Rappelez-vous une occasion où vous avez gagné vos galons.
- Rappelez-vous une occasion où on vous a demandé de partager.
- Rappelez-vous une occasion où vous avez demandé à quelqu'un d'attendre.
- Rappelez-vous une occasion où vous avez dit à quelqu'un de faire attention.
- Rappelez-vous une occasion où vous vous êtes défendu.
- Rappelez-vous une occasion où vous avez eu le dernier mot dans une altercation.
- Rappelez-vous une occasion où vous avez enseigné quelque chose à quelqu'un.
- Rappelez-vous une occasion où vous avez appris une chose pour la première fois.
- Rappelez-vous une occasion où vous avez échappé à un danger.
- Rappelez-vous une leçon ou un cours.
- Rappelez-vous une occasion où vous avez joué, dansé ou chanté en public.
- Rappelez-vous une occasion où vous avez fait rire.

- Rappelez-vous une occasion où vous avez parlé en public.
- Rappelez-vous une occasion où vous avez répondu à une question au sein d'un groupe.
- Rappelez-vous une occasion où vous avez eu la bonne réponse.
- Rappelez-vous une occasion où vous avez été choisie.
- Rappelez-vous une occasion où vous avez gagné un jeu.
- Rappelez-vous une occasion où vous apparteniez à l'équipe gagnante.
- Rappelez-vous une occasion où vous avez marqué un point.
- Rappelez-vous une occasion où vous avez remporté un prix.
- Rappelez-vous une occasion où vous avez été heureux pour un autre.
- Rappelez-vous une occasion où vous avez partagé quelque chose.
- Rappelez-vous une occasion où vous vous êtes levé tôt pour faire quelque chose.
- Rappelez-vous une occasion où vous vous êtes sentie fière de vous.
- Rappelez-vous une occasion où quelqu'un a été vraiment fier de vous.
- Rappelez-vous une occasion où vous avez vraiment souhaité qu'on vous remarque.
- Rappelez-vous une chose qui vous convenait parfaitement.
- Rappelez-vous une occasion où vous vous êtes senti anxieux et avez obtenu de l'aide.
- Rappelez-vous une occasion où vous vous êtes précipitée vers un abri sûr.
- Rappelez-vous une occasion où vous ne vouliez surtout pas qu'on vous remarque.
- Rappelez-vous une occasion où vous avez réparé une erreur.

- Rappelez-vous une occasion où on vous a pardonné un retard.
- Rappelez-vous une occasion où l'on s'est souvenu de vous.
- Rappelez-vous une occasion où vous vous êtes présenté.
- Rappelez-vous une occasion où vous avez joué seule.
- Rappelez-vous une occasion où vous avez joué avec un ami.
- Rappelez-vous une occasion où vous avez pris soin d'un animal malade.
- Rappelez-vous une occasion où vous étiez content d'aider.
- Rappelez-vous une occasion où vous avez compris pourquoi quelqu'un se montrait odieux envers vous.
- Rappelez-vous une occasion où vous avez pardonné à un autre son retard.
- Rappelez-vous une occasion où vous avez attendu longtemps, mais fini par obtenir ce que vous désiriez.
- Rappelez-vous une occasion où vous avez géré avec succès un problème mécanique ou une panne d'essence.
- Rappelez-vous une occasion où on vous a fait des excuses.
- Rappelez-vous une occasion où vous avez confié un secret.
- Rappelez-vous une occasion où on vous a demandé de garder un secret.
- Rappelez-vous un secret que vous avez toujours gardé.
- Rappelez-vous une occasion où vous vous êtes sorti d'une situation épineuse.
- Rappelez-vous une occasion où vous avez dû mentir pour protéger quelqu'un.

- Rappelez-vous une occasion où vous avez enfin goûté à la liberté.
- Rappelez-vous une occasion où vous avez fini par réussir.
- Rappelez-vous une occasion où vos prières ont enfin été exaucées.
- Rappelez-vous une époque où vous croyiez vraiment à la magie de l'univers.
- Rappelez-vous une occasion où vous avez confié tous vos secrets à un tiers.
- Rappelez-vous une rencontre avec un inconnu qui vous a vraiment plu.
- Rappelez-vous vous être senti gagner en vigueur.
- Rappelez-vous vous être senti progresser dans un domaine.
- Rappelez-vous une occasion où vous avez pris un risque et où l'on vous en a félicité.
- Rappelez-vous une occasion où on vous a fait confiance.
- Rappelez-vous une occasion où vous avez pris la bonne décision.
- Rappelez-vous une occasion où on vous a surprise.
- Rappelez-vous une occasion où vous vous êtes senti mieux grâce à un autre.
- Rappelez-vous une occasion où quelqu'un a cru en vous.
- Rappelez-vous une occasion où vous n'avez pas été punie.
- Rappelez-vous une occasion où on ne vous a pas interrompu.
- Rappelez-vous une occasion où vous avez dit tout ce que vous pensiez.
- Rappelez-vous une occasion où vous vous êtes sentie vraiment comprise.
- Rappelez-vous une occasion où vous avez souri pour une photo.

- Rappelez-vous une occasion où quelque chose vous a vraiment enthousiasmé.
- Rappelez-vous une injustice réparée.
- Rappelez-vous une occasion où on vous a protégé.
- Rappelez-vous une occasion où vous avez fait changer quelqu'un d'avis.
- Rappelez-vous une occasion où vous avez changé d'avis.
- Rappelez-vous une occasion où vous avez changé d'avis sur quelqu'un.
- Rappelez-vous une activité, une idée ou un objet dont vous vous êtes lassée.
- Rappelez-vous une occasion où vous avez renoncé à une relation dans le cadre de laquelle vous ne vous sentiez pas soutenu.
- Rappelez-vous une occasion où vous avez dit non sans qu'on cesse pour autant de vous aimer.
- Rappelez-vous une occasion où vous avez exprimé une opinion différente sans qu'on cesse pour autant de vous apprécier.
- Rappelez-vous une occasion où vous avez organisé quelque chose de vraiment gentil pour un autre.
- Rappelez-vous une occasion où vous avez organisé une fête.
- Rappelez-vous une occasion où vous vous êtes vu en photo.
- Rappelez-vous une occasion où vous avez posé pour une photo.
- Rappelez-vous une occasion où on vous a obligée à faire quelque chose pour votre bien.
- Rappelez-vous une injustice qui vous a choqué.
- Rappelez-vous une occasion où vous avez embauché un collaborateur.
- Rappelez-vous une occasion où vous avez délégué une responsabilité.

- Rappelez-vous une occasion où vous avez fait ce que vous étiez censée faire.
- Rappelez-vous un désaccord avec une personne que vous aimez.
- Rappelez-vous une occasion où vous vous êtes senti sûr de vous.
- Rappelez-vous une occasion où vous avez senti l'amour de votre père pour vous.
- Rappelez-vous une occasion où vous avez senti l'amour de votre mère pour vous.
- Rappelez-vous un tête-à-tête avec votre mère.
- Rappelez-vous un tête-à-tête avec votre père.
- Rappelez-vous une occasion où votre mère vous a consolée.
- Rappelez-vous une occasion où votre père vous a consolé.
- Rappelez-vous une occasion où votre père vous a aidée.
- Rappelez-vous une occasion où votre mère vous a aidé.
- Rappelez-vous une occasion où votre père vous a portée.
- Rappelez-vous une occasion où votre mère vous a porté.
- Rappelez-vous une occasion où votre père vous a servie.
- Rappelez-vous une occasion où votre mère vous a servi.
- Rappelez-vous une occasion où on vous a raconté une histoire.
- Rappelez-vous une occasion où vous avez vraiment voulu faire plaisir à votre mère.
- Rappelez-vous une occasion où vous avez vraiment voulu faire plaisir à votre père.
- Rappelez-vous une occasion où vous avez baigné dans l'approbation maternelle.
- Rappelez-vous une occasion où vous avez baigné dans l'approbation paternelle.

– Rappelez-vous une occasion où vous vous êtes sentie libre de vagabonder à votre guise.
– Rappelez-vous une époque où vous possédiez votre cachette secrète.
– Rappelez-vous une occasion où vous avez été le point de mire de tous.
– Rappelez-vous une bataille que vous avez remportée.
– Rappelez-vous un voyage en groupe.
– Rappelez-vous une occasion où vous avez nettoyé un objet.
– Rappelez-vous une occasion où vous avez mené un projet à son terme.
– Rappelez-vous une occasion où votre père vous a pardonné une faute.
– Rappelez-vous une occasion où votre mère vous a pardonné une faute.
– Rappelez-vous une occasion où votre père vous a protégé.
– Rappelez-vous une occasion où votre mère vous a protégée.
– Rappelez-vous une chose que votre père vous a apprise.
– Rappelez-vous une chose que votre mère vous a apprise.
– Rappelez-vous votre petit déjeuner favori.
– Rappelez-vous une occasion où votre père s'est occupé de vous.
– Rappelez-vous une occasion où votre mère s'est occupée de vous.
– Rappelez-vous une occasion où l'un de vos frères et sœurs s'est occupé de vous.
– Rappelez-vous une occasion où vous vous êtes perdu, mais on vous a retrouvé.
– Rappelez-vous une occasion où vous avez été vraiment heureux de voir une personne.
– Rappelez-vous une invitation.

- Rappelez-vous une occasion où vous vous êtes sentie particulièrement chérie.
- Rappelez-vous une occasion où vous vous êtes senti différent dans un sens positif.
- Rappelez-vous une occasion où vous avez dit non.
- Rappelez-vous une occasion où vous vous êtes sentie furieuse et pleine de force.
- Rappelez-vous une occasion où vous vous êtes senti triste, mais pas malheureux.
- Rappelez-vous une occasion où vous avez eu peur, mais sans perdre confiance en vous.
- Rappelez-vous une occasion où vous avez éprouvé des regrets, mais sans brûler de honte.
- Rappelez-vous une occasion où vous vous êtes sentie impuissante, mais n'avez pas pour autant perdu foi en l'avenir.
- Rappelez-vous une occasion où vous avez survécu à un accident.
- Rappelez-vous une bonne nouvelle.
- Rappelez-vous une occasion où vous avez dit adieu avec amour à une personne.
- Rappelez-vous une occasion où vous êtes reparti de zéro et avez retrouvé l'amour.

Lorsqu'on souffre, se remémorer ses expériences positives passées est d'un grand secours. Si votre chagrin actuel découle de votre passé, toutes vos émotions négatives mal digérées auront le loisir de resurgir dès que vous vous pencherez sur ces thèmes libérateurs. Prendre le temps de voir les liens unissant le passé au présent procure de ce fait un soulagement immédiat et soigne les plaies du cœur. N'hésitez pas à recourir à cette liste aussi souvent que vous en éprouverez le besoin.

CHAPITRE 13

Toujours se remémorer l'amour

L'élément le plus important lorsqu'on cherche à refaire sa vie est de toujours se rappeler l'amour qu'on a connu autrefois. Prendre délibérément le temps de visualiser les moments privilégiés partagés avec un partenaire aide à guérir les blessures de l'âme. Ainsi, on deviendra un jour capable de songer à cet amour sans souffrir. Si, en revanche, on refoule tous les souvenirs qui s'y rapportent, une grande partie du cœur demeurera à jamais close.

Certes, au début, l'évocation des jours heureux risque de vous faire pleurer ; mais sachez qu'il s'agit de « bonnes » larmes qui soignent et qui soulagent.

Il est généralement plus facile de se remémorer le passé lorsque son partenaire est décédé ou quand on espère encore une réconciliation.

Après une rupture douloureuse ou un divorce, on est souvent trop bouleversé ou trop furieux après son ex pour même envisager de s'avouer qu'on l'a aimé autrefois. Il existe cependant un moyen de contourner cet obstacle.

─────────────────────────────

Après une rupture douloureuse, on est parfois trop bouleversé ou trop furieux après son ex pour accepter de se rappeler son amour.

─────────────────────────────

Si vous fulminez après votre ex-partenaire, imaginez qu'il ou elle est mort. Admettez d'ailleurs que la personne que vous croyiez qu'il ou elle était a bel et bien disparu. Si vous vous réjouissez d'en être débarrassée, projetez vous en esprit jusqu'à une époque où il ou elle semblait combler tous vos vœux et dites-vous que cet être merveilleux est décédé. Ce subterfuge vous permettra de reprendre contact avec la partie la plus tendre de votre âme.

Sachez en revanche que vivre dans l'espoir d'une hypothétique réconciliation peut bloquer ce processus de deuil. Oubliez momentanément tout espoir, le temps de guérir vos plaies. Si une réconciliation se révèle réellement possible, vous en tirerez un bénéfice accru.

─────────────────────────────

On ne peut faire son deuil d'une rupture si on espère encore une hypothétique réconciliation.

─────────────────────────────

Une fois bien préparé à reprendre contact avec votre amour, essayez les exercices de visualisation décrits ci-après. Choisissez pour les effectuer un moment où vous disposez de temps pour vous détendre. Travaillez sur chaque visualisation tous les jours pendant une semaine. Le huitième jour, passez à la suivante et continuez ainsi pendant les douze premières semaines de votre convalescence affective.

Lisez le texte des exercices lentement. Après chaque question, penchez-vous pendant au moins dix secondes sur vos réactions avant de passer à la suivante. Comptez dix bonnes minutes pour procéder correctement à cette petite gymnastique. Une fois que vous aurez achevé le cycle des douze visua-lisations, revenez, si vous le souhaitez, sur celles que vous avez préférées.

Je recommande à mes patients de mettre une douce musique de fond pour lire ces textes. Vous pouvez aussi enregistrer votre voix et ce fond musical sur une cassette, puis vous allonger et vous décontracter. C'est une méthode agréable pour s'endormir.

EXERCICES DE VISUALISATION
POUR VOUS REMÉMORER VOTRE AMOUR

Avant chaque séance, consacrez quelques minutes à vous relaxer complètement. Prenez conscience des différents morceaux de votre corps et laissez-vous aller. Imaginez que votre respiration irrigue chaque fibre de votre organisme, puis expirez en relâchant vos muscles. Lorsque ceux-ci seront bien détendus, penchez-vous sur le texte de la semaine et sur les réponses qu'il suscite en vous. Une fois l'exercice achevé, revenez au présent en recourant à nouveau à la technique décrite ci-dessus. Et, pour bien vous ancrer dans la réalité, répétez la phrase suivante une dizaine de fois, en en complétant la fin à votre guise :
« En ce moment, je... »

Ce qui pourra, par exemple, donner :

« En ce moment, je soigne les blessures de mon cœur. »

« En ce moment, je commence à me sentir mieux. »

« En ce moment, je progresse pour retrouver un jour l'amour. »

« En ce moment, je suis en bonne voie de par-donner à mon ex-partenaire. »

« En ce moment, je me prépare à accueillir une nouvelle journée. »

Semaine n° 1 : Votre rencontre

Remémorez-vous votre première rencontre avec votre ex. Comment vous êtes-vous rencontrés ? Où cela se passait-il ? Quand avez-vous commencé à éprouver de tendres sentiments l'un pour l'autre ? Y a-t-il des choses que vous auriez aimé dire mais n'avez pas dites ? Qu'avez-vous dit ? Qu'a-t-il (elle) répondu ? Qu'avez-vous fait ? Qu'a-t-il (elle) fait ? Qu'est-ce qui vous a paru le plus unique en lui (elle) ? Imaginez que vous puissiez remonter dans le temps pour plonger votre regard dans le sien. Écoutez votre amour pour lui (elle). Que ressentiez-vous en sa présence ? Qu'éveille-t-il (elle) d'autre en vous ? Lorsque vous explorez vos émotions, concentrez-vous sur votre amour. Tout en continuant à plonger votre regard dans le sien, accueillez le chagrin occasionné par le fait de l'avoir perdu(e). Admettez combien il (elle) vous manque.

Tandis que le chagrin monte en vous, continuez à penser très fort à votre amour pour lui (elle). Concentrez-vous sur cette pensée. L'amour rend heureux, il ouvre le cœur, il est généreux et tolérant. Et cet amour que vous ressentez va soigner les blessures de votre âme. Un jour, votre souffrance disparaîtra et seul l'amour demeurera.

Semaine n° 2 : Votre premier rendez-vous

Remémorez-vous votre premier rendez-vous à deux. Qu'avez-vous fait ? Vous rappelez-vous votre premier contact physique ? Vous rappelez-vous la première fois qu'il (elle) vous a touché(e) ? Vous rappelez-vous votre premier baiser ? Rappelez-vous quand vous avez compris que vous l'aimiez et que vous vouliez passer le reste de vos jours auprès de lui (d'elle). Rappelez-vous ce que vous ressentiez dans ses bras.

Déplorez son absence en vous remémorant ces premiers instants d'intimité tellement innocents. Souvenez-vous de vos espoirs et de vos souhaits de l'époque. Écoutez la partie de vous qui voulait faire de son mieux pour s'épanouir et pour rendre l'autre heureux(se). Rappelez-vous comme vous espériez ou croyiez que tout irait bien et que vous vivriez heureux ensemble à jamais.

Imaginez que vous vous blottissez contre lui (elle). Sentez le lien magique qui vous unit et la chaleur de votre tendresse. Lorsque le chagrin occasionné par la perte de votre partenaire monte en vous, concentrez-vous sur votre amour et votre intimité. Songez à l'amour. Grâce à lui, vous vous sentirez réconforté(e) et en sécurité. L'amour réchauffe et apaise. Il donne la liberté de devenir tout ce que l'on veut être. Un jour prochain, votre souffrance disparaîtra et seul l'amour demeurera.

Semaine nᵒ 3 : Un moment de passion

Songez à un moment d'intimité et de passion, un moment riche de l'amour unique qui vous liait l'un à l'autre. Rappelez-vous en les prémices, et votre impatience. En quoi ce moment particulier était-il spécial ? Remémorez-vous votre excitation, ce qui s'est passé et où vous vous trouviez. Faisait-il chaud ou froid ? Rappelez-vous les parfums qui flottaient autour de vous.

Inspirez-les et imaginez que vous vous retrouvez en ce lieu. La passion enflamme de nouveau votre cœur et votre corps. Rappelez-vous le désir brûlant qui vous consumait. Sentez celui de votre partenaire et ses bras autour de vous. Vous n'aspiriez qu'à ne plus faire qu'un. Sentez l'ardeur qui vous avait envahi(e) à l'heure de succomber à l'appel de vos sens pour atteindre avec lui (elle) les plus hautes cîmes du plaisir. Puis, votre union parfaite tandis que vous reposiez dans les bras l'un de l'autre, repus et en paix.

Revenez au présent et écoutez le vide de votre cœur, votre soif désespérée de vous fondre une fois encore en lui (elle). Accueillez le chagrin de votre séparation tout en vous rappelant les minutes d'extase partagées avec lui (elle). Laissez vos souvenirs heureux se mêler à votre chagrin actuel. Sentez cet amour et laissez-le guérir votre âme. L'amour apporte la paix et la sérénité. Un jour prochain, votre souffrance disparaîtra et seul l'amour demeurera.

Semaine n° 4 : Se sentir soutenu(e)

Remémorez-vous une occasion où vous avez vraiment eu l'impression que votre partenaire était là pour vous. Vous aviez besoin de lui (d'elle) et il (elle) vous a apporté un soutien efficace. Rappelez-vous la situation. De quoi aviez-vous besoin ? Qu'avez-vous dit ? Qu'a-t-il (elle) dit ? Qu'a-t-il (elle) fait ? Et qu'a-t-il (elle) fait d'autre pour vous aider ?

Prenez une profonde inspiration et reportez-vous mentalement en cette circonstance. Retrouvez les besoins que vous éprouviez en cet instant-là. Sentez votre besoin d'amour, d'intimité, d'acceptation, de confiance et de tendresse. Rappelez-vous combien il était doux de faire partie d'un couple amoureux. Écoutez la gratitude que vous inspirait l'appui fourni par votre partenaire. Sentez la joie que vous procurait votre vie à deux et le soulagement que vous retiriez du fait de ne pas devoir supporter seul(e) le poids de votre existence.

Laissez votre cœur s'emplir de gratitude. En même temps que vous vous ouvrez à la perception du fardeau de la vie en solo et des pressions qu'elle implique, concentrez-vous sur votre gratitude. Remerciez-le (la) encore pour ce qu'il (elle) a fait pour vous. Admettez dans votre cœur votre reconnaissance à son égard. Accueillez la douleur de l'absence, mais tout en sentant votre gratitude pour ce qu'il (elle) vous a donné. Un jour prochain, votre souffrance se dissipera et votre vie retrouvera sa plénitude et débordera d'amour et de soutien.

Semaine n° 5 : Les petites choses

Rappelez-vous les petites choses que votre partenaire faisait – planifier vos loisirs, organiser votre quotidien, faire les courses, préparer les repas, vous conduire, porter un paquet, régler une facture ou expédier une lettre. Énumérez quelques petits services de ce type qu'il (elle) vous rendait. Trouvez en d'autres. Rappelez-vous ses petites manies caractéristiques et les habitudes qui n'appartenaient qu'à lui (elle). Il pourra s'agir de la manière dont il (elle) éternuait ou prononçait tel ou tel mot. Rappelez-vous son visage. Et la façon dont il (elle) vous contemplait.

Prenez une profonde inspiration et transportez-vous en pensée dans le passé, lors d'un instant heureux en compagnie de votre ancien(ne) compagnon (compagne). Sentez votre tendresse pour lui (elle) et combien vous appréciez ses soins. Qu'il était donc agréable de se faire dorloter, de ne pas être seul et de compter plus que tout aux yeux d'une autre personne.

Sentez cet amour en même temps que vous

écoutez votre souffrance et votre solitude d'aujourd'hui. Laissez les souvenirs des jours heureux réchauffer votre âme. Lorsque le chagrin monte en vous, concentrez-vous sur l'amour. Sentez l'amour de votre partenaire vous envelopper et vous entourer. Visualisez-le comme une couverture douce et moelleuse. L'amour est éternel et ne connaît pas de limites. Dites à votre ex que vous ne l'avez pas oublié(e) et que vous l'aimerez toujours. Un jour prochain, votre douleur s'envolera, mais vous continuerez à éprouver cet amour unique.

Semaine n° 6 : Partager les joies de l'autre

Rappelez-vous une occasion où vous vous êtes réjoui(e) du bonheur de votre partenaire. En ce temps-là, le (la) voir heureux(se) vous rendait heureux(se). Cette fois là, qu'est-ce qui avait suscité son allégresse ? Remémorez-vous votre joie partagée. Rappelez-vous la première fois où vous avez su lui faire plaisir. Souvenez-vous du bonheur que cela vous a procuré de vous sentir capable d'ensoleiller ainsi sa vie et comme vous vous êtes senti(e) utile en vous préoccupant autant du bien-être d'autrui.

Remémorez-vous ensuite un de vos propres succès et le regard fier de votre partenaire posé sur vous. Il (elle) était vraiment content pour vous. Il (elle) voulait que vous réussissiez. Votre joie le (la) rendait heureux(se). Quel effet cela faisait-il de partager ainsi ses succès avec l'être aimé ? Rappelez-vous d'autres moments de félicité commune. Que s'est-il passé ? Qu'est-ce qui vous a rendus heureux ?

Laissez le souvenir de l'appui plein d'amour de l'autre apaiser la douleur de l'absence et du vide. Tout en éprouvant de la gratitude pour le soutien qu'il (elle) vous apportait, laissez celui-ci panser les blessures de votre âme et vous aider à supporter

193

votre solitude. Laissez le souvenir de votre amour vous réconforter et vous pousser à tendre de nouveau la main vers l'amour et l'appui d'autrui. Remerciez votre ex d'avoir crié à la face du monde que vous méritiez d'être aimé(e) et, grâce au secours de ces réminiscences, promettez-vous de chercher le soutien qui vous est indispensable en cette période délicate. Un jour prochain votre chagrin s'envolera et vous pourrez de nouveau partager les joies de votre cœur.

Semaine n° 7 : Le pouvoir de l'amour

Rappelez-vous une occasion où vous vous êtes senti(e) triste ou déçu(e). Que s'était-il passé ? Lequel de vos rêves était tombé à l'eau ? Rappelez-vous comme le soutien de l'aimé(e) a rendu votre chagrin supportable. Et combien cela vous soulageait de pouvoir abaisser vos défenses et admettre votre vulnérabilité devant lui (elle). Rappelez-vous le réconfort que son amour vous procurait.

Prenez une profonde inspiration et transportez-vous en pensée dans le passé. Imaginez que votre ex vous attire dans ses bras et vous serre contre son cœur. Sentez qu'il (elle) accepte et comprend ce que vous êtes. Sentez que vous êtes libre d'exprimer votre tristesse. Sentez le soulagement que suscite en vous le fait de ne pas devoir porter seul(e) le fardeau de vos soucis.

Écoutez votre chagrin présent tout en laissant le souvenir de l'appui aimant de votre ex vous réconforter. Admettez combien vous aimeriez être auprès de lui (d'elle) et vous épancher sur son épaule comme par le passé. Sentez combien il (elle) vous acceptait et vous comprenait, et laissez cet amour restituer votre intégrité. Ne fuyez pas l'amour. Prenez le temps nécessaire pour guérir et accueillez les mains secourables tendues vers vous. Un jour prochain, votre chagrin se dissipera et vous sentirez de nouveau la puissance de l'amour illuminer votre vie.

Semaine n° 8 : Être vulnérable

Rappelez-vous une occasion où vous vous êtes senti(e) effrayé(e) ou peu sûr(e) de vous et où votre partenaire a cru en vous. De quoi aviez-vous peur ? Que pouvait-il arriver que vous ne vouliez pas voir se produire ? Remémorez-vous le soutien qu'il (elle) vous a apporté durant cette phase de vulnérabilité. Rappelez-vous qu'il (elle) était là pour vous dire : « Je sais que tu peux réussir. Je crois en toi », ou : « Tout ira bien. »

Prenez une profonde inspiration et projetez-vous dans le passé. Sentez la force que son amour vous donnait en de tels instants. Écoutez la partie de vous qui a besoin qu'on la rassure et qu'on l'encourage. Et rappelez-vous combien vous estimiez l'appui empreint de tendresse de votre partenaire.

Rappelez-vous son soutien et la vulnérabilité que vous éprouvez à présent que vous en êtes privé(e). Écoutez votre peur de ne plus jamais être aimé(e) ou de ne plus jamais aimer. Admettez que vous redoutez que le bonheur n'illumine plus jamais votre existence. Et tout en accueillant vos craintes, remémorez-vous la force que vous procurait l'épaule solide sur laquelle vous pouviez autrefois vous reposer.

Appréciez cette force, en vous promettant de vous accorder le temps nécessaire pour guérir de vos blessures émotionnelles. N'enfouissez pas votre amour au fond de votre cœur ; laissez-le s'écouler librement. Laissez les autres être là pour vous dans l'épreuve. Engagez-vous à vous rappeler la force de l'amour de votre ancien(ne) compagnon (compagne) et le soutien qu'il vous apportait, tandis que vous abordez ce nouveau chapitre de votre vie. Rendez hommage à cet être en préservant le souvenir de ses cadeaux et en continuant à les utiliser. Dites-lui que vous n'oublierez jamais son amour et son aide. Un jour prochain, votre chagrin se dissipera et vous sentirez de nouveau votre énergie et votre grandeur.

Semaine n° 9 : La magie du pardon

Rappelez-vous une erreur que vous avez commise et que votre partenaire a pardonnée. Que s'était-il passé ? En quoi consistait cette faute ? En quoi aviez-vous blessé ou déçu l'aimé(e) ? Quels effets sa compréhension, son acceptation et son amour inconditionnels ont-ils produits sur vous ?

Prenez une profonde inspiration et transportez-vous en arrière. Sentez combien vous regrettez sincèrement de l'avoir blessé(e). Y a-t-il des choses que vous n'ayez pas dites alors et que vous aimeriez formuler à présent ? Écoutez la voix de vos remords qui souffle : « Je t'aime. Je suis désolé(e) de ce qui est arrivé. » Sentez le pouvoir curatif de son amour inconditionnel pour vous.

Tout en vous ouvrant à cet appui plein d'amour, accueillez la souffrance induite par votre regret de ne rien pouvoir faire pour ramener votre partenaire auprès de vous. Sentez votre chagrin en même temps que l'influence apaisante de son amour et de son pardon. Écoutez-le (la) vous rassurer : « Je sais que tu m'aimais. Tu as fait de ton mieux et nul ne pourrait en demander plus. » Sentez le don qu'il (elle) vous fait de son amour.

Imaginez que votre âme baigne dans la lumière de l'amour et du pardon de l'autre. Sentez l'innocence de votre âme, éclatant tel un bourgeon se dressant vers les chauds rayons de son amour. Acclamez ce renouveau et rendez grâce au pouvoir guérisseur de l'amour. Et sachez que, bientôt, votre peine se dissipera et vous retrouverez la capacité d'aimer en toute liberté.

Semaine n° 10 : Être compris(e)

Rappelez-vous une circonstance où vous vous êtes senti(e) réellement compris(e). Remémorez-vous la scène. Pensez à une situation de conflit lors de laquelle votre partenaire s'est rangé(e) de votre côté. Rappelez-vous combien cela vous a réchauffé le cœur et combien vous avez apprécié de savoir qu'il (elle) comprenait le combat que vous deviez livrer.

Prenez une profonde inspiration et transportez-vous en pensée à ce moment. Rappelez-vous ce que vous avez ressenti en constatant qu'il (elle) percevait réellement la situation, qu'il (elle) appréciait vos efforts pour agir au mieux et qu'il (elle) connaissait toute l'histoire et devinait votre souffrance. Laissez échapper un soupir de soulagement en vous remémorant son soutien empreint de compassion et de compréhension.

Une partie du chagrin résultant de la perte d'un être cher provient de l'impression que nul ne saisit ce qu'on endure. Il semble même que nul ne puisse le concevoir. En écoutant votre chagrin, rappelez-vous combien votre partenaire vous soutenait autrefois dans l'adversité. Rappelez-vous le soulagement que vous apportait le fait qu'il (elle) vous connaisse et se sente concerné(e) par vos efforts, vos malheurs, vos tribulations ou vos succès.

Remémorez-vous comme il (elle) vous connaissait bien, comme seul un être qui vous aime et qui a partagé vos expériences et vos rêves le peut. Admettez votre douloureuse solitude, tout en lais-

sant le souvenir du réconfort que vous fournissait la
tendresse de votre partenaire adoucir votre chagrin.
Tendez la main à ceux qui souffrent aussi et sachez
leur offrir votre compréhension. Et admettez qu'eux
aussi peuvent comprendre la souffrance cruelle qui
vous taraude. Un jour prochain, votre chagrin se dissipera et vous ne serez plus seul(e)

Semaine n° 11 : Être nécessaire aux autres

Rappelez-vous une occasion où vous vous êtes
vraiment senti(e) utile et pleinement à votre place.
Vous faisiez partie de la vie de l'aimé(e) comme il
(elle) faisait partie de la vôtre. Rappelez-vous
comment il a sollicité votre appui et comment vous
avez pu le lui fournir.

Prenez une profonde inspiration et transportez-
vous en pensée dans le passé. Rappelez-vous à quel
point son amour vous rendait heureux(se) et la joie
que son appréciation de ce que vous apportiez à sa
vie vous procurait. Sentez combien sa présence donnait un sens à votre existence. Remémorez-vous vos
liens. Le (la) perdre équivaut à perdre un membre,
une partie de soi, un précieux pan de son histoire et
ce à jamais.

Tandis que vous pleurez la perte de votre amour
et écoutez votre tristesse ou vos regrets, efforcez-
vous aussi de sentir votre gratitude pour les dons
reçus de lui (d'elle) et pour vos merveilleux souvenirs
communs. Rappelez-vous combien il (elle) avait
besoin de votre amour et comptait sur celui-ci. Et,
dans votre cœur, dites-lui que vous ne l'oublierez
jamais.

Laissez une joie douce-amère vous envahir à la
perspective que son souvenir survive pour toujours
en vous. Vous pourrez toujours vous rappeler sa
personne et son amour. Sachez aussi que plus le

temps passera, moins ces réminiscences se feront douloureuses. L'amour que vous lui portez encore en votre cœur guérira vos blessures. Et, grâce à cela, vous renaîtrez et votre existence s'emplira d'amour.

Semaine n° 12 : Les bienfaits de l'amour

Rappelez-vous les dons que l'amour de votre partenaire vous a apportés. Rappelez-vous comment ils vous ont affecté(e) et en quoi ils ont amélioré votre vie. Pensez à quoi celle-ci ressemblait avant votre rencontre. En quoi a-t-il (elle) illuminé votre existence ? Comment vous a-t-il (elle) donné de la force quand vous en manquiez ? Rappelez-vous votre bonheur mutuel, vos rires, les occasions où il (elle) a exactement comblé vos besoins et celles où vous avez remercié le ciel de vous avoir gratifié de cet amour.

Prenez une profonde inspiration et projetez-vous dans le passé, auprès de votre partenaire. Vous baignez de nouveau dans la chaude lumière de sa tendresse. Sentez la douceur de l'amour que vous lui portez en retour. Abandonnez-vous au bonheur de retrouver pour quelques instants votre vie auprès de lui (d'elle).

Tout en écoutant la souffrance qui résulte de l'absence de l'aimé(e), laissez le souvenir de la félicité connue à ses côtés vous réconforter et celui de son amour dissiper votre chagrin. Vous n'aviez pas rencontré votre partenaire par hasard, mais parce que le ciel vous l'avait envoyé(e) en réponse à vos prières. Et Dieu vous aime toujours ; il ne vous a pas abandonné(e).

Même si cela paraît difficile à concevoir aujourd'hui, vous sortirez grandi(e) de cette épreuve et capable de donner et de recevoir plus d'amour que jamais auparavant. On ne vous a pas oublié(e). Vous êtes toujours aimé(e) et vous aimerez de nouveau. Un jour prochain, votre chagrin s'envolera et vous sentirez de nouveau pleinement la grâce et l'amour divins.

CHAPITRE 14

101 manières de guérir les blessures du cœur

Il existe maintes manières et méthodes pour se remémorer avec amour son partenaire, afin de favoriser la guérison de son cœur. Tout ce qui pourra vous aider à éprouver les émotions liées à la perte de l'être aimé sera bénéfique. Aucune voie n'est « meilleure » que les autres pourvu qu'elle conduise à retrouver l'amour, la compréhension, le pardon, la gratitude et la confiance.

Voici donc 101 manières de se rappeler l'aimé(e) et de lui rendre hommage. Au lieu de vous sentir incapable d'améliorer votre état de quelque manière que ce soit, utilisez ces exemples pour progresser vers la lumière. Faites appel à celles de votre choix pour songer à votre partenaire avec tendresse et garder ainsi le contact avec vos sentiments.

Cette liste convient tout aussi bien, que votre relation de couple se soit achevée par le décès de votre conjoint(e), par un divorce ou par une rupture. Rappelons à ce propos que lorsqu'on a le cœur brisé et que son ex-partenaire est en vie, admettre que la personne qu'il (elle) était, ou du moins celle que nous croyions qu'il (elle) était, s'en est allée tout aussi complètement que si elle était morte facilite le travail de deuil.

1 – Écoutez et réécoutez des chansons et des musiques qui touchent votre âme.

2 – Allez voir des films ou regardez des vidéo-cassettes qui vous font pleurer.

3 – Lisez des livres que vous affectionnez ou inscrivez-vous à un club de lecture proposant des discussions de groupe sur les ouvrages.

4 – Lancez-vous dans une grande aventure, même si celle-ci ne dure qu'une journée. Prenez le temps de vous forger de nouvelles expériences et de vous mettre à l'épreuve d'une manière inédite.

5 – Sortez danser ou vous amuser. Un travail de deuil n'implique pas qu'on demeure en permanence affligé. Il faut aussi s'accorder le droit de faire des choses qui remontent le moral, notamment de passer de bons moments auprès d'amis. Il se peut que cela déclenche en vous une nouvelle vague de chagrin. Ce n'est pas grave.

6 – Retournez dans des endroits où vous avez coulé des jours heureux avec votre partenaire ou cherchez à revoir le lieu de votre première rencontre.

7 – Relisez des lettres qu'il vous a écrites ou que vous lui avez envoyées.

8 – Imaginez que l'aimée se tient devant vous et déversez toutes vos émotions à ses pieds, comme si elle pouvait les entendre et y répondre. Vous pouvez aussi demander à un ami de jouer le rôle de votre partenaire. Cela n'exige rien de plus de lui ou d'elle que tenir vos mains et vous écouter.

9 – Regardez des vidéocassettes ou des films de votre vie ensemble.

10 – Brûlez des cierges en sa mémoire, ou des bougies parfumées évoquant la douceur de votre amour.

11 – Regardez vos albums de photos seul, puis en compagnie d'amis. Choisissez à chaque fois un ami différent, de manière à rendre l'expérience la plus enrichissante possible. Évoquez ensemble les jours heureux.

12 – Confectionnez un livre retraçant la vie de l'aimé à l'intention de votre famille et de vos amis.

13 – Conservez certains de ses effets personnels auprès de vous.

14 – Placez une photo d'elle près de votre lit. Dites-lui bonjour le matin et bonsoir en vous couchant.

15 – Racontez votre perte ou votre rupture à chacun de vos amis séparément. Chaque nouveau récit guérira une strate supplémentaire de votre chagrin et vous permettra de vous ouvrir un peu plus à l'amour de votre entourage.

16 – Inscrivez-vous à un groupe de soutien, auquel vous relaterez votre histoire. Écoutez lorsque les autres évoqueront à leur tour leur amour. Chaque semaine, vous ferez ensemble un nouveau pas sur la voie de la guérison.

17 – Participez à un atelier de réflexion afin de vous entourer d'autres personnes qui vivent une expérience similaire à la vôtre. On guérit toujours plus facilement avec le soutien d'un groupe.

18 – Adoptez des activités de groupe ou voyagez en groupe. Partager une expérience neuve avec d'autres vous aidera à accoucher du nouveau « vous ».

19 – Établissez une liste de toutes les qualités de

votre ex-partenaire et lisez-la à tous vos amis, l'un après l'autre.

20 – Participez à des discussions de groupe sur Internet. S'exprimer de manière anonyme peut se révéler très libérateur. Ccla vous permettra d'affûter vos ailes toutes neuves. Efforcez-vous de vous montrer parfaitement honnête pour goûter pleinement votre nouvelle liberté.

21 – Apprenez quelque chose de nouveau en l'honneur de l'aimé ou inscrivez-vous à un cours traitant d'un sujet qui l'intéressait.

22 – Offrez-vous un cadeau et imaginez qu'il vient de votre conjointe. Réfléchissez à ce qu'elle aurait voulu vous donner pour vous réconforter dans l'adversité, puis achetez-le.

23 – Sélectionnez une habitude que vous aviez contractée uniquement parce qu'elle lui plaisait et conservez-la.

24 – Mettez des fleurs sur sa tombe ou devant sa photo chaque jour pendant une semaine, puis une fois par semaine pendant trois mois, puis une fois par mois pendant l'année qui suit. Après, préparez un bouquet en sa mémoire le jour de son anniversaire pour le restant de votre vie.

25 – Faites la liste de tout ce qu'elle apportait à votre vie et à celle des autres. Demandez à votre entourage de vous aider à la compléter.

26 – Exprimez votre gratitude à son égard dans une lettre.

27 – Rédigez une lettre dans laquelle il vous encourage à surmonter l'épreuve de son absence et expédiez-la à votre propre adresse.

28 – Dédiez-lui un coin de votre jardin.

29 – Achetez un bel objet à placer dans votre salon en souvenir d'elle.

30 – Écrivez-lui une lettre exprimant votre absolution de toutes celles de ses erreurs que
vous pourrez vous rappeler. Demandez à
votre thérapeute ou à un ami de jouer le
rôle de votre partenaire et lisez-lui votre
missive en imaginant que l'aimé vous
écoute.

31 – Écrivez-lui une lettre dans laquelle vous
reconnaissez toutes les erreurs que vous
pensez avoir commises au cours de votre
vie commune. Encore une fois, lisez-la dans
le cadre d'un jeu de rôles avec votre thérapeute ou un ami.

32 – Rédigez une lettre dans laquelle elle vous
pardonne vos erreurs et postez-la de
manière à la recevoir le lendemain. Recourez
une nouvelle fois à un jeu de rôles avec
votre thérapeute ou un ami. Fermez les yeux
et imaginez que c'est votre partenaire qui
vous lit cette lettre.

33 – Préparez une lettre dans laquelle il s'excuse
auprès de vous des erreurs qu'il a commises
et adressez-la vous. Recourez une fois
encore au jeu de rôles. Les yeux clos,
exprimez-lui votre pardon et les autres sentiments qui vous animent.

34 – Sélectionnez une œuvre caritative qui tenait
à cœur à votre partenaire et faites-lui une
donation en son nom. Si vous le pouvez,
faites apposer une petite plaque de remerciement à sa mémoire.

35 – Réservez une plage de temps quotidienne
pour pratiquer des exercices apaisants,
écouter des cassettes visant à guérir les blessures de l'âme et effectuer vos exercices de
visualisation. Choisissez une musique que
vous écouterez chaque fois que vous travail-
lerez sur votre deuil.

36 – Expliquez à vos amis que pleurer le disparu

ou votre ex vous fait du bien. Même si c'est douloureux, écouter son amour pour son partenaire apaise. Si vous ne prenez pas cette précaution, vos amis risquent de trouver que vous mettez trop longtemps à surmonter votre épreuve, et de vous houspiller. S'ils n'ont pas vécu d'expérience similaire, ils ne peuvent comprendre la nécessité de prendre le temps de faire son deuil d'un amour.

37 — Prenez le temps d'écouter les récits d'autres personnes qui ont elles aussi perdu leur amour et essayez de vous imaginer à leur place. Cela vous aidera à comprendre que vous n'êtes pas seul et cela allégera d'autant votre sentiment de solitude.

38 — Découvrez de nouveaux lieux et liez de nouvelles connaissances. Les innovations font toujours quelque peu renaître.

39 — Adoptez un animal de compagnie. S'occuper d'une boule de poils apaise les maux de l'âme et aide à guérir ceux-ci. Sa présence vous rajeunira également.

40 — Sachez solliciter le soutien de vos amis ; ils ne demandent qu'à vous l'offrir. Demandez-leur de vous inviter à dîner. S'ils paraissent vous éviter, c'est uniquement parce qu'ils ignorent que vous dire et comment se comporter. Ils adoreraient vous aider d'une façon ou d'une autre.

41 — N'essayez pas de hâter votre guérison. Comptez que le processus prendra entre trois et neuf mois. Si vous n'en prenez pas conscience, vous risquez d'abréger cette période de cicatrisation et de perdre cette occasion unique de soigner les plaies de votre cœur. Plus tard, cette phase de convalescence deviendra un souvenir précieux et unique.

42 — Ancrez-vous bien dans le présent en sacri-
fiant chaque matin au réveil au rituel suivant. Placez-vous face à un miroir et dites
à voix haute : « En ce moment, je... »
Complétez cette phrase avec la première
pensée qui vous vient à l'esprit. Faites cela
à dix reprises.

43 — Songez à une chose sortant de l'ordinaire
que vous auriez faite cette semaine avec
votre partenaire si elle était encore auprès
de vous, puis faites cette chose.

44 — Imaginez ce que vous ressentiriez si vous
étiez pleinement convaincue que votre séparation constituait la solution idéale.

45 — Pensez à vous estimer heureux de ce que
vous avez. Bien souvent, quand on pleure
un deuil ou une rupture, on en oublie
d'apprécier tous les bienfaits dont on dispose encore.

46 — Soyez patiente avec vous-même. Au lieu de
vous désoler en cas de rechute, récom-
pensez-vous avec un petit cadeau pour les
progrès accomplis.

47 — En cas de déprime, louez dix vidéocassettes
de films comiques et passez la journée à les
regarder l'une après l'autre.

48 — Demandez à vos amis de vous serrer dans
leurs bras. Même quand on a perdu sa
source de tendresse de prédilection, on peut
ainsi obtenir les contacts physiques nécessaires à son bien-être. Posez simplement la
question : « Tu veux bien me prendre dans
tes bras ? »

49 — Faites-vous masser une fois par semaine.
Les contacts physiques sont tout aussi
importants que l'amour. Pour soigner son
cœur, il faut aussi prendre soin de son corps.

50 — Autorisez-vous à dire que la vie est injuste.
Revenez sur les rêves et les buts que vous

aviez espéré partager avec l'élue de votre cœur. Écoutez votre déception et exprimez-la dans une lettre.

51 — N'essayez pas de vous montrer en forme et pleine d'entrain devant vos amis. Accordez-vous le droit de toucher le fond. Ce n'est qu'en acceptant les vagues de chagrin qui se succèdent en soi que l'on parvient à guérir son cœur. Et seul le respect des mécanismes de cette convalescence permettra à votre souffrance de disparaître complètement et pour toujours.

52 — Si vous vous trouviez à Jérusalem, vous pourriez vous rendre au Mur des Lamentations pour côtoyer d'autres âmes en peine. S'inscrire à un atelier de réflexion constitue un bon équivalent lorsqu'on pleure la perte d'un être aimé ou qu'on souhaite guérir des blessures de son passé.

53 — Si vous n'avez toujours pas dit adieu à l'autre de la manière dont vous le souhaitiez, recourez au jeu de rôles. Asseyez-vous face à un ami ou à un thérapeute, tenez ses mains dans les vôtres et fermez les yeux, puis imaginez qu'on vous offre l'occasion de prendre congé de votre partenaire à votre idée. Jouez la scène exactement comme vous le désirez. Après, inversez les rôles et imaginez les propos de votre interlocuteur.

54 — Si vous vous sentez coupable parce que vous pensez que vous auriez pu éviter votre rupture, confiez-le à un ami ou à un thérapeute. Pour obtenir votre propre absolution, rachetez-vous à vos propres yeux en vous engageant à secourir une personne dans le besoin. Accordez-lui de votre temps et de votre affection comme vous souhaiteriez l'avoir fait pour l'aimée. Prodiguez-lui amour et soutien. Le don de soi aide tou-

jours à se délivrer de la culpabilité et de la honte.

55 — Reprenez contact avec vos racines terriennes. Allez vous promener le matin dans la nature. Si le temps le permet, marchez pieds nus dans l'herbe. Inspirez profondément l'air pur du petit matin.

56 — Si vous éprouvez le besoin de partir pour mieux guérir, prenez un congé aussi vite que possible. Votre employeur comprendra sûrement la situation.

57 — Découpez son faire-part de décès dans le journal et relisez-le tous les trois ou quatre jours.

58 — Demandez à un ami de filmer la cérémonie funéraire de votre conjoint et la réunion amicale qui a suivi et regardez cette vidéocassette quand vous ressentirez le besoin d'un tel réconfort. Parfois, on est encore en état de choc lors de l'enterrement et il arrive qu'il faille attendre plusieurs jours après pour que le chagrin puisse s'exprimer. C'est à ce moment-là qu'on aura le plus besoin de ses amis. Demandez au même ami ou à un autre d'enregistrer sur une cassette vidéo ou audio les témoignages de votre entourage sur le disparu. Chacun pourra par exemple raconter comment il l'avait rencontré(e), quel genre de personne il pense qu'il (elle) était et ce qu'il aimait en lui (elle). Vous pourrez par la suite regarder ou écouter cette cassette.

59 — Répétez-vous : « Je surmonterai cette épreuve ». Rappelez-vous que d'autres ont vécu des expériences similaires avant vous et s'en sont remis. Bientôt votre chagrin se dissipera.

60 — Remémorez-vous votre première rencontre avec elle. Écrivez une lettre pour remercier

la personne qui vous a présentés et envoyez-la lui.

61 – Adressez une missive au service des réclamations de l'univers. Laissez libre cours à tous vos sentiments de colère, de ressentiment et de douleur. Puis, explorez d'autres niveaux émotionnels avec la tristesse, la peur et les regrets. Rédigez ensuite une réponse de Dieu ou d'un ange et postez-la à votre intention.

62 – Demandez à une amie de venir passer un moment avec vous. Expliquez-lui qu'il (elle) n'est pas tenu de dire quoi que ce soit. Restez ensemble sans parler ni rien faire – pas de télévision, pas de cuisine, pas de lecture. Sortez vous promener ou restez assis pendant une heure à regarder le coucher du soleil ou le lever de la lune. La paix que vous ressentirez réconfortera votre âme.

63 – Accordez-vous la permission de vous comporter en enfant. Si la perte de votre amour a ravivé des problèmes passés mal résolus, rendez-vous dans un zoo ou dans un parc d'attractions en compagnie d'un ami ou d'un membre de votre famille. La présence de bambins qui s'amusent apaisera vos blessures.

64 – Assistez à des mariages. S'entourer d'amour est le meilleur remède aux maux du cœur. Certes, vous en concevrez parfois du chagrin, mais il s'agira d'un chagrin bénéfique.

65 – Si vous appréciez la compétition sportive, ne vous en privez pas. Mesurez-vous aux autres. Les activités physiques sont particulièrement bénéfiques pour les hommes car elles favorisent leur appétit de vivre et leurs désirs.

66 – Allez dans un lieu de culte prier Dieu.

Avouez-Lui vos doutes et vos angoisses. Sentez la grâce divine baigner votre âme et vous guider à travers les ténèbres vers la lumière.

67 – Faites preuve d'un sain égoïsme. Occupez-vous de vous. Délivrez-vous de toutes les contraintes absurdes qui encombrent votre existence. En ce moment, vous avez d'autres occupations : vous pleurez la perte de l'être aimé.

68 – Si vos amis ne vous interrogent pas sur vos sentiments, faites-leur connaître vos besoins. Dites-leur : « J'éprouve beaucoup de chagrin et j'ai juste besoin de m'apitoyer sur mon sort pendant dix minutes. Tout ce que tu as à faire est m'écouter. Et après, je me sentirai mieux. Il faut seulement que j'évacue un peu de ce mal-être. » Une fois qu'ils ont acquiescé, évoquez des instants partagés avec votre partenaire et laissez la tristesse vous envahir tandis que vous parlez.

69 – Ne retenez pas vos larmes. Vous avez le droit de pleurer. Certains ne peuvent le faire qu'en privé ; peu importe. Pleurer apaise l'âme. Pour une bonne session de larmes, je recommande d'écouter la bande originale des Misérables ou, mieux encore, d'aller voir le spectacle ou le film, puis de la réécouter après.

70 – Veillez à limiter au maximum les conflits et disputes relatifs au partage des biens du défunt. Lorsqu'un membre de votre famille vous agresse, efforcez-vous de vous rappeler que lui aussi souffre. Dans le cas d'un divorce, retardez le plus possible la prise des décisions pécuniaires, de manière à avoir accompli auparavant l'essentiel de votre processus de guérison.

71 – Quand vous souffrez, ne le cachez pas. Vous devez apprendre à solliciter de l'aide et à mettre votre âme à nu.

72 – Après un deuil ou un divorce, ne dites pas à vos enfants qu'il doivent se montrer forts et ne partagez pas votre chagrin avec eux. En revanche, soyez le plus disponible pour eux. Laissez au maximum votre chagrin s'extérioriser hors de leur présence ou pendant qu'ils sont à l'école. Ne cherchez pas en eux de consolation ; cela les empêcherait de se tourner vers vous pour en obtenir.

73 – N'aggravez pas la situation. S'il ne faut pas, bien entendu, encourager les enfants à ne pas déplorer le départ ou la disparition d'un de leurs parents, on ne doit pas non plus les pousser à ressentir cette perte plus cruellement qu'ils ne le feraient naturellement. Il leur faudra peut-être quelques temps pour faire face à leurs sentiments et, dans l'intervalle, ils risquent de reporter leur chagrin sur d'autres sujets. La meilleure tactique consiste alors à les écouter. N'hésitez pas à reposer encore et encore la question : « Qu'est-ce qui te préoccupe ? »

74 – Quand, à la vue d'un couple d'amoureux, vous commencez à vous apitoyer sur votre sort, travaillez sur votre colère grâce à l'exercice suivant : placez-vous face à une glace et exprimez tout ce qui vous rend furieuse pendant quelques minutes, puis tout ce que vous désireriez et enfin, affirmez haut et fort tout ce que vous méritez. Vous vous sentirez immédiatement mieux.

75 – Lorsqu'on chante les louanges de votre ex et que cela vous rend envieux ou enragé, consacrez quelques minutes à rédiger une liste de vos craintes secrètes, telles que « Nul ne m'aimera jamais plus » ou « Je ne suis

bon à rien ». Achevez cet exercice en énu-
mérant tous vos motifs de gratitude.

76 — Accomplissez des œuvres sociales de proxi-
mité en particulier pour des gens qui apprécient ce que vous pouvez leur apporter.

77 — Demandez-vous ce que vous éprouveriez si
vous possédiez la certitude que, dans deux
ans, votre vie regorgera d'amour et que vous
nagerez de nouveau dans le bonheur. Puis,
fermez les yeux et visualisez une telle félicité. Transportez-vous en imagination dans
le futur et décrivez à voix haute à un ami
ou à un thérapeute ce que vous ressentez.
Pour réveiller vos sentiments positifs, utilisez des phrases telles que : « Je suis reconnaissante à la vie parce que... », « Je suis
heureuse parce que... » ou « Je suis certaine
que ... »

78 — Rendez-vous au faîte d'une montagne, au
bord de la mer ou le long d'une rivière pour
y accomplir un petit rituel d'adieu. Le trajet
en voiture ou à pied doit vous prendre une
demi-journée car une bonne partie du processus de guérison s'accomplira pendant
cette phase. Arrivé à votre but, dispersez
des fleurs aux quatre vents en offrande et
en témoignage de votre amour.

79 — Discutez avec un guide spirituel – prêtre,
pasteur, rabbin ou autre – pour obtenir de
lui assistance et conseils.

80 — Réfléchissez à une chose que votre partenaire aurait aimé faire ou qu'elle n'a pas eu
le temps d'achever, et faites-la.

81 — Appelez ses amis et relatez-leur les circonstances de son décès. Si vous pleurez un
divorce, prenez le temps d'expliquer à vos
amis vos efforts pour réussir votre couple,
avant que vous ayez compris que vous
n'étiez pas faits l'un pour l'autre. Essayez de

présenter votre partenaire sous un jour positif et de mettre en évidence ses efforts, même si une partie de vous n'est pas vraiment convaincue de ce qu'elle avance.

82 – Cherchez toujours à pardonner. La meilleure méthode est celle adoptée par le Christ crucifié : « Père, a-t-il demandé, pardonne-leur, car ils ne savent pas ce qu'ils font ». Il est plus facile de pardonner lorsqu'on admet que l'autre ne se rendait pas réellement compte de ce qu'il faisait.

83 – Comprenez que votre souffrance d'aujourd'hui vous prépare à secourir les autres dans l'avenir. Guérir de vos blessures vous apportera une incroyable capacité de compassion et d'amour pour votre prochain dans la peine. Et vous tirerez de cette épreuve de précieuses leçons, que vous pourrez à votre tour transmettre.

84 – Penchez-vous sur vos besoins lorsque vous souffrez, de manière à savoir, plus tard, combien ceux qui souffrent ont besoin de vous et du simple réconfort de votre compagnie. Durant les heures les plus sombres, on requiert juste une présence aimante auprès de soi.

85 – Promettez-vous de devenir la meilleure personne possible. Bien souvent, souffrir, puis se délivrer de cette douleur, apporte l'inspiration. Pendant ces instants d'exception, notez les qualités que vous souhaitez acquérir.

86 – Tenez un journal relatant les trente premiers jours de votre parcours vers la guérison. Notez chaque jour quelques-unes de vos pensées et de vos expériences et certains de vos sentiments.

87 – Écrivez un poème ou lisez un recueil de poésies.

88 – Tournez vous vers Dieu pour quêter Son réconfort. C'est souvent dans les instants les plus noirs que l'on fait le mieux preuve d'humilité à Son égard. Profitez de l'occasion pour réévaluer ou remettre à jour vos sentiments religieux.

89 – Ne fixez pas par avance le temps que vous consacrerez quotidiennement à votre deuil. Chacun réagit à sa façon et chaque jour est unique. Montrez-vous flexible et accordez-vous le délai nécessaire.

90 – Laissez-vous porter par le flot de vos sentiments. Ne vous attendez pas à vous sentir toujours affligé, ni toujours plein d'espoir. Connaître des moments de joie ou de soulagement n'est pas trahir son partenaire. Le chagrin n'est pas une déclaration d'amour, mais le processus par lequel on se délivre de sa souffrance. Et chaque étape de cette marche vers la liberté est émaillée d'instants de félicité et d'exultation.

91 – Trouvez votre propre mode de deuil. Certains se montrent expansifs tandis que d'autres sont plus discrets. Si vous appartenez à la première catégorie, veillez à vous ménager des plages de gratitude et de bien-être. Si vous êtes d'un naturel plus réservé, assurez-vous que vous ne réprimez pas votre chagrin.

92 – N'attendez pas de votre entourage qu'il devine vos besoins. Souvent, on n'ose pas solliciter un soutien ; c'est un tort. N'hésitez pas à éclairer vos amis et votre famille, ni à les appeler à l'aide.

93 – Rendez-vous dans une maternité. L'énergie pleine de joie et d'amour qui baigne tout ce qui entoure les bébés est excellente après un deuil ou une rupture. D'une certaine

manière, vous aussi vivez une nouvelle naissance au seuil d'une nouvelle vie.

94 – Rappelez-vous que les heures précédant l'aube d'un jour nouveau sont les plus sombres de la nuit. Même si votre situation vous paraît de plus en plus noire, la lumière de l'amour et du soulagement ne tardera pas à poindre.

95 – Consacrez une fraction de chaque journée à une activité physique de manière à faire travailler vos muscles et vos poumons. Respirer à fond et bouger stimule le système lymphatique, ce qui purifie l'organisme – chose excellente au cours d'un processus de convalescence.

96 – Plantez un arbre ou une fleur en l'honneur de votre partenaire et dorlotez-les.

97 – Achetez un bijou pour commémorer à jamais la beauté de votre amour.

98 – Portez un lien noir autour de votre poignet pour symboliser votre deuil.

99 – Notez chaque jour dans un journal trois souvenirs de votre couple.

100 – Établissez une liste de toutes les choses que vous ne ferez jamais ensemble et que vous auriez aimé faire avec l'aimé(e). Déplorer ces occasions perdues vous aidera à mieux apprécier les moments partagés avec lui (elle) et à vous préparer à repartir du bon pied.

101 – Quand vous souffrez, prenez le temps de vous abandonner aux quatre émotions qui guérissent en reliant votre chagrin présent à ceux vécus dans le passé, puis en revivant ces souffrances anciennes avant de les enrichir à la lumière de votre expérience accrue. Pratiquez l'Exercice du mieux-être pour panser les plaies de votre cœur.

Vous forcer ainsi à garder le contact avec votre amour et vos sentiments fera de cette période critique de convalescence une étape précieuse de votre vie – même s'il vous paraît, pour l'instant, difficile de concevoir que votre souffrance s'envolera un jour. Vous ressortirez grandi de cette épreuve pour jouir de nouveau pleinement des plaisirs de la vie. Imaginez que vous traversez en ce moment un rude hiver et utilisez les diverses méthodes et techniques expliquées dans ce livre pour vous protéger du froid et demeurer au chaud et en bonne santé. Cette mauvaise saison se révélera peut-être longue, mais elle s'achèvera un jour prochain pour laisser place à la douceur et aux promesses d'un nouveau printemps.

DEUXIÈME PARTIE

Vénus refait sa vie

Refaire sa vie sur Vénus et refaire sa vie sur Mars sont deux choses différentes car, après un deuil ou une séparation, les hommes et les femmes sont confrontés à des défis distincts. Ce qui favorise la guérison affective d'un homme pourra contrer celle de la femme, et ce que l'une perçoit comme un obstacle pourra paraître anodin à l'autre. Il est plus facile de définir un plan d'action adéquat si l'on prend en considération ces disparités.

Quand nous souffrons, il n'est pas toujours judicieux de se fier à notre instinct car le remède qui nous semble a priori approprié ne constitue pas toujours l'approche idéale. Redevenu – volontairement ou non – célibataire, nous nous trouvons brutalement propulsé à l'orée d'une nouvelle vie riche de choix d'autant plus délicats que chaque décision prise en cette période charnière est susceptible d'affecter tout le reste de notre existence. Et s'ils ne comprennent pas pleinement le fonctionnement des mécanismes de guérison des blessures du cœur, les hommes comme les femmes risquent de repousser sans même le savoir des occasions de trouver le grand amour.

Dans cette seconde partie, nous étudierons vingt-trois défis auquel une femme qui doit refaire sa vie se trouve communément confrontée. Puis, dans une troisième partie, nous nous pencherons sur le cas des hommes, avec les vingt-trois défis les plus courants qu'eux doivent relever. Les éclaircissements que ces analyses vous apporteront visent à vous aider à retrouver l'amour. Bien que chacune de ces parties soit en théorie dévolue aux natifs d'une planète spécifique, les problèmes des unes et ceux des autres se recoupent toujours partiellement. C'est pourquoi tous auront avantage à lire la suite de ce livre en totalité, et pas uniquement la fraction consacrée à leur sexe.

Mieux connaître les écueils qui jalonnent votre route vers le salut vous rendra plus apte à éviter les souffrances inutiles. Grâce à cet indispensable travail de préparation, vous pourrez un jour prendre le risque d'aimer une nouvelle fois. Trouver en vous la force de soigner votre cœur brisé et de vous remettre en quête du grand amour vous disposera à exprimer pleinement votre potentiel de réussite et de bonheur terrestres.

CHAPITRE 1

Une longue liste d'exigences

Les femmes se prémunissent souvent contre tout risque de blessure nouvelle en refusant de déroger à une longue liste d'exigences. Avant d'ouvrir leur cœur à un homme, elles commencent par tester ce partenaire potentiel. Il devra satisfaire à certains critères et conditions pour qu'elles acceptent même d'envisager une relation amoureuse avec lui. Plus une femme cumule les sentiments mal digérés, plus sa liste sera longue. Au lieu de s'ouvrir à une nouvelle vie à deux empreinte d'amour, elle s'en défend par ce subterfuge. Moyennant quoi elle demeurera en sécurité... mais seule.

Quand une femme souffre de la perte d'un amour, sa propension à s'entourer de garde-fous s'accroîtra naturellement – à juste titre car, comme on l'a vu dans la première partie, une blessure a besoin pour guérir dêtre protégée de toute nouvelle atteinte. Plus tard, quand elle aura cicatrisé, on s'exposera de nouveau normalement. Si en revanche on ne soigne pas ses plaies, on risque de se surpréserver pendant le restant de ses jours.

En période de convalescence, on tend, à juste titre, à se surprotéger.

Lorsqu'une femme tombe dans ce travers, sa liste de desiderata prend des proportions quasi-monu-mentales. Pour ne pas risquer de souffrir de nou-veau, elle se montre extrêmement critique, porte des jugements abrupts et attend la lune de ses partenaires potentiels. En d'autres termes, elle devient trop dif-ficile. Vu ses exigences, aucun homme ne méritera jamais son attention. Alors, tandis qu'elle croit se montrer disponible et réceptive aux avances mascu-lines, elle repousse sans pitié ceux qu'elle pourrait avoir pour ne rêver que de ceux qu'elle ne peut avoir. Elle finit par en conclure que tous les hommes vala-bles sont pris. Voici quelques exemples des mises à l'épreuve qu'une telle créature fait subir à ses soupi-rants.

COMMENT LES FEMMES METTENT À L'ÉPREUVE ET JUGENT LES HOMMES

1 – Il a déjà été marié ; je me demande pourquoi cela n'a pas marché. Il ne parle pas beaucoup d'elle. Pourquoi ont-ils divorcé ? Il me cache quelque chose...

2 – Je me demande s'il m'appellera quand il a dit qu'il le ferait. S'il ne le fait pas, je ne pense pas que je pourrai lui faire confiance...

3 – Je parie qu'il veut uniquement coucher avec moi et que cela ne l'intéresse pas du tout d'établir une relation digne de ce nom...

4 – Voyons s'il viendra me chercher à l'heure. Je ne veux plus sortir avec un homme qui me place en queue de liste de ses priorités.

5 – Je ne crois pas qu'il s'engagera jamais sérieu-sement. Il est sorti avec tant de femmes...

6 – Il a plus de trente-cinq ans et il n'est pas marié. Probablement encore un qui a peur de

s'engager. Je ne vais pas perdre mon temps avec lui.

7 – C'est un cérébral qui vit dans sa tête. Il ne s'ouvrira jamais à moi. Et, moi, je ne veux entamer de relation qu'avec un homme susceptible de m'ouvrir son cœur.

8 – Il ne me paraît pas très responsable ; peut-être fait-il partie de ces hommes qui ne grandissent jamais. Je ne veux pas jouer à la maman avec lui.

9 – S'il ne se révèle ni drôle ni divertissant, je m'en vais. J'en ai soupé des hommes trop sérieux.

10 – Je n'aime pas la façon dont il s'habille. Un homme qui ne prend pas soin de lui-même ne sera pas capable de prendre soin de moi.

11 – Il ne se préoccupe pas de sa santé comme je le fais de la mienne. J'ai besoin d'un compagnon qui partage mes idées.

12 – Il regarde beaucoup de sport à la télévision tandis que cela ne m'intéresse pas. Je veux quelqu'un qui partage mes goûts. Pas question de devenir une « veuve de match ».

13 – Il ne me paraît ni très ordonné ni très organisé. Il faut sans doute ranger après lui et organiser son existence à sa place. Je ne veux pas endosser de nouveau ce type de responsabilité.

14 – Il est très attirant et charmant. Comment croire qu'il me serait fidèle ? Comment lui faire confiance ? Tant de femmes lorgnent sur lui...

15 – Il se consacre tellement à son travail. C'est un combat perdu d'avance : son travail passera toujours avant moi.

16 – Il consacre trop de temps à ses enfants. Avec lui, je ne me sentirai jamais ni unique ni chérie.

17 — Il est trop âgé pour changer et probablement ancré dans ses petites habitudes. Je ne veux pas m'encroûter avec lui.

18 — Il s'intéresse visiblement aux gamines. Il ne se contenterait jamais d'une femme de mon âge.

19 — Je me demande combien d'argent il gagne. S'il ne parvient pas à s'assumer, comment pourrait-il prendre soin de moi ? Je veux un homme financièrement à l'aise. Celui-là envisagerait-il de se laisser entretenir par moi ?

20 — Nous n'avons pas assez d'intérêts communs. Donc, nous ne pouvons pas être faits l'un pour l'autre.

21 — Qu'est-ce que mes parents et mes amis penseraient de lui ? Je sais qu'ils se diraient que j'ai carrément rabaissé mes critères de sélection.

Avoir besoin de mettre à l'épreuve un partenaire ou d'évaluer votre compatibilité ne constitue pas en soi un défaut. Il est bien entendu crucial de déterminer si l'autre est susceptible de combler vos besoins et vos vœux particuliers, car chacune de vous possède bien entendu des priorités spécifiques.

Cela ne deviendra un problème que si votre liste de questions et de critères vous empêche d'accepter les invitations masculines et de laisser sa chance à l'amour. En effet, si vous laissez approcher un assortiment plus varié de partenaires potentiels, vous verrez avec surprise certaines de vos obsessions s'envoler et votre souci de perfection reprendre une plus juste dimension. Et, à terme, vous deviendrez capable d'identifier l'homme qui vous convient. Au lieu de rechercher la perfection, vous trouverez l'homme *idéal pour vous.*

CHAPITRE 2

Pressions sexuelles

La propension du beau sexe à rejeter sans même un regard des pourvoyeurs potentiels d'amour est intensifiée par les pressions liées aux rapports de séduction modernes. La société et les hommes poussent en effet les femmes à donner immédiatement un tour sexuel à toute relation amoureuse et celles qui préfèrent prendre le temps d'établir d'abord une certaine intimité avec leur partenaire se voient estampiller vieux jeu ou prudes. Où que l'on se tourne aujourd'hui – au cinéma, à la télévision, sur les affiches, dans les publicités et dans tous les magazines –, on voit des femmes « accueillantes » et du sexe facile. Certaines femmes en viennent à refuser toute relation sentimentale pour échapper à cette dictature des sens.

Si une femme préfère prendre le temps d'établir d'abord une certaine intimité avec son partenaire, on la dit vieux jeu ou prude.

Une femme doit se sentir libre de sacrifier aux plaisirs de la chair quand elle le souhaite sans que cela se transforme en un quelconque « devoir ». Dès qu'une femme aura dû céder à de telles pressions, son besoin de se protéger s'accroîtra encore car elle tiendra le raisonnement suivant : « Si je dois coucher immédiatement avec mes partenaires, je dois m'assurer auparavant que ceux avec qui je sors sont des hommes avec qui j'envisagerais de passer la nuit. » Privée de la possibilité de fréquenter platoniquement un soupirant afin de mieux le connaître, la femme d'aujourd'hui se sent contrainte de le juger d'emblée. Avec elle, cela devient donc tout ou rien.

Malheureusement, une telle approche la fait partir perdante car, même avec un cœur en parfait état de fonctionnement, connaître une autre personne demande du temps. Et on ne peut pas non plus déterminer en quelques instants si l'on voudra un jour devenir plus intime avec celle-ci. En pratique, une femme rencontre un homme et, comme elle ignore encore – évidemment – si elle voudra plus tard le connaître bibliquement, elle repousse ses avances pour se prémunir contre toute « obligation » éventuelle de partager sa couche le soir-même. Bilan : il essuie une rebuffade et elle perd une bonne occasion de retrouver peut-être l'amour. Car qui sait si, à l'issue d'une agréable soirée, ses doutes initiaux ne se seraient pas envolés ?

Admettons-le, les hommes et les femmes considèrent le sexe d'un œil très différent et, oui, les premiers savent souvent aussitôt s'ils souhaitent mettre une femme dans leur lit tandis que cette dernière réclame un délai plus long. Mais cela ne signifie en aucun cas – et elles doivent absolument le comprendre – que les femmes soient obligées d'accepter sur-le-champ des rapports intimes. Le choix final leur appartient. Dès qu'une femme apprend à dire « non » sans en éprouver d'embarras, elle devient libre de mener sans entrave sa quête d'amour et de fréquenter des hommes sans plus les soumettre à des épreuves de présélection draconiennes. À elle de décider d'approfondir la relation lorsqu'elle s'y sentira prête.

CHAPITRE 3

Multipliez les rencontres, pas les amants

Les femmes repoussent les hommes et l'amour tant qu'elles confondent sortir avec un individu du sexe opposé et faire des galipettes avec lui. Pour qu'elles puissent s'affranchir de leur souci de perfection et oublier un peu leur liste d'exigences, la meilleure solution consiste à éliminer temporairement la composante sexuelle de l'équation : elles doivent sortir le plus possible en compagnie masculine, mais sans jamais aller plus loin. Cela les libérera de leurs angoisses, puisque tant qu'une femme n'entretient pas de rapports sérieux avec un homme, elle n'éprouve pas le besoin de se protéger de possibles blessures émotionnelles. On n'est en effet meurtri que par ceux auxquels on s'attache. Si tel n'est pas le cas, elle pourra recevoir de l'amour sans risquer d'en souffrir.

Je recommande donc aux femmes convalescentes après un deuil ou une rupture de cumuler les soupirants – rappelons que nous parlons ici de chevaliers servants et non de véritables « petits amis ». Fréquenter trois hommes simultanément me paraît un bon compromis : un homme en voie d'éjection, un ami qu'on connaît déjà bien et un candidat plus récent. Tant qu'une femme ne devient intime ou n'entretient de rapports sexuels avec aucun d'eux, nul ne souffrira de la situation. Ajoutons que multiplier ainsi les escortes la protège en général efficacement contre toute tentation d'évoluer vers davantage d'intimité. On ne passe pas la nuit avec son soupirant numéro un lorsqu'on sait qu'on doit passer la soirée du lendemain avec son soupirant numéro deux, et celle du surlendemain avec le numéro trois ! Veillez simplement à ne pas donner de faux espoirs à vos prétendants.

Fréquentez simultanément trois hommes : un homme en voie d'éjection, un homme que vous connaissez déjà bien et un candidat plus récent.

Certaines m'objecteront : « Trois hommes ! Mais je n'arrive déjà pas à dénicher *un* soupirant ; comment voudriez-vous que j'en trouve *trois* ? » Ce sont celles qui s'expriment ainsi qui ont le plus grand besoin d'une telle période d'amour courtois. Manquer de prétendants signifie *toujours* que l'on décourage plus ou moins inconsciemment les bonnes volontés masculines. Ces femmes sortent peu parce qu'elle se montrent trop difficiles et indiquent d'une manière ou d'une autre aux impétrants qu'elles ne sont pas intéressées par leurs attentions.

Pour sortir beaucoup, une femme doit jeter sa liste d'exigences aux orties et rabaisser ses critères de sélection.

Pour rectifier le tir, une telle femme doit se promettre à elle-même de ne plus sortir pour un temps qu'avec des hommes qu'elle n'envisagerait jamais d'épouser et pour qui elle n'éprouve aucune attirance charnelle. Ce serment provisoire lui conférera la liberté de fréquenter la gent masculine tout en échappant aux pressions visant à l'obliger à se prêter à une intimité plus grande. À mesure qu'elle réapprendra à offrir son amitié à ses soupirants et à recevoir la leur en retour, son cœur s'entrouvrira à l'abri de cette barrière bien plus protectrice que nulle liste de critères.

Découvrir les qualités d'une personne prend du temps et il n'est ni juste ni prudent de jauger un livre sur sa seule couverture, ou un homme sur sa seule bonne mine. En s'accordant ainsi le loisir de multiplier les rencontres sans risque d'en pâtir, notre convalescente se délivrera de sa propension à porter des jugements hâtifs et prendra l'habitude de se demander ce qu'un homme peut vraiment lui offrir et ce qu'elle-même peut lui apporter. Et, tant qu'elle ne laissera pas leur relation prendre un tour trop intime, elle pourra s'amuser tout en recouvrant peu à peu sa capacité de faire confiance à l'amour.

D'autres femmes se récrient face à mes conseils car fréquenter simultanément plusieurs soupirants ne leur semble pas naturel. Elles affirment : « Je ne peux pas sortir avec plusieurs hommes. Je suis foncièrement monogame. » Sans doute disent-elles vrai, mais, encore une fois, je leur recommande de se borner à sortir en tout bien tout honneur avec ces hommes et non d'adopter une vie de débauche. Mais je me heurte ici à un problème sémantique, tant notre société a pris l'habitude de confondre « sortir » et « coucher », si bien qu'on conçoit aujourd'hui difficilement de se lier à une personne du sexe opposé sans entretenir avec elle de rapports intimes. Lorsqu'une femme m'oppose des scrupules moraux, c'est qu'elle n'a pas compris l'approche que je lui suggère.

Pour illustrer celle-ci, je recourrai à un exemple simple : beaucoup d'entre nous pensent ne pouvoir posséder qu'un seul « meilleur ami », mais nul n'imagine que cela empêche d'avoir d'autres amis. Eh bien, pour les mêmes raisons, fréquenter plusieurs hommes n'interdit pas la monogamie. Entretenez dès à présent une relation monogame avec le compagnon idéal que vous n'avez pas encore rencontré. Et, en attendant que ce « meilleur ami » fasse son apparition, divertissez-vous en compagnie de beaucoup d'autres « amis ordinaires ».

Sortez sans compter jusqu'à ce que vous dénichiez un homme avec qui vous pressentez une relation plus sérieuse. Alors, vous cesserez d'en fréquenter d'autres pour entamer avec cette âme sœur potentielle une relation monogame. Rappelons à ce propos qu'en apprenant à dire « non », une femme acquiert aussi la liberté de tourner casaque pour accueillir les avances de ce soupirant particulier au moment qu'elle jugera opportun pour elle.

CHAPITRE 4

Idéaliser son passé

Bien que les femmes qui passent leurs prétendants au crible d'une interminable liste d'exigences aient en général été blessées ou maltraitées par un partenaire dans le passé, celles qui furent choyées et chéries n'échappent pas toujours à ce travers. En effet, après la disparition de l'aimé, il paraît bien naturel de chanter ses vertus, de telle manière qu'aucun homme vivant ne semble jamais pouvoir parvenir à lui arriver à la cheville. Même lorsque la relation s'est achevée par un divorce, certaines réussissent malgré tout à embellir le souvenir de leur ex.

Les hommes tendent eux aussi à s'accrocher au passé. Or, tant que l'on – homme ou femme – demeure attaché à son ancien partenaire, aucun(e) autre ne pourra jamais soutenir la comparaison avec lui (elle). Car on ne deviendra capable d'apprécier à sa juste valeur ce qu'un nouveau compagnon ou une nouvelle compagne peut offrir que lorsqu'on se sera délivré de ses liens anciens.

Tant qu'on vit dans le passé, on ne peut apprécier pleinement les nouvelles occasions qui s'offrent à soi.

Pour surmonter cette néfaste propension à comparer les partenaires anciens et présents, rien ne sert de la combattre : il faut au contraire la respecter. On ne s'affranchit pas du passé en un éclair. De tels processus exigent du temps. On doit savoir tout cela quand on recommence à sortir avec des personnes du sexe opposé. Nous ne devons pas espérer qu'un(e) autre remplace notre partenaire ou se mesure favorablement à lui (elle). Il faut en revanche aussi admettre que cette situation est appelée à évoluer.

Si, tout en continuant à établir en pensée des confrontations au désavantage de vos soupirants actuels, vous oubliez vos critères de sélection pour vous contenter de sortir avec des hommes dont vous rechercherez exclusivement l'amitié et la compagnie – et non plus dans le but de trouver l'âme sœur –, votre manie comparative s'estompera peu à peu. Et vous deviendrez plus libre d'apprécier sans préjugé les prétendants dont vous disposez. Bien sûr, aucun nouveau partenaire ne pourra jamais se révéler « supérieur » au précédent, mais il sera différent de lui.

Ne commettez pas l'erreur de croire votre cœur trop étroit pour aimer plus d'un homme, ni d'imaginer qu'un seul d'entre eux – votre ex ou votre époux défunt – était en mesure de vous aimer. Un cœur guéri offre beaucoup de place aux nouvelles amours.

Quelle perspective réductrice que de croire qu'une seule personne au monde – notre ex ou notre époux défunt – est ou était en mesure de nous aimer.

Les hommes comme les femmes repoussent souvent à tort des compagnes ou des compagnons potentiels simplement parce que le partenaire en cause ne leur paraît pas à la hauteur de leurs expériences passées. « Je ne ressens pas la même chose pour lui (elle) que pour X », déclareront-ils. Voilà une autre approche extrêmement réductrice. Bien sûr, cette personne nouvelle ne vous inspire pas des sentiments identiques, ni même de nature similaire, mais avec le temps, tout cela peut changer.

Voilà pourquoi la solution la plus prudente à mon sens consiste à fréquenter des partenaires variés sans s'engager dans aucune relation intime tant que l'on n'est pas complètement délivré de ses attachements passés. Les nouvelles expériences amoureuses et amicales que l'on acquiert à travers ce mode de vie facilitent cette phase du processus de guérison.

CHAPITRE 5

Rester prisonnière de son chagrin

Voilà une autre tactique inconsciente des femmes qui désirent se prémunir contre tout risque de nouvelle blessure affective : elles demeurent prisonnières de leur tristesse et de leur affliction, ce qui les dispense de facto de chercher à refaire leur vie. Elles sont seules, certes, mais cela leur paraît moins dangereux que la perspective de faire face à une éventuelle relation nouvelle. Malheureusement, une femme qui s'accroche ainsi à son chagrin pour fuir ses peurs voit souvent ses larmes douces-amères se muer en désespoir. Et même si elle tente en apparence de repartir du bon pied, en réalité, elle piétine, en proie à la dépression.

Lorsqu'une femme ne s'autorise pas à admettre que la disparition ou le départ de son conjoint suscite son courroux et éveille en elle un sentiment d'outrage, cela peut entraver son processus de guérison. Une colère refrénée et mal digérée pousse les hommes comme les femmes à demeurer otages de leur tristesse et de leur peur de l'avenir. Pour surmonter son chagrin, il faut, rappelons-le s'abandonner aux quatre émotions qui guérissent, puis surmonter celles-ci.

Écouter notre colère puis nous en délivrer éveille en nous des sentiments de bon droit, de pardon et de gratitude qui contribuent à réduire nos craintes existentielles.

Une personne qui se retrouve seule après le décès de son compagnon (ou de sa compagne) ne parvient souvent pas à éprouver de la fureur à son encontre. Il est délicat d'en vouloir à quelqu'un d'avoir péri dans un accident ou à l'issue d'une longue maladie ! En revanche, après un divorce ou une rupture, c'est beaucoup plus facile... mais il se révèle aussi plus ardu de se délivrer de sa colère pour ouvrir son cœur au pardon et à la gratitude.

Nous étudierons en détail comment relever au mieux ces défis dans le chapitre 21 de cette IIe partie.

CHAPITRE 6

Aimer de nouveau serait une trahison

Certaines repoussent aussi toute offre d'amour parce qu'elles ne se reconnaissent pas le droit d'aimer de nouveau. Dans leur esprit, s'engager dans une relation amoureuse s'assimilerait à trahir le disparu. On observe surtout ce type de réaction lorsque le conjoint est décédé. Mais, à mesure que votre cœur guérira de ses blessures, vous comprendrez qu'aucun époux monté au ciel ne souhaiterait réellement à son partenaire survivant de demeurer éternellement seul et privé d'amour. Tous les anges célestes se réjouissent lorsqu'une âme s'ouvre à l'amour.

Si l'on se mure dans son veuvage ou dans son célibat, on risque de rester captif de son chagrin. Ce schéma émotionnel est merveilleusement décrit dans le film *Mrs Brown*[1]. Pour retrouver le bonheur, on doit se permettre d'éprouver ses sentiments positifs et non pas seulement ses sentiments négatifs et on doit s'accorder le droit d'aimer de nouveau.

Voici trois convictions réductrices répandues qu'il

---

1. Long métrage qui relate les amours clandestines de la reine Victoria devenue veuve et de son écuyer, relation vouée à l'échec par le refus obstiné de la souveraine de se montrer « infidèle » à son époux défunt.

faut savoir remettre en question, avant de s'en délivrer.

« Je ne dois plus aimer. Mon partenaire se sentirait trahi et blessé. » Aimer de nouveau ne constitue jamais une trahison du conjoint disparu. Une personne décédée ne souhaite que votre bonheur. Elle désire que vous viviez dans le présent et alliez de l'avant. Retrouver l'amour ne vous empêchera pas de lui conserver une place spéciale dans votre cœur. Ne prêtez surtout pas aux morts de sentiments de jalousie : si vous-même disparaissiez, voudriez-vous vraiment que votre compagnon passe le restant de ses jours solitaire et sans amour ?

« Si je suis heureux(se) aujourd'hui, cela signifie que je n'aimais pas vraiment mon partenaire. » Retrouver le bonheur n'implique nullement qu'on n'ait pas aimé le (la) disparu(e) de toute son âme. Votre félicité actuelle résulte de ce que vous êtes en passe de voir vos vœux et vos besoins affectifs comblés. Ne vous autoflagellez pas : tout le monde a besoin d'amour et vous avez le droit de retrouver le sourire. Nul n'en déduira que vous vous réjouissez de la disparition de votre partenaire ! Et cueillir aujourd'hui les doux fruits de l'amour ne signifie absolument pas que vous n'aimiez plus votre conjoint décédé.

« Si je ne pleure plus la perte de mon partenaire, c'est qu'il (elle) ne me manque pas vraiment. » On ne pleure pas simplement parce qu'on aimait l'autre, mais surtout parce qu'on est encore attaché à un passé commun avec lui. Au fil du processus de deuil, on se libèrera peu à peu de ces liens. Cela ne signifie pas du tout que l'on oublie son amour pour le disparu. Il (elle) vivra à jamais dans notre cœur. Et quand les blessures de notre âme se seront refermées, nous pourrons songer à notre amour pour lui (elle) sans plus en éprouver de chagrin ni de souffrance. Se remémorer le passé éveillera encore parfois en nous une pointe de tristesse, mais celle-ci sera imprégnée du bonheur de notre union et non plus de la douleur de l'absence.

On prétend souvent que l'amour fait souffrir ; il n'en est rien. Quand on aime, on se sent merveilleusement bien et exultant de joie. C'est perdre son amour qui fait mal.

Encore faut-il savoir que la peine éprouvée lors du décès ou du départ d'une personne que vous adoriez résulte plus de votre refus d'accepter la réalité de sa disparition que de vos sentiments eux-mêmes. Une fois qu'on devient capable d'admettre l'inéluctable, cette douleur se dissipe. Mais se délivrer de son chagrin ne signifie pas qu'on ait pour autant cessé d'aimer le (la) disparu(e) ; en fait, cela signifie même exactement l'inverse car, une fois vos blessures guéries, vous sentirez de nouveau la douceur de l'amour qui vous unissait avant que la mort vous sépare.

CHAPITRE 7

Sexe et confiance en soi

Une autre erreur féminine très répandue vise à tenter de rebâtir sa confiance en soi en multipliant les partenaires sexuels. Certaines recherchent ainsi l'attention et l'affection des hommes pour se sentir plus dignes d'amour. Le plus souvent, il s'agit de femmes que leur ancien partenaire négligeait. Il est délicat de s'aimer et de s'estimer lorsque l'homme avec qui l'on vit vous ignore ou vous traite comme si vous faisiez partie des meubles. C'est encore plus douloureux si vous finissez par découvrir qu'il en aime ou en courtise une autre. Pour se prouver leur séduction, d'aucunes en viennent alors à dispenser des faveurs sexuelles en échange de l'attention et de l'affection d'un autre homme.

Malheureusement, ce genre de tactique se retourne inévitablement contre celle qui l'emploie. Quêter ainsi l'amour d'autrui revient en effet à affirmer que votre valeur dépend des avances masculines que vous recueillez. Or, s'il est sain d'attendre d'un homme qu'il stimule vos élans romantiques, ce ne l'est pas du tout de compter sur lui pour déterminer si vous méritez d'être aimée. Dans l'idéal, une femme doit au contraire se sentir pénétrée de sa propre valeur avant de chercher à séduire les hommes. Si elle ne se juge digne d'amour que lorsqu'elle éveille les ardeurs d'un homme, elle se reposera beaucoup trop sur lui, si bien qu'à terme, il se lassera de sa fringale d'affection et elle sera de nouveau blessée.

Dans l'idéal, une femme ne devrait pas mesurer sa propre valeur à l'aune de l'attention et de l'affection masculines qu'elle attire.

Mieux vaut pour elle se concentrer sur la guérison des plaies de son âme sans se préoccuper des hommes. Pour les deux sexes, le fondement essentiel d'une relation de couple saine est de s'aimer soi-même et de se sentir digne d'amour. Alors seulement, vous pourrez attirer et être attiré par une personne capable de vous aimer comme vous le méritez. Ce n'est que lorsque votre perception de votre propre valeur sera bien ancrée en vous que vous serez prêt à vous reposer sur l'amour et sur le soutien d'un partenaire. Si l'on sait qui on est, on peut communier avec un autre être sans se perdre.

Prendre le temps de se pencher sur ses sentiments latents au lieu de fréquenter des personnes du sexe opposé permet de retrouver le sens de sa propre valeur. Lorsque vous pourrez éprouver de la colère, et plus seulement de la tristesse, en repensant à la manière dont on vous a négligée par le passé, vous affirmerez automatiquement, ce faisant, votre conscience de ce qui vous est dû. Vous laisser le loisir de panser les blessures de votre cœur est le meilleur moyen de rétablir votre confiance en vous. Dès que vous saurez accueillir votre colère, puis vous en libérer par la mansuétude, vous redeviendrez en général apte à rentrer dans le jeu des rapports de séduction.

CHAPITRE 8

Accorder ses faveurs pour se sentir appréciée

On l'a vu, certaines femmes rechignent à aimer pour ne pas se voir obligées de céder aux avances sexuelles de leurs soupirants. Chez d'autres, cela va plus loin car elles n'osent pas priver de leurs faveurs un homme qui les courtise. Moralité : elles renoncent à toute relation sentimentale.

Ces femmes refuseront par exemple le plus petit cadeau d'un homme de peur que celui-ci attende qu'elles lui retournent le compliment en lui cédant. Parfois, lorsque je conseille à une patiente d'accepter une attention masculine telle qu'une invitation à dîner, mais de ne pas coucher avec son cavalier, elle me répond : « Pourquoi un homme voudrait-il m'inviter à sortir, si je repousse ses avances à la fin de la soirée ? Quel intérêt pour lui ? » Malheureusement, il s'agit là d'une réaction répandue qui indique que celle qui la formule n'a pas une très haute opinion d'elle-même et n'est pas consciente de sa propre séduction aux yeux d'un homme.

Une femme qui raisonne ainsi se sentira souvent tenue de satisfaire les pulsions sexuelles de ses partenaires masculins simplement parce qu'ils lui ont offert un repas ou une place de spectacle. Ou alors, elle interdira à son cavalier de régler l'addition pour qu'il ne la croie en aucune manière sa débitrice. Il semble donc qu'une épidémie de mauvaise opinion de soi fasse rage au sein de la population féminine. De grâce, mesdames et demoiselles, apprenez à accueillir les cadeaux des hommes sans vous imaginer contraintes de les rembourser « en nature » !

Beaucoup de femmes bien conscientes de leur valeur sur le plan professionnel persistent à croire que le seul intérêt qu'elles puissent présenter pour un homme réside dans les faveurs sexuelles qu'elles peuvent lui prodiguer. Ces femmes ne conçoivent pas qu'un partenaire puisse avant tout apprécier de passer du temps en leur compagnie, de faire des choses qui leur sont agréables et de chercher à les rendre heureuses. Bien sûr, en apparence, il espère peut-être seulement une partie de jambes en l'air — et, à l'évidence, il rêve aussi de cela —, mais au fond de lui, il attend l'amour, tout comme sa compagne.

Trop de femmes croient encore ne présenter d'autre intérêt pour un homme que les faveurs sexuelles qu'elles peuvent lui prodiguer.

Il est difficile pour une femme de s'estimer en tant que personne. Pendant des siècles, ses aïeules n'ont été appréciées que pour leurs talents domestiques. Mais aujourd'hui, les temps ont changé et, de même que les femmes ne cherchent plus seulement un beau parti, les hommes veulent plus qu'une simple mère pour leurs enfants. Nous vivons une époque d'évolution des valeurs. Et à présent, les hommes comme les femmes attendent de l'amour, du romantisme et de la passion.

Le prix d'une femme aux yeux d'un homme repose aujourd'hui essentiellement sur sa personnalité et sur l'amour qu'elle peut lui apporter. Et s'il apprécie les mille merveilleuses manières par lesquelles elle peut lui apporter son soutien, il a surtout soif de sa tendresse. Admettez que cela va bien au-delà des simples rapports physiques ! Cela dit, à mesure qu'une relation gagne en profondeur et en intensité, le sexe devient pour les femmes un moyen d'exprimer leur amour pour leur partenaire – mais ce n'est en aucun cas le seul.

Les plaisirs de la chair incarnent pour les hommes ce que le mariage représente pour les femmes : la récompense suprême de l'amour. Penser que les hommes cherchent uniquement à satisfaire leurs appétits charnels serait aussi réducteur qu'affirmer que les femmes veulent juste passer devant monsieur le maire. Même si chacune de ces assertions comporte une part de vérité, elles sont par trop simplistes. Les hommes aussi aspirent à se marier, même si ce désir leur vient plus tardivement, et les femmes aussi désirent des rapports intimes, même si elles s'embrasent un peu moins vite que leurs compagnons.

Lorsqu'un homme s'éprend d'un femme, il souhaite évidemment faire l'amour avec elle, mais aussi plus simplement passer du temps auprès d'elle... tout comme une femme amoureuse, qui rêve probablement de se marier un jour avec son soupirant, pour l'heure, apprécie surtout sa présence à ses côtés. Elle ne feint pas d'être heureuse avec lui afin de lui passer la corde au cou, mais dans le même temps, elle ne se discrédite pas parce qu'elle escompte s'unir un jour à lui. De la même façon, un homme qui espère que sa dulcinée accepte ses avances sexuelles ne lui manque pas de respect.

Lorsqu'ils sortent dîner, son prétendant ne se sent pas tenu de demander sa main au dessert ; pourquoi devrait-elle se croire obligée de partager sa couche juste parce qu'il a réglé l'addition ? Elle ne lui doit rien de plus qu'un sourire et un mot de remerciement. C'est une grave erreur féminine que de penser devoir répondre à un don d'amour masculin par des faveurs sexuelles.

_____

Un homme ne se sent pas tenu de demander la main de sa compagne à l'issue d'un dîner ; pourquoi celle-ci devrait-elle se croire obligée de coucher avec lui ?

_____

Un homme attiré par une femme désirera toujours sortir avec elle et passer des moments agréables en sa compagnie même si elle ne se montre pas immédiatement disponible sur le plan sexuel. Et, loin de se préoccuper exclusivement de ce qu'elle pourra lui donner plus tard, il cherchera à lui offrir de l'affection et à en recevoir de sa part. Sans doute espère-t-il obtenir plus dans un avenir proche, mais ce n'est pas sa seule motivation. Refuser une gratification sexuelle immédiate procure aux hommes et aux femmes l'occasion de prendre conscience de ce qui les attire vraiment l'un vers l'autre : le besoin d'aimer.

Hélas pour l'homme, s'il ne bénéficie pas des faveurs sexuelles de sa partenaire, il aura souvent l'impression d'être le seul mâle privé de sexe de la planète. Non seulement il subit des pressions culturelles qui le poussent à vouloir passer sans délai à une relation plus intime, mais ses hormones pèsent aussi dans la balance. Les femmes ne commencent à éprouver l'appel de ces dernières qu'à partir de l'âge de trente-sept ans environ. Ce qui ne signifie bien entendu pas qu'elles n'aiment pas faire l'amour avant cet âge, mais que leur appétit charnel s'accroît à cette époque de leur vie. Certaines deviennent même pareilles à de jeunes garçons qui passeraient volontiers leurs journées au lit en galante compagnie ! Pour leur malheur, c'est aussi à partir de cet âge que les besoins sexuels masculins commencent à diminuer car le taux de testostérone des hommes décroît, tandis que celui des femmes croît.

Au moment où le taux de testostérone des hommes décroît, vers l'âge de trente-sept ans, l'appétit sexuel de leurs compagnes va augmentant.

De quelque côté qu'un homme se tourne, il lui semble que tout le monde est comblé sur le plan sexuel, sauf lui. « Pourquoi pas moi ? » s'interroge-t-il. Voilà pourquoi son ego souffre lorsqu'une femme ne répond pas à ses attentes sexuelles. Cela dit, il doit comprendre que sa partenaire n'est pas responsable de son malaise. À lui d'apprendre à estimer sa propre valeur à une aune autre que celle de sa capacité de recueillir les faveurs féminines.

La manière dont une femme exprime son refus compte beaucoup. Sachez, mesdames, vous montrer claires d'emblée et, si besoin est, faites gentiment comprendre à votre soupirant qu'il n'est pas seul en lice. S'il tient vraiment à vous, il ne se vexera pas de votre franchise et, stimulé de se découvrir des rivaux, multipliera les efforts pour devenir l'unique homme de votre vie.

CHAPITRE 9

S'attendre à sentir la terre trembler sous ses pieds

Une autre erreur féminine commune consiste à espérer qu'une passion torride enflamme d'emblée les rapports amoureux. S'il ne leur semble pas que la terre tremble sous leurs pieds, la relation n'intéresse pas ces femmes. Elles ne la poursuivent que si elles frissonnent de passion.

Lorsqu'une femme ne s'accorde pas l'autorisation de pleurer la perte d'un être aimé, cela réduit sa capacité d'émotion. Elle rêve d'éprouver de nouveau des sentiments, mais croit à tort qu'il lui suffira de trouver l'homme adéquat pour que les choses s'arrangent comme par miracle. Elle ne comprend pas que les sentiments manquants sont enfouis et refoulés en elle et que c'est trop attendre d'un homme que de lui demander de réveiller à lui seul ses passions assoupies.

Lorsqu'une femme ne s'accorde pas l'autorisation de pleurer la perte d'un être aimé, cela réduit sa capacité d'émotion.

Pour une femme qui refuse de se pencher sur ses émotions réprimées, sortir avec un gentil garçon qui s'intéresse sincèrement à elle n'est guère alléchant. Elle a besoin de relations « à risque » pour se sentir en vie. Seules les tensions dramatiques lui permettent de reprendre contact avec ses sentiments. Bref, le danger l'excite. Je parle ici surtout de danger émotionnel : ces femmes ont besoin de se sentir perpétuellement en situation de perdre l'amour de leur partenaire.

> **Certaines femmes ont besoin de relations « à risque » pour se sentir pleinement en vie.**

Cette soif excessive de romantisme et de passion, symptôme de sentiments refoulés, est également encouragée par le cinéma et la télévision. Puisque ses actrices favorites vivent de coups de foudre incendiaires et de relations passionnées, pourquoi ne peut-elle en faire autant ? se demande notre héroïne. Si cela fonctionne à l'écran, pourquoi pas dans sa vie ?

Les femmes qui comptent sur les hommes pour réveiller leur passion de vivre sont vouées aux déceptions amoureuses. Peut-être les personnages de leurs films préférés se dissolvent-elles d'émoi au premier coup d'œil échangé avec leur partenaire, mais dans la réalité, l'éveil de la sensualité d'une femme demande plus de temps et de communication empreinte de tendresse. Et celles qui trouvent le grand amour n'aspirent pas forcément à arracher les vêtements de leur soupirant dès leur premier rendez-vous à deux. Leur passion met plus longtemps à éclore.

> **Dans la réalité, il faut un certain délai pour que les femmes sentent la passion naître en elles puis les envahir.**

Il en va autrement des hommes. Eux peuvent éprouver d'emblée une passion charnelle car ils fonctionnent de manière différente. Tout débute chez eux par une attirance physique, qui va par la suite se muer peu à peu en affection, puis en intérêt. Chez les femmes, en revanche, l'intérêt apparaît avant l'attirance sexuelle. L'excitation féminine prend d'abord une forme intellectuelle.

Lorsqu'une femme éprouve sans délai des pulsions sexuelles, sans doute se figure-t-elle déjà bien cerner son partenaire. Plus tard, lorsqu'elle le connaîtra réellement, il la décevra en ne se révélant — bien entendu — pas tel qu'elle l'imaginait. En clair, ressentir une attirance physique immédiate doit constituer pour une femme un signal d'alarme.

Une femme qui cherche à refaire sa vie devrait fuir à toutes jambes si elle rencontre un homme qui enflamme d'emblée ses sens.

Voilà pourquoi les femmes « accros » à la passion vivent dans un univers fertile en déceptions. Les seuls hommes qui éveillent leurs sens comme elles le souhaitent représentent d'une manière ou d'une autre une menace. Tel l'alpiniste qui communie avec le danger, le coureur automobile incapable de vivre à vitesse modérée ou l'alcoolique collé à sa bouteille, ces femmes ont besoin d'hommes néfastes. Elles sont automatiquement attirées par les partenaires susceptibles de les faire souffrir.

CHAPITRE 10

Cinéma contre réalité

S'accrocher à des espérances irréalistes peut aussi faire passer à côté de l'amour. Cette propension est largement encouragée par l'industrie cinématographique. La grande différence entre les productions hollywoodiennes et la réalité est que nous n'hébergeons pas chez nous de scénaristes professionnels susceptibles de plancher pendant des mois pour nous aider à trouver la réplique idéale. Notre partenaire n'est pas un comédien capable de toujours prononcer la bonne phrase sur le ton approprié et avec l'expression faciale adéquate. Nous ne jouissons pas non plus de la possibilité d'effectuer plusieurs prises en réglant l'éclairage de la scène à la perfection. N'oubliez pas que, en dehors des projecteurs, les scénaristes et les acteurs de ces films ne s'expriment pas comme à l'écran...

Nos partenaires ne sont pas des comédiens capables de toujours prononcer la réplique idéale sur le ton approprié et au moment adéquat.

De plus, les circonstances dans lesquelles l'action d'un film se déroule sont toujours extrêmes et traitées de manière à en retirer une tension maximale, qui conduit inévitablement à des sommets de passion et de romance. Au cinéma, les événements s'enchaînent et s'accumulent d'une manière impossible à reproduire dans la vraie vie.

Ayant goûté à la délicieuse extase de l'amour vu à travers l'objectif d'une caméra, nous réclamons : « Je veux cela. » Puis, de retour chez nous, nous retrouvons notre existence ordinaire, et la magie s'envole. Nous regardons notre partenaire qui n'a pas changé depuis la veille... et nous rêvons de « glamour » sur pellicule.

À la maison, on ne dispose ni de batailles, ni de héros merveilleux, ni de drames, ni de remèdes miraculeux pour stimuler ses sentiments passionnés.

Même si les films ne reflètent pas la réalité, les sentiments qu'on éprouve en les regardant sont bien réels. Il est possible d'éprouver une passion identique à celle dépeinte à l'écran – sinon nul n'y croirait et les transports des héros ne susciteraient que les rires de l'assistance. Nous possédons des trésors similaires de passion dans notre cœur, qui n'attendent que d'être mobilisés. Le cinéma peut nous aider à voir ce qui nous manque, mais il ne nous enseigne pas comment débusquer la passion tapie sous notre quotidien. Pour cela, il faut apprendre à guérir son cœur et retrouver sa capacité de vivre et d'aimer pleinement. On doit de surcroît prendre le temps d'assimiler de nouveaux talents relationnels, afin de créer des instants romantiques.

CHAPITRE 11

Attirer les mauvais partenaires

Souvent, lorsqu'une femme présente un nouveau partenaire à ses amis, ces derniers lui recommandent de faire attention, de se méfier de lui. Pourtant, elle ignore le plus fréquemment ce conseil, ainsi que tous les signes indiquant que cet homme n'est à l'évidence pas épris d'elle. Au lieu de se détourner de lui, elle luttera pour gagner son amour et se placera, ce faisant, en situation d'être blessée.

Trop dépendante de sa soif de passion, elle n'est pas attirée par les garçons qui s'intéressent sincèrement à elle et qui la respectent. Cette propension à s'amouracher de personnes qui ne sont pas capables de nous donner ce que nous souhaitons est la conséquence directe d'une relation entamée trop tôt après une blessure émotionnelle. Lorsqu'on prend le temps de soigner les plaies de son âme, on s'attache automatiquement à des partenaires plus aptes à combler ses vœux et ses besoins. Si on souffre encore, en revanche, on tend à attirer ou à être attiré par des individus susceptibles de provoquer de nouvelles blessures. Cette règle vaut pour les hommes comme pour les femmes.

Quand nous nous accrochons encore à notre chagrin, nous tendons à attirer ou à être attiré par des individus susceptibles de nous blesser de nouveau.

Tant que l'on fuit ses sentiments mal résolus, on demeure aimanté par les situations et les personnes qui ravivent ces émotions latentes. Si vous souffrez encore, vous succomberez donc plus facilement au charme d'une personne susceptible de vous meurtrir de nouveau. Même s'il s'agit du mauvais partenaire pour vous, cet homme représente en revanche l'outil idéal pour vous aider à renouer avec vos sentiments mal digérés. Utiliser cette expérience sentimentale malheureuse pour écouter vos émotions vous permettra de vous libérer de ce cercle vicieux de souffrance. Et, une fois guérie de vos blessures, vous cesserez de vous éprendre systématiquement de mauvais partenaires.

CHAPITRE 12

Excès de romantisme

Certaines femmes repoussent aussi l'amour par excès de romantisme. Grandes consommatrices de romans à l'eau de rose, de films romanesques et de séries télévisées, elle espèrent voir leur vie imiter un jour celle de leurs héroïnes préférées. Voilà pourquoi elles attendent d'un homme la perfection.

Tant qu'une femme ne redescend pas sur terre, aucun homme de chair et de sang ne pourra satisfaire ses aspirations et ses fantasmes romanesques.

Ces femmes veulent tout : un homme qui sache les écouter, mais aussi leur ouvrir son cœur et exprimer ses sentiments ; un homme aisé et prenant son travail au sérieux, mais disposant de beaucoup de temps à leur consacrer et pour leur faire la cour. Il est aussi un membre respecté de la communauté, doublé d'un rebelle. Quoique audacieux et prompt à prendre des risques, il est sécurisant et a les pieds sur terre. Il s'intéresse à mille choses et pratique mille activités. Il est sûr de lui et peu influençable, mais dans le même temps appuie toujours les vœux de sa dulcinée. Foncièrement indépendant et autonome, il ne peut cependant subsister sans l'amour de la dame de ses pensées. Il sait se montrer sérieux quand il le faut, mais aussi spontané, joueur et amusant. Ce garçon solide et qui ne s'en laisse pas conter sait aussi, quand il le faut, faire preuve de compassion et de sensibilité. Bref, il cumule toutes les qualités. J'espère que la lecture de cette énumération vous aura définitivement convaincue qu'un tel homme n'existe pas...

En revanche, l'amour romantique est une réalité. Seulement, lui ne naît pas parce que vous rencontrez un partenaire possédant tous les merveilleux traits de caractère décrits ci-dessus, mais de notre capacité de combler le besoin de romantisme de l'autre. Nul besoin pour cela de se montrer parfait. En revanche, cela nécessite d'acquérir certains talents romantiques et de s'entraîner à les mettre en pratique. Et cela exige surtout de demeurer en contact étroit avec ses émotions.

Ce n'est nullement la perfection du partenaire qui fait naître un amour romantique.

Lorsqu'une femme est déconnectée de ses sentiments, ou qu'elle n'a pas résolu les problèmes issus d'une précédente union, quoi que fasse son partenaire, cela ne suffira pas. Les hommes et les femmes en proie à des émotions passées mal digérées ne peuvent en effet se satisfaire de ce dont ils disposent. Au lieu de vouloir ce qui est possible, ils attendent de leur partenaire la lune et finissent donc fatalement par être déçus.

Désirer plus d'une relation n'est pas en soi une ambition méprisable, mais il faut aussi savoir se satisfaire de ce dont on dispose. Si vous n'éprouvez aucune gratitude pour l'amour que vous recevez, cela indique que vous souffrez à l'évidence encore de blessures latentes. Car seul un cœur ouvert est capable d'aimer et d'apprécier ce qu'il a et simultanément de vouloir plus d'amour et plus de bonheur. Cette soif d'absolu ne pose problème que lorsqu'elle incite à se fixer des objectifs irréalistes et hors d'atteinte.

CHAPITRE 13

Femme seule cherche homme sensible

Une autre stratégie féminine pour repousser l'amour est d'exiger des hommes qu'ils ressemblent plus aux femmes. Depuis trente ans, bien des femmes auraient pu résumer leurs desiderata par cette formule : « Femme seule cherche homme sensible ». Pourtant, quand elles croisent un individu correspondant à ce critère, elles le repoussent aussitôt. Que de fois j'ai entendu des femmes répéter qu'elles souhaiteraient rencontrer un homme à l'écoute de leurs propres émotions, puis, lorsqu'elles en rencontraient un, ne pas s'en satisfaire du tout. J'ai aussi reçu une kyrielle d'hommes en colère qui se plaignent de se voir préférer des « mauvais garçons », alors que, selon eux, ils incarnent tout ce dont les femmes prétendent rêver.

Une fois confrontées à un partenaire « sensible », bien des femmes déplorent son excessive fragilité. En fait, cet homme a besoin d'apprendre à gérer sa sensibilité de manière à pouvoir épauler et combler sa compagne, tandis que celle-ci doit s'exercer à retrouver seule ses propres sentiments.

Quand une femme rêve tout haut de fragilité masculine, c'est en fait sa propre fragilité qu'elle cherche à retrouver.

Une femme qui n'est pas en contact avec ses émotions rêvera souvent d'un homme qui l'est, croyant à tort qu'il suffira que son partenaire sache ouvrir son cœur pour qu'elle puisse en faire autant. Malheureusement, un tel calcul est aussi malsain qu'inefficace, car cet homme ne pourra rien pour elle. En outre, plus son compagnon lui ouvrira son cœur, plus elle se sentira responsable de lui. Et elle en viendra à penser qu'une telle relation lui laisse peu de place pour être elle-même.

Quand un couple vient consulter un thérapeute et que la femme se plaint de ce que son époux ne se confie pas à elle, le véritable problème est en général qu'elle-même ne se sent pas assez en sécurité pour se dévoiler. La solution ne passe donc pas tant par aider le mari à se confier à sa moitié, que par aider celui-ci à respecter les sentiments de cette dernière, afin qu'elle parvienne à son tour à ouvrir son cœur.

Bien sûr, l'homme peut lui aussi tirer parti d'un meilleur contact avec ses émotions. Mais pour soigner une relation, la première étape consiste à créer un environnement sûr afin que la femme puisse s'abandonner à ses sentiments et exprimer ceux-ci. Sans ce préalable, quoi que son partenaire fasse, cela ne suffira jamais à celle-ci. C'est très bien, un homme sensible, pourvu qu'il sache aussi se montrer fort. Il doit être capable d'écarter ses propres sentiments lorsque sa compagne a besoin qu'il l'écoute et soit disponible pour elle.

Si une femme ne se sent pas libre d'extérioriser ses sentiments, quoi que son partenaire fasse, cela ne lui suffira jamais.

Bien des femmes se plaignent de ce que leur mari semble venir de Vénus. Elles me racontent qu'il voudrait leur parler en permanence et qu'elles n'ont pas toujours le temps ou l'envie de l'écouter. Il veut travailler sur leur relation, tandis qu'elles n'aspirent qu'à s'enfuir. Il aspire toujours à discuter de leurs émotions alors qu'elles souhaitent simplement résoudre un problème. Cette inversion des rôles suscite une série de difficultés nouvelles, mais en définitive, la solution consiste comme toujours à rechercher un équilibre.

Ce mari n'a pas réellement perdu sa « nationalité » martienne. Il se trouve simplement qu'il n'a jamais vu aucun homme parvenir à combler les besoins d'une femme, ce qui le décourage un peu. En apprenant à écouter sa partenaire sans argumenter, il commencera à prendre conscience de son pouvoir masculin d'inciter celle-ci à se sentir plus féminine. Cela lui paraîtra peut-être difficile au premier abord, mais à mesure que sa capacité de « se contenir » s'accroîtra, il en retirera une force nouvelle.

En écoutant sa partenaire et en maîtrisant ses sentiments, un homme découvrira son pouvoir masculin d'inciter celle-ci à se sentir plus féminine.

Pour qu'une relation de couple prospère, la femme doit être épaulée dans la quête de sa féminité. En effet, notre société conditionne les femmes à imiter les hommes. Et quand une femme rentre chez elle après son travail, ou à l'issue d'une longue journée passée à élever seule ses enfants, elle a besoin d'un peu d'aide pour se sentir de nouveau féminine. Rien ne vaut, pour ce faire, la présence d'un compagnon attentif, aimant et capable d'écouter ses récits et de comprendre ce qu'elle vit.

Trouver un homme sensible n'est pas nécessairement la bonne solution à ce problème. Une femme moderne a avant tout besoin d'un partenaire respectueux de ses sentiments, c'est-à-dire d'un homme plus sensible à ses sentiments à elle que sensible en général. En somme, les femmes des trente années à venir devraient réviser leurs exigences afin de formuler la requête suivante : « Femme seule cherche homme respectueux ».

CHAPITRE 14

Excès de pessimisme

Trop de femmes laissent pour leur part échapper l'amour parce qu'elles ne voient jamais que les aspects négatifs d'une situation. Après un divorce ou une rupture douloureuse, une femme peut accumuler suffisamment de raisons et de récits ad hoc pour justifier pleinement son refus d'entamer une nouvelle relation. Puisque nul – d'après elle – ne connaît vraiment la félicité conjugale, pourquoi se fatiguer à trouver un partenaire durable ? Forte de ces « faits », elle peut se dispenser d'affronter sa peur de souffrir de nouveau.

Si un couple sur trois finit par divorcer (et un sur deux dans les grandes villes), c'est que le mariage n'est pas si génial que cela, raisonne-t-elle. Remarquons en passant qu'il arrive aussi que des hommes succombent à cette dérive pessimiste. Bien que ces statistiques soient exactes, elles oublient les millions de couples heureux en ménage et les milliers de personnes qui s'unissent chaque jour dans le monde et demeureront ensemble jusqu'à leur dernier souffle. Bref, cet argument antimariage ne résiste pas à un examen un brin approfondi. Si cinquante pour cent de vos concitoyens étaient riches, cela vous inciterait-il à renoncer à tout espoir de le devenir à votre tour ?

Les chances de succès matrimonial sont en réalité très élevées : imaginez un peu que la moitié des joueurs qui vont à Las Vegas gagnent le gros lot !

Tant que l'on n'est pas désireux de guérir des émotions négatives résultant de ses relations passées, on risque de conserver une attitude négative à l'égard du sexe opposé. Dans le cas qui nous occupe, une femme pourra collectionner les récits confirmant sa certitude que l'on ne peut faire confiance à un homme et qu'on se porte beaucoup mieux sans cette engeance. Un homme tendra de son côté à se persuader que les femmes ne méritent pas tant d'efforts car, quoi qu'on fasse, elle ne sont jamais satisfaites. Aucune de ces attitudes n'est juste... ni de nature à favoriser une existence heureuse.

Plus ces hommes et ces femmes échangent de récits de victimes, mieux ils se portent. En fait, une femme qui ne soigne pas ses blessures se nourrit de cette négativité et, si étonnant que cela puisse paraître, une telle attitude soulage son chagrin, quoique de manière très temporaire. Son pessimisme ne fait que masquer une douloureuse solitude. Pour trouver un répit réel et durable, elle devra d'abord soigner les plaies de son cœur.

Bien que s'inscrire à un groupe de soutien procure presque toujours une aide utile, certains sujets particulièrement « coriaces » risquent d'utiliser le groupe pour renforcer leur négativité. Si tel est votre cas, mieux vaut vous adresser à un thérapeute ou recourir à des exercices à pratiquer seule. En adjuvant à ce traitement de fond, veillez à vous exposer à des récits positifs : évitez notamment les émissions télévisées traitant des méfaits possibles des relations amoureuses. Ce genre de sujet ne peut que renforcer votre propension naturelle — et néfaste — au pessimisme.

CHAPITRE 15

Qui a besoin d'un homme ?

Quand une femme attend trop longtemps pour entamer une nouvelle relation, elle devient parfois exagérément autonome, si bien qu'elle repousse les hommages masculins sans même s'en rendre compte. En se refusant le droit d'avoir besoin des autres ou de se reposer sur eux, ces femmes ferment la porte aux éventuelles offres d'amour et de soutien.

Bien souvent, de peur de se montrer trop dépendante, une femme récemment revenue au célibat surcompense en s'efforçant de ne plus jamais compter sur personne. Dans son esprit, avoir besoin d'autrui devient synonyme de faiblesse. Or, pour s'ouvrir à l'amour, une femme doit savoir se montrer réceptive au soutien de son entourage.

Les hommes peuvent eux aussi tomber dans cette ornière, mais cela leur arrive plus rarement qu'aux femmes car leur soif d'amour les taraude plus vivement. Dès qu'une femme peut subsister sans aide masculine, elle risque d'en conclure que trouver un compagnon demande des efforts disproportionnés par rapport au résultat. Elle en déduit alors haut et fort qu'elle n'a pas besoin des hommes.

L'homme sent beaucoup plus vivement sa soif d'amour féminin qu'une femme ne ressent sa soif d'amour masculin.

Lorsqu'un homme a décidé de renoncer aux femmes, ses appétits sexuels ne tardent pas à le faire changer d'avis et à l'inciter à recommencer à courtiser le beau sexe. Puis, dès qu'il est physiquement attiré par une femme, son cœur s'ouvre et il entend son besoin d'amour. Les femmes, en revanche, ressentent rarement l'appel de leurs sens lorsque leur cœur ne s'est pas d'abord ému, et l'attirance sexuelle ne provoque pas chez elles automatiquement un réveil du cœur. C'est pourquoi il est si important pour elles de communiquer leurs émotions, afin de garder le contact avec leur réceptivité — c'est-à-dire leur capacité de confiance, d'acceptation et d'appréciation.

Une femme qui nie son besoin d'amour perd de vue ces sentiments, ce qui la rend de plus en plus rigide et réfractaire à toute offre d'assistance. Sans peut-être même en avoir conscience, elle émet le message suivant : « Je suis forte. Je n'ai nul besoin d'aide. » Moyennant quoi elle demeure seule et, chose plus grave, se distancie de son aptitude à profiter pleinement de la vie.

Pour qu'un homme soit attiré par une femme, il faut qu'il se juge en mesure de lui apporter quelque chose. Quand une femme déconnecte ses récepteurs d'assistance en niant systématiquement ses besoins, rien en elle ne peut plus susciter chez un mâle le désir de la choyer. Une femme à l'autonomie agressive est perçue par le sexe opposé comme non-réceptive à d'éventuelles offres d'amour.

**Les sentiments empreints de réceptivité qui
attirent un homme sont la confiance,
l'acceptation et l'appréciation.**

Non contente de repousser les appuis masculins, de telles femmes refusent aussi l'assistance de leur entourage. Dès qu'on leur offre un soutien émotionnel, elles le rejettent aussitôt, affirmant pouvoir fort bien s'en passer. Paradoxalement, elles-mêmes épaulent souvent volontiers les autres, mais, inaptes à avouer leur propre détresse, elles ignorent comment accepter une aide morale.

Si une femme ne se concentre pas sur le traitement de son chagrin et des blessures de son cœur après un deuil ou une rupture, elle niera ses besoins pour ne pas souffrir, ce qui la rendra de moins en moins prête à recevoir de l'amour. Mais chaque fois qu'elle se replacera en mode réceptif, ses plaies mal cicatrisées se rouvriront, si bien qu'à terme, vu le mal que cause le besoin d'amour, elle décidera tout simplement de s'en dispenser. Et au lieu de se reposer sur les autres ou d'espérer leur appui, elle se chargera seule d'elle-même et de ses besoins. Tant qu'elle se complaira dans la solitude, cette solution lui conviendra, mais dès qu'elle tentera de nouveau d'accueillir de l'amour, ses démons latents resurgiront.

**Afin de ne plus souffrir, et puisque le besoin
d'amour est douloureux, la femme décide
simplement de cesser d'éprouver ce besoin.**

Pour sortir de ce cercle vicieux, la femme doit prendre conscience qu'aimer n'est pas synonyme de souffrir. Cela implique pour elle de comprendre les liens unissant son chagrin présent à son passé, afin de guérir les blessures de son âme. Elle doit se rappeler les épisodes de son enfance au cours desquels elle a vraiment éprouvé un besoin d'amour et de soutien demeuré insatisfait. Car les problèmes de confiance en elle d'une femme adulte proviennent toujours de ses premières années. Un thérapeute l'aidera utilement dans cette démarche.

Si vous êtes trop farouchement indépendante pour envisager de vous confier à un thérapeute, essayez de recourir à des techniques d'autotraitement, le temps de vous pencher suffisamment sur vos besoins afin de revenir sur ce blocage. Consulter un thérapeute revient à admettre son besoin d'aide. Dès que vous commencerez à faire confiance à votre praticien et à constater les bienfaits de ses soins, votre cœur s'ouvrira de nouveau à l'amour.

L'autonomie n'est pas une mauvaise chose, mais elle comporte certains dangers. Durant des millénaires, les femmes ont traditionnellement compté sur les hommes pour leur subsistance et pour leur protection. À présent qu'elles disposent de leur indépendance financière et que la vie moderne rend une protection physique masculine moins nécessaire, elles se trouvent confrontées à cette question : puisqu'elles n'ont plus besoin de soutien masculin, se pourrait-il qu'elles n'aient plus du tout besoin des hommes ?

Certaines femmes en viennent à se demander pourquoi – puisqu'elles n'ont plus besoin de leur soutien financier – elles ont encore besoin des hommes.

Tant qu'elles n'admettront pas leur besoin de compagnie masculine, elle fermeront la porte à toute offre de soutien provenant d'un homme. Or, si elles n'avaient vraiment plus que faire des hommes, elles ne considéreraient pas le célibat comme une telle tragédie...

En fait, plus une femme devient indépendante, plus elle éprouve le besoin de s'appuyer émotion-nellement sur son partenaire. Mieux elle réussit, plus elle a soif d'une épaule solide et réconfortante. Prendre conscience de cette réalité représente pour beaucoup un défi. S'apercevoir après tant d'efforts pour acquérir son indépendance financière qu'on a encore besoin de l'appui émotionnel d'un homme est d'autant moins facile à admettre que cela ne cor-respond guère à l'image que la femme moderne pos-sède d'elle-même. Alors, elle tendra à cacher cette facette de sa personnalité. Explorer ses sentiments au sein d'un groupe pourra l'aider à retrouver la partie d'elle-même qui demeure affamée d'assistance. Voir d'autres femmes ouvrir leur cœur et accepter la main qu'on leur tend l'aidera en outre à agir de même.

CHAPITRE 16

Les femmes qui en font trop

Bien des femmes repoussent les offres d'amour et de soutien en se dévouant trop aux autres. Elles croulent tellement sous les besoins de leur entourage qu'il ne leur reste plus une seconde pour se pencher sur les leurs. Demander de l'aide les embarrasserait autant que de refuser de répondre favorablement à une requête. Bilan : elles endossent des responsabilités excessives tout en refusant à quiconque le droit de combler leurs besoins à elles.

Même si trop en faire se révèle souvent frustrant, cela possède certains avantages sur le plan émotionnel. D'abord, être toujours suroccupée constitue pour de telles personnalités la seule manière de dire non aux autres quand c'est nécessaire sans en concevoir de culpabilité. En second lieu, une femme qui fait déjà tout ce qu'elle peut admettra plus aisément qu'elle mérite qu'on l'aide. Et, enfin, demeurer ainsi trop débordée pour éprouver ses propres besoins la dispense de souffrir de sa solitude et de son chagrin. En somme, elle fuit sa peine en adoucissant celle des autres.

S'il n'est évidemment jamais mauvais d'aider autrui, il faut cependant se réserver le temps d'obtenir pour soi les appuis nécessaires. Or, trop se dévouer fait perdre le contact avec soi-même. Il faudra alors qu'elle partage ses sentiments avec d'autres afin de se retrouver et de reprendre conscience de ses besoins.

Une femme qui se dévoue trop aux autres perd le contact avec elle-même et avec ses propres besoins.

Malheureusement, les femmes trop prodigues de leur temps tendent à refuser les conseils les incitant à exprimer leurs émotions. Elles rétorquent volontiers qu'elle sont trop occupées pour se pencher sur leurs états d'âme, qu'elles n'ont pas le temps de penser à elles. Elles refouleront ainsi leur chagrin jusqu'à ce qu'elles prennent conscience de leur erreur et admettent qu'elles ont un problème. Il leur faudra alors prendre un peu de recul vis-à-vis de leurs tâches diverses et variées afin de se soucier de leurs propres cœur, puis s'accorder le temps de soigner leur chagrin. Dans l'idéal, elles discuteront avec un thérapeute des émotions qui remonteront alors en elles.

Bien qu'elles soient en permanence affairées, de telles femmes sont en réalité très seules. Elles donnent et donnent toujours, sans jamais rien recevoir en échange. Plus grave encore, elles ne se donnent rien à elles-mêmes. Et, à force de se consacrer aux autres sans jamais s'appuyer sur personne, elles finissent souvent par sombrer dans la dépression.

Trop donner finit par conduire à la dépression.

La principale cause des dépressions féminines est en effet un sentiment d'isolement. Or, plus une femme repousse l'amour, plus elle se sent seule, si bien qu'à terme, sa capacité d'éprouver de l'amour, de la joie, de l'appréciation et de la confiance va diminuant. Pour éviter de devenir dépressive, elle doit avant tout se faire entendre. Une fois sa souf-france entendue, son sentiment de solitude se dissi-pera, donnant la possibilité à ses sentiments positifs et aimants de resurgir.

Une femme trop dévouée connaît la souffrance des autres, mais nul ne devine la sienne. Personne n'est là pour elle. Bien qu'elle soit particulièrement douée pour découvrir les besoins des autres, elle ne sait pas solliciter un appui. Ses proches en déduisent qu'elle est forte et n'a que faire de leur soutien, ou chacun se dit que d'autres l'assistent déjà. Alors, à force de vouloir tout contrôler, elle se noie sous les détails : il y a tant à faire qu'il lui semble qu'elle n'y parviendra pas seule.

Une femme qui en fait trop connaît la souffrance des autres, mais nul ne devine la sienne.

La dépression prend chez l'homme une forme claire : il ne trouve plus l'énergie de rien faire, rien ne le tente plus et il traîne comme une âme en peine. En dernière analyse, son malaise vient de ce qu'il se sent inutile. Une femme, à l'inverse, perd le goût de vivre quand ses besoins ne sont pas comblés. À mesure qu'elle s'enfonce dans le marasme, les desi-derata des autres lui paraissent de plus en plus cru-ciaux, si bien qu'au lieu de se démotiver peu à peu, elle en vient à se sentir quasi-obligée de se consacrer exclusivement à son entourage.

Dans son esprit, elle doit se montrer disponible car sinon personne d'autre ne volera au secours de ses proches. Et si, d'aventure, elle s'accorde une récréation amoureuse, elle choisira un homme dépendant, le plus souvent un brin dépressif lui aussi et donc incapable de lui procurer un appui.

Si le partenaire d'une femme qui en fait trop n'est pas déprimé lors de leur rencontre, côtoyer sa compagne risque de briser son moral pour de bon. Un homme ne risque en effet guère de s'épanouir quand sa compagne n'est pas capable d'apprécier ce qu'il peut lui offrir. De ce fait, une telle femme va saper la force et la puissance des hommes qui partagent son existence. Remarquons au passage qu'un partenaire dépressif et qui n'a rien à lui offrir peut conduire toute femme auparavant « normale » à tomber dans le travers du dévouement excessif.

Une femme qui en fait trop risque de saper la force et le moral de son compagnon.

Les femmes stressées par leur vie s'agitent de plus en plus, tandis qu'un homme dans le même état voit pour sa part décroître l'énergie qu'il est en mesure de consacrer aux autres. Il arrive qu'il demeure tout aussi performant dans son travail, mais rentre le soir totalement vidé et tout juste capable de s'écrouler épuisé sur le canapé du salon. Sa compagne, elle, songe au contraire à son retour chez elle au million de menues tâches qu'il lui reste à accomplir et sera incapable de se détendre ou d'oublier ses soucis.

Plus elle se démènera au lieu de s'abandonner à ses émotions, plus sa boulimie d'activité se fera compulsive et il lui faudra en faire encore plus, nettoyer encore plus à fond, encore mieux aider son prochain et se tracasser encore plus. Et elle continuera ainsi jusqu'à se trouver à court d'énergie et totalement éreintée.

APPRENDRE À EN FAIRE MOINS

Voici à l'évidence un domaine dans lequel les hommes et les femmes réagissent très différemment. Rares sont les hommes qui doivent apprendre à en faire moins pour les autres : ce problème concerne surtout les femmes. Cette « rééducation » exige du temps et se fait en quatre étapes.

Dans une première phase, la « patiente » doit évoquer ses émotions et son chagrin et se plaindre de son sort. En ouvrant ainsi son cœur et en racontant tout ce qu'elle fait, elle pourra rétablir un contact entre son épuisement et son besoin de dételer. Parler librement de ses problèmes lui procurera le soulagement annexe de ne plus devoir en assumer seule le fardeau. Extérioriser ses sentiments l'aidera enfin à se détendre et à ralentir son rythme d'activité.

Au cours de la seconde phase du processus, elle devra se forcer à mieux s'occuper d'elle et à s'accorder de petites « récréations » telles que consulter un thérapeute, faire du shopping ou partir en vacances. Cela lui donnera l'occasion de se relaxer et de profiter de la vie, et aussi de constater que le monde continue de tourner même quand elle se repose. À sa grande surprise, elle découvrira que le ciel ne s'écroule pas quand les choses qui « doivent » être accomplies ne le sont pas.

Il arrive que des femmes m'objectent que si elles s'octroient du temps pour s'occuper d'elles, elles auront encore plus à faire lorsqu'elles reprendront leurs activités ordinaires. C'est exact, mais le fait que les tâches s'accumulent ne doit pas empêcher une femme de s'accorder parfois un congé. Peu à peu, elle découvrira comment elle se crée elle-même certaines de ses obligations urgentes et elle pourra s'attacher à rectifier le tir.

Dans une troisième phase, la femme qui en fait trop doit commencer à assimiler les rudiments de l'art de solliciter un appui. Les deux étapes précédentes de sa « rééducation » lui ont en effet appris à connaître ses besoins — avant, elle n'aurait même pas su que demander.

Consacrer du temps à sa propre personne (phase

deux) l'a en fait déjà obligée à se résoudre à se faire assister. Si elle n'avait pas ralenti son rythme d'activité, elle n'aurait en effet jamais éprouvé la nécessité de se faire aider. À ses yeux, il est en effet plus difficile de demander un appui que de régler seule un problème. L'art de solliciter un soutien est étudié en détail dans le chapitre 12 de mon livre *Les hommes viennent de Mars, les femmes viennent de Vénus*[1].

Enfin, dans la quatrième et dernière étape du processus, notre sujet pourra s'essayer à répondre gentiment « non » aux requêtes de son entourage. L'un des principaux obstacles qui retiennent une femme d'en faire moins est qu'elle ignore souvent comment éconduire son interlocuteur sans le peiner. Si bien que cela constitue pour elle un exercice délicat. Mais à mesure qu'elle s'accoutumera à requérir le soutien d'autrui et s'entraînera à répondre par la négative quand on brigue le sien, refuser une supplique lui viendra plus aisément. Après tout, il lui suffit de dire : « Je suis désolée, mais je ne peux pas. » Ce n'est guère difficile. Si elle persiste à se sentir mal à l'aise lorsqu'elle doit dire non, il lui faudra fouiller plus profondément son âme afin de trouver la force de changer.

L'incapacité d'une femme d'exprimer une fin de non-recevoir provient souvent de sentiments latents liés à une personne qui l'a négligée. Sachant combien voir ses besoins rejetés fait souffrir, elle répugne à infliger ce traitement à autrui. Si elle-même a été abandonnée, elle se refusera à se rendre à son tour coupable d'abandon. Pour échapper à ce schéma, elle devra panser ses vieilles blessures.

Tant qu'elle n'aura pas réglé les émotions issues de son passé, elle éprouvera des difficultés à dire non – d'une part parce qu'elle déteste blesser son

---

1. Michel Lafon, 1997.

prochain – et d'autre part à demander plus –, car elle ne veut pas prendre le risque d'essuyer une rebuffade.

Tant que les chagrins passés d'une femme ne sont pas guéris, elle se montrera excessivement sensible aux besoins d'autrui.

Plutôt que d'admettre la douleur qui résulte de son besoin d'aide insatisfait, cette femme préférera tout assumer elle-même. Car tant que ces chagrins occuperont son cœur, sa peur de souffrir ou de faire souffrir la retiendra de requérir de l'aide ou de refuser d'en faire plus. Elle se sentira – sans raison valable – tellement responsable du bien-être de son entourage qu'elle ne trouvera jamais le temps de se détendre.

Pour cicatriser les plaies anciennes de son âme, elle doit se remémorer des occasions où ses besoins ont été ignorés, bafoués ou insatisfaits. Prendre le temps d'explorer ses émotions lui permettra d'exprimer un jour une saine colère et de salutaires reproches, puis de travailler ensuite à pardonner.

Les femmes doivent toutefois veiller à ne pas passer d'emblée à la phase de pardon et de compréhension. Une attitude trop empreinte de mansuétude et d'indulgence peut en effet représenter une facile échappatoire pour fuir la pénible réalité de son chagrin et de sa souffrance. Il n'est pas rare de réprimer ses sentiments grâce à des propos tels que : « Ça ira. Ne t'inquiète pas : je comprends. » Ces mots possèdent toutefois aussi un puissant pouvoir curatif.

Adopter une attitude empreinte de mansuétude et d'indulgence peut représenter une facile échappatoire pour fuir la pénible réalité de son chagrin et de sa souffrance.

Une femme qui ne songe jamais à elle-même a toujours été blessée dans le passé par une personne trop égoïste, exigeante, ou simplement irresponsable. Pour ramener sa perception de ses responsabilités à des proportions plus normales, elle doit s'abandonner à sa colère, puis pardonner. Elle doit écouter les regrets suscités par le fait qu'elle n'a pas obtenu ce qu'elle désirait, tout en admettant que ce n'était pas de sa faute.

Tant qu'elle n'aura pas accompli ce travail, elle risque fort de demeurer célibataire et sans appui. Car si elle ne dispose pas de temps pour elle-même, elle n'en aura pas non plus à consacrer à un compagnon.

Lorsqu'une femme affiche de telles tendances à la fin d'une relation, c'est en général qu'elle les possède depuis l'enfance. Et cela peut inhiber chez elle tout désir de s'engager avec un homme : si elle a manqué de temps pour elle-même au cours de sa précédente union, elle ignore combien une vie de couple réussie peut apporter d'amour et de tendresse. Tant qu'elle ne se forgera pas une vision plus positive des liens amoureux, elle pourra décider de ne plus jamais en entretenir.

CHAPITRE 17

Prendre soin des autres

On l'a vu, certaines femmes repoussent leurs chances de trouver l'amour en se dévouant corps et âme aux personnes plus malheureuses qu'elles. Aider son prochain est une chose excellente, sauf quand cela devient un moyen d'éviter d'éprouver ses propres émotions. Difficile, de fait, de s'apitoyer sur soi-même en présence de drames tellement plus cruels encore que le sien.

Je ne recommande pas ici aux femmes de pleurnicher sur leur sort, mais simplement de prendre le temps de faire le deuil de leur amour perdu. Si vous ne vous accordez pas le loisir d'exprimer librement vos sentiments, vous ne tarderez pas à vous apitoyer sur vous-même. Pour tenter d'enrayer ce processus, ces femmes se focalisent sur les problèmes des autres, ce qui, répétons-le, est en soi plutôt un beau geste, à condition que cela n'entrave pas leur processus de guérison.

Pour éviter de trop s'apitoyer sur leur propre sort, certaines femmes se focalisent sur les problèmes de leur prochain.

En revanche, un homme émotionnellement blessé tirera le plus grand bénéfice de l'aide éventuelle qu'il apportera à ses frères dans l'adversité. Cela l'aidera à accueillir sa propre souffrance et à traiter utilement celle-ci. Plus il se sentira nécessaire, mieux il parviendra à surmonter et à guérir ses blessures personnelles. En se mettant à l'écoute du chagrin d'autrui, il retrouve ses propres sentiments et aspirations, ce qui accroît sa capacité de faire en sorte de combler ses besoins.

Pour les femmes, c'est exactement le contraire qui se produit. À trop se vouer aux autres, une femme risque de se perdre. Lorsqu'elle relève tout juste d'un deuil ou d'une rupture, elle doit tout particulièrement veiller à ne pas se charger de nouvelles responsabilités pour se consacrer à écouter ses propres besoins et à obtenir leur satisfaction. Sans cela, elle ne guérira jamais de ses plaies et consacrera le restant de ses jours à se dévouer tous azimuts pour endormir son chagrin.

LE DÉSIR D'ENFANT

Une femme qui se sent incapable d'obtenir l'amour dont elle a besoin pourra se découvrir un désir d'enfant prématuré. Tout comme certaines de ses congénères se reposent à l'excès sur la tendresse de leurs enfants, celle-ci s'efforcera de devenir mère par soif d'amour. Il est si facile de recevoir de l'amour d'un bambin... Au lieu d'accepter la responsabilité de bâtir une relation de couple adulte, ce type de femme choisit de procréer pour se garantir une source de chaleur affective. Ce même besoin de se donner l'assurance qu'on chérira et qu'on sera chérie pourra également être satisfait par l'adoption d'un animal de compagnie – sans imposer à la « maman » les pressions liées à la maternité.

Les jeunes femmes qui aspirent à « faire un bébé

toutes seules » masquent probablement sous ce désir une peur de l'intimité qui s'exprime par le souci de devenir mère sans devoir relever les défis inhérents à une relation de couple. Mais mettre un enfant au monde alors que votre cœur n'est pas guéri de ses blessures vous empêchera de recevoir l'amour que votre être réclame car vous serez trop absorbée par les soins que vous prodiguerez à votre rejeton pour vous pencher sur votre propre cas. C'est de surcroît très égoïste vis-à-vis de lui.

Au lieu de compter sur d'éventuels enfants pour vous aimer, attachez-vous donc plutôt à apprendre à accueillir l'amour de vos amis, de votre famille, puis celui d'un nouveau partenaire. Une femme comblée par une relation adulte déborde d'amour inconditionnel ; alors elle est réellement prête à devenir maman.

CHAPITRE 18

Peur de l'intimité

Les femmes qui redoutent d'établir des liens intimes avec un homme s'éprennent toujours de partenaires qui ne sont pas totalement libres. Au fond d'elles-mêmes elle rêvent d'amour, mais ont trop peur de souffrir de nouveau pour rechercher une relation viable.

Lorsqu'un homme disponible s'intéresse à elles, leurs craintes les retiennent d'éprouver la moindre attirance pour lui. Même si elles ne se disent pas consciemment : « O.K., je ne veux pas m'engager. Trouvons donc de bonnes raisons de repousser ce garçon », cela revient au même car elles réagissent instinctivement dans ce sens. Dès qu'une telle femme approche du but et d'un éventuel bonheur en couple, ses craintes reprennent le dessus et elle devient si critique et sévère qu'aucun candidat ne pourrait trouver grâce à ses yeux.

En revanche, avec un homme qui n'est pas libre, aimer ne présente aucun danger, si bien qu'elle pourra laisser libre cours à un déluge de sentiments refoulés. D'ailleurs, s'il advient que ledit prétendant recouvre sa liberté, elle verra souvent son attirance pour lui s'envoler, cette nouvelle disponibilité ravivant ses vieilles terreurs.

Cette peur de l'intimité se soigne fort bien,

quoique lentement. Sortez avec des hommes, mais progressez doucement dans vos rapports avec eux et veillez à ne surtout jamais rechercher un futur mari ou un partenaire sexuel. Dans le même temps, penchez-vous sur les sentiments latents laissés par votre dernière relation en date et, pour favoriser encore votre guérison, cherchez à relier ceux-ci à vos expériences antérieures. Cela vous permettra de pousser ce processus de cicatrisation jusqu'aux couches les plus profondes de votre peur, qui résultent en général de blessures, de trahisons ou de déceptions imputables à vos parents. En traitant ainsi vos angoisses d'abandon et de rejet, vous parviendrez enfin à vous intéresser à des hommes disponibles.

CHAPITRE 19

Mes enfants ont besoin de moi

D'autres femmes repoussent leurs prétendants et l'amour en donnant la priorité absolue aux besoins de leurs enfants. Après un divorce ou la disparition de son conjoint, une mère se croit souvent tenue d'assumer les deux rôles parentaux. Consciente qu'un enfant a normalement besoin d'un père et d'une mère, elle cherche à compenser l'absence paternelle en se consacrant plus à lui. Cette attitude sans conteste noble la retient de tendre la main pour recevoir d'un autre adulte l'amour nécessaire à son propre équilibre.

Son chagrin ne fait que renforcer cette propension naturelle à se sacrifier pour sa progéniture car, comme on l'a vu, les femmes fuient volontiers leur peine en se dévouant aux autres. Et pour une personne qui ne s'accorde pas le loisir de soigner ses propres plaies, choyer ses enfants constituera une échappatoire idéale.

Se concentrer sur les besoins de ses rejetons la dispense en outre de faire face aux appréhensions que suscite en elle la perspective de devoir chercher de nouveau l'amour. En ne devenant plus que mère, elle étouffera sans peine sa propre soif d'intimité et d'amour. Si pleinement que son rôle maternel la comble, elle renonce cependant, en se comportant ainsi, à toute chance de refaire sa vie, ce qui n'est sain ni pour elle, ni pour ses enfants.

―――――――――――――――――――――――
En n'étant plus que mère, une femme peut sans peine étouffer sa propre soif d'intimité et d'amour.
―――――――――――――――――――――――

Même si une Mère Courage semble dans un premier temps donner plus d'amour à ses enfants, ceux-ci finiront fatalement par sentir peser sur leurs frêles épaules la responsabilité écrasante du bonheur de leur mère.

Tous les enfants veulent rendre leur mère heureuse, mais une femme adulte a des besoins que seul un individu de sa génération peut combler : une soif d'intimité, de partage, de compréhension, de coopération, de compagnie, d'affection, de réconfort, d'encouragement et de romance. Une mère qui dédaigne ses aspirations de femme impose à ses enfants un fardeau accru. Et ceux-ci se croiront à tort supposés satisfaire ces désirs refoulés.

―――――――――――――――――――――――
Les enfants ont avant tout besoin que leur mère soit comblée.
―――――――――――――――――――――――

Bien évidemment, ils échoueront dans leurs efforts pour la rendre heureuse car un enfant ne peut combler un besoin d'adulte. Et, si profondément qu'elle aime ses petits, cette femme les fera souffrir et les préparera à mille problèmes dans leur existence future si elle n'assume pas la responsabilité de son bonheur.

Le plus souvent, un enfant qui se sent garant de la félicité d'un de ses parents prend l'habitude de toujours chercher à faire plaisir et à se montrer accommodant. Petit, il a dû renoncer à une part de lui-même pour ramener le sourire sur les lèvres de sa mère et il continue à agir ainsi à l'âge adulte. Il persiste à multiplier les sacrifices pour se sentir ensuite floué et distingue mal ses propres besoins de ceux des autres, ce qui le pousse à se croire plus que de raison responsable de leur bien-être. Et il finit par trop donner de lui-même.

Les enfants de mère insatisfaites prennent souvent l'habitude de toujours chercher à faire plaisir et à se montrer accommodants et tendent à trop donner d'eux-mêmes.

Un enfant investi de responsabilités trop lourdes pour son âge peut crouler sous ce fardeau. Dans ce cas, il se prendra le contre-pied de son attitude initiale et, au lieu de s'épuiser à tenter de choyer sa mère, cessera tout bonnement de se préoccuper de son sort. Un tel revirement est très nocif car, en s'affranchissant ainsi de son souci inné de faire plaisir à ses parents, l'enfant perd le fil conducteur de son existence. Trop jeune pour analyser ses souhaits, il devient aisément influençable et tendra à copier ses camarades et à désirer ce que les autres apprécient ou ce qu'il voit à la télévision. Il ignore ce qu'il veut vraiment.

Un petit garçon qui n'a pas réussi à rendre sa mère heureuse s'affolera d'autant plus lorsque, devenu adulte, il verra sa partenaire perdre le sourire. Au lieu de faire preuve de compassion, il adoptera une attitude défensive et oscillera entre la colère et le désespoir. Il ne pourra tolérer de se voir de nouveau incapable de faire le bonheur d'une femme.

Confrontée à la même situation, une fillette réagira soit en devenant le clone de sa mère, soit en niant ses aspirations profondes pour ne pas imposer à autrui ce que sa mère lui a fait subir. Hélas, un tel comportement désolera les partenaires masculins désireux d'établir un contact intime avec elle : plus ils tenteront de l'approcher, plus elle les fuira. Solliciter un soutien lui paraîtra une épreuve insurmontable puisqu'elle se refuse à représenter un fardeau pour les autres. Les règles de conduite que s'imposent ainsi de telles femmes risquent de les rendre très dures envers elles-mêmes et envers les hommes.

UNE RELATION PARENT-ENFANT SAINE

Une relation parent-enfant saine est faite d'amour inconditionnel : les parents donnent et l'enfant reçoit. L'amour parental est inconditionnel lorsque l'enfant ne se croit tenu de rien donner en échange. Il n'est pas responsable de ses géniteurs. De ce fait, il apprend à donner non pas parce qu'il le doit, mais parce qu'il le souhaite. Dès que les enfants ne se sentent pas comptables du bonheur de leurs parents, ils deviennent capables de vouloir leur faire plaisir de manière naturelle.

Un enfant qui réussit à satisfaire ses parents ne se mue pas en grandissant en courtisan toujours soucieux de plaire. Il possède une solide personnalité et un sain souci d'aider son prochain.

Être parent n'implique pas que l'on doive sourire en permanence ou nager dans la félicité perpétuelle. Tant qu'on assume ses propres besoins et qu'on n'attend pas de son enfant qu'il comble son manque d'amour, celui-ci ne souffrira pas des éventuels déserts amoureux traversés par ses parents.

Ces explications visent à aider toutes les mères célibataires à réajuster leurs priorités au mieux des besoins de leurs enfants. Au lieu de toujours placer ces derniers au premier plan, elles doivent savoir accorder la primauté à leurs propres désirs. Attention : je ne vous recommande bien évidemment pas de négliger vos rejetons, mais simplement de vous autoriser à combler d'abord vos propres manques afin d'être mieux armée pour rendre vos enfants heureux.

LA VIE AMOUREUSE D'UNE MÈRE CÉLIBATAIRE

Une mère célibataire qui souhaite sortir avec des hommes se sent souvent coupable car elle pense qu'elle ferait mieux de consacrer sa soirée à son enfant. Consciente du regard réprobateur du bambin, elle franchit le seuil bourrelée de remords. Comme tous les parents célibataires, elle ignore que les enfants se montrent tout aussi exclusifs et culpabilisants lorsque leurs parents sont mariés !

Le rôle d'un enfant est d'exiger plus et celui d'un parent de lui imposer des limites raisonnables, c'est-à-dire garantissant aux parents qu'ils ne sacrifient pas leurs besoins à leurs enfants.

Si un parent ne fixe pas de limites raisonnables aux désirs et aux besoins de ses enfants, ceux-ci deviendront vite déraisonnables.

Les enfants poussent toujours leur avantage jusqu'à atteindre la limite acceptable de leurs exigences. Sachez vous montrer ferme avec eux et ne pas entrer dans leur jeu. Trop donner ou vous sacrifier ressemble à de l'amour, mais n'apporte pas réellement à votre enfant l'appui idéal. Bien entendu, il arrive à chacun de nous de payer parfois de sa personne sans compter pour ses enfants, mais il faut alors contrebalancer ces phases d'abnégation excessive en s'accordant du temps pour soi. Un parent qui ne prend pas soin de lui n'inculque pas à ses enfants l'art de fixer leurs propres limites.

Mais il est vrai que l'un des plus grands défis auxquels un parent célibataire doit se mesurer est de continuer à satisfaire ses besoins émotionnels d'adulte. Mieux percevoir les besoins de vos enfants devrait vous aider à prendre les décisions adéquates pour vous et pour eux.

CHAPITRE 20

Mes enfants sont jaloux

Les parents célibataires se dispensent également souvent de chercher à retrouver l'amour en accordant une place exagérée à leur crainte de bouleverser leurs enfants ou d'éveiller leur jalousie s'ils entament une nouvelle relation amoureuse. Oui, les chers petits seront jaloux, mais ce n'est pas un motif suffisant pour fuir l'amour ; ce serait même plutôt une raison supplémentaire de vous engager dans une nouvelle histoire.

Lorsqu'une mère seule refait sa vie, cela aide son enfant à faire lui aussi son deuil du couple parental. Il cesse également de se sentir responsable du bonheur de sa mère, ce qui est extrêmement libérateur pour lui. C'est vrai, il sera jaloux de votre nouveau partenaire, mais ne laissez pas cela vous arrêter. Et au lieu de vous évertuer – sans doute en pure perte – à étouffer la jalousie de vos enfants dans l'œuf, attachez-vous plutôt à les aider à la gérer et à la surmonter.

Au lieu de s'évertuer à étouffer dans l'œuf la jalousie de ses enfants, un parent célibataire doit plutôt s'attacher à les aider à gérer et à surmonter celle-ci.

Les parents veufs ou séparés qui se remarient ou s'engagent dans une relation de couple sérieuse tentent souvent, pour éviter que leurs enfants n'en conçoivent du dépit, de minimiser devant eux l'affection qu'ils portent à leur nouveau partenaire. Il s'agit là d'une fausse bonne idée. L'approche correcte consiste à veiller au contraire à souligner dès que possible le lien spécial qui vous unit tous les deux.

Au lieu de cacher votre amour et votre affection pour votre nouveau partenaire, affirmez-les délibérément devant vos enfants.

Vos enfants ont besoin que vous leur fournissiez une bonne raison d'apprécier cet intrus qu'ils n'ont pas choisi. Eux-mêmes se satisfaisaient le plus souvent fort bien de la présence d'une maman tout à eux. Mais s'ils voient, entendent et devinent à mille détails que le nouveau (ou la nouvelle) venu(e) rend leur père ou leur mère très heureux, ils seront plus enclins à lui ouvrir les bras.

Tous les enfants finissent par apprécier une personne qui rend leur parent heureux.

Lorsqu'un enfant supporte mal l'apparition d'un beau-parent, il faut veiller à vous réserver des plages d'intimité seul(e) avec lui, tout comme vous devez en consacrer à votre couple tout neuf. Votre enfant vous en saura gré.

Les parents – divorcés ou non – tendent souvent à faire tourner leur existence autour de leur progéniture. Ils parviendront à contrer cette propension néfaste pour leur couple en effectuant des efforts conscients visant à donner la priorité à leurs besoins d'adultes.

COLÈRES ET CRISES DE LARMES

Certains enfants manifestent leur opposition au nouvel ami de maman ou à la nouvelle amie de papa en piquant des colères ou en faisant des crises de jalousie. Un parent sage veillera à écouter leurs cris et leurs pleurs avec patience et compassion car il comprendra leur souffrance. Il saura aussi deviner qu'exprimer ces sentiments relève d'une nécessaire phase d'ajustement et que les choses ne tarderont pas à rentrer dans l'ordre. Plus l'enfant est de tempérament emporté, plus il extériorisera bruyamment son chagrin.

Si votre enfant n'aime visiblement pas votre nouveau compagnon, rappelez-vous toujours que son animosité n'est pas dirigée contre la personne de cet homme, mais contre ce qu'il représente. Encore furieux que ses parents aient divorcé, votre fille ou votre fils laisse sa rage retomber sur la première cible disponible. Tant que sa souffrance, sa colère et ses peurs ne seront pas guéries, il ou elle ne cautionnera sans doute aucun de vos choix amoureux. Au lieu de vous épuiser à le (la) convaincre des qualités de votre partenaire, attachez-vous donc à l'aider à écouter et à exprimer son chagrin.

Plutôt que de s'épuiser à convaincre un enfant récalcitrant des qualités de son nouveau partenaire, un parent doit surtout s'attacher à l'aider à écouter et à exprimer son chagrin.

Lorsque vous aurez du mal à admettre l'affliction de votre enfant, songez qu'il n'a ni choisi de se séparer de son autre parent, ni sélectionné votre nouveau partenaire. Il ou elle n'aime ou n'apprécie pas nécessairement cette personne. Comme tout étranger qui s'introduit dans la famille, votre nouvel ami est perçu comme un intrus, un danger s'interposant entre l'enfant et son père ou sa mère.

Dans mes ateliers réservés aux jeunes enfants, j'ai maintes fois remarqué que, plus que tout au monde, les enfants souhaitent que leur père et leur mère s'aiment. Demandez-leur de dessiner une scène qui les rend heureux et ils gribouilleront presque toujours papa et maman ensemble. Une famille unie et respirant le bonheur représente pour eux la meilleure garantie de félicité et de sécurité.

Dès qu'une troisième personne fait son apparition, l'enfant se voit contraint d'accepter une réalité douloureuse : ses parents ne vont pas se réconcilier. Il doit alors faire face à son chagrin jusqu'alors endormi par ses faux espoirs. Car tant que vous n'avez pas ramené un autre homme ou une autre femme à la maison, ils croient souvent envers et contre tout que son autre parent reviendra vivre auprès de vous.

PRÉVOYEZ DES JALOUSIES

Quand vous serez disposé(e) à refaire votre vie avec un nouveau partenaire, vous devez vous attendre à ce que vos chères têtes blondes le prennent mal — et éprouver un agréable sentiment de surprise s'ils ne le font pas, ou pas trop. En effet, même si vous êtes prêt(e) à repartir du bon pied, cela n'implique pas que votre enfant ait lui aussi achevé son travail de deuil, auquel cas, il se montrera encore plus irascible. Mieux vaut donc prévoir le pire et vous préparer à essuyer des tempêtes de jalousie.

Aider votre enfant à gérer son dépit lui apportera aussi les éléments nécessaires pour faire face aux autres émotions que suscite la perte d'un être aimé. Son chagrin, sa colère et ses peurs latentes resurgiront automatiquement et il devra, tout comme nous, les accueillir, puis s'en délivrer. Le fait que sa mère ou son père ait mené à bien son processus de guérison le soutiendra grandement dans cette épreuve.

Si vous avez plusieurs enfants, l'un d'eux se chargera souvent d'exprimer les sentiments de toute la fratrie. L'attitude que vous adopterez à son égard rejaillira donc sur ses frères et sœurs. C'est pourquoi il faut veiller à ne jamais faire devant l'un un commentaire de nature à minimiser les émotions d'un autre. Pour les mêmes raisons, interdisez également à ceux de vos rejetons qui ne seraient pas « officiellement » jaloux d'émettre des remarques méprisantes envers ceux qui le sont. Bref, écoutez et défendez l'opinion de chacun.

L'un des enfants se charge souvent d'exprimer les sentiments de toute la fratrie.

Ne pas trouver la sérénité requise pour supporter sans s'énerver les humeurs de ses enfants indique fréquemment que l'on conserve soi-même des émotions mal digérées. Nos réticences reflètent celles que nous éprouvons au fond de notre cœur. Et si nous refoulons la douleur consécutive à une rupture, nos enfants la ressentiront et l'extérioriseront à notre place, et elle viendra s'ajouter à leurs propres problèmes.

Nos enfants ressentent et extériorisent à notre place les émotions que nous refoulons.

Cela ne signifie en aucun cas que l'on doive discuter de ses soucis avec ses rejetons. Un enfant ne doit jamais devenir le réceptacle du chagrin de ses parents, car cela l'inciterait à se croire tenu d'assumer la responsabilité beaucoup trop lourde pour ses frêles épaules du bonheur des « grands ». Attention donc : trop attendre de ses enfants empêche ceux-ci de profiter de leurs jeunes années et de grandir à leur rythme en les forçant à se comporter trop tôt en adultes.

Vos émotions ne blesseront pas votre progéniture tant que vous veillerez à les gérer seule. Voir sa mère anéantie par la disparition ou le départ de son père ne traumatisera en effet durablement un enfant que si on le pousse à se sentir, de quelque manière que ce soit, responsable d'elle. Cela dit, il ne peut supporter de vous voir pleurer ou souffrir que dans certaines limites ; n'oubliez pas qu'il est très sensible et qu'il risque de réagir en se jurant de prendre soin de vous afin que vous ne versiez plus jamais de larmes – ce qui ferait peser sur lui un fardeau moral écrasant.

En définitive, la meilleure méthode pour éviter que vos enfants se croient garants de votre bonheur consiste à vous choyer vous-même. Lorsque leur mère prend en main sa guérison et sait s'assurer l'appui de sa famille, de ses amis, d'un groupe de soutien ou d'un thérapeute, ses enfants peuvent respirer plus librement et retourner aux jeux de leur âge.

CHAPITRE 21

Exprimer ses sentiments par des actes et non par des mots

Lorsqu'elles perdent un être aimé, les femmes sont parfois enclines à manifester leurs sentiments par le biais de leur comportement. Or, elles auraient avantage à prendre le temps d'explorer ces émotions et à les exprimer verbalement, sinon elles risquent de repousser ainsi toute possibilité d'aimer de nouveau. Elle n'agissent pas de la sorte par une volonté consciente, mais plutôt sous l'effet d'une compulsion.

Une femme qui ne se sent pas libre d'exprimer ses sentiments en toute sécurité recourra au subterfuge de manifester ceux-ci par ses actes.

Par exemple, une femme que son précédent partenaire ignorait ou négligeait peut adopter un style vestimentaire affirmant clairement : « Regardez-moi : je ne suis pas attirante. Qui voudrait m'aimer ? » Ses émotions mal guéries l'ont conduite à cesser de prendre soin d'elle-même et de son apparence physique. Si autrefois, elle s'occupait d'elle en surveillant notamment son alimentation et son poids, il lui deviendra très difficile de poursuivre dans cette voie et les kilos risquent de s'accumuler. Persuadée que nul ne se soucie de sort, elle manque de motivation pour se bichonner.

Ce type d'apathie frappe en priorité les femmes accoutumées à se critiquer sans pitié. Incapables de s'autoriser à accueillir la colère que leur deuil ou leur rupture éveille en elles, elles s'accablent de reproches : faute d'un autre coupable disponible, on s'accuse soi-même. Et tant qu'elles ne parviendront pas à renverser la vapeur, leur fureur refoulée entretiendra leur inertie.

Quand une femme ne s'autorise pas à éprouver de la colère, elle compense en s'accablant de reproches.

Voilà notre Vénusienne prisonnière d'un cercle vicieux d'apitoiement sur elle-même et d'incapacité de blâmer autrui pour son malheur.

Tant qu'elle continuera à se négliger, sa conviction que tout est de sa faute ira se renforçant.

De fait, nul, hormis elle, n'est responsable de sa propension à trop manger ou à se maltraiter...

Mais extérioriser ainsi son malaise la conforte dans la certitude de sa propre médiocrité, ce qui l'entraîne dans une spirale d'échec.

Pour s'affranchir de ce schéma nocif, elle doit avant tout accepter d'écouter sa colère, puis relier celle-ci à ses expériences passées afin de reprendre plus efficacement contact avec ses sentiments refoulés.

PARTIR À LA DÉRIVE

Bien souvent, quand une femme cesse de prendre soin d'elle-même, elle exprime par là un sentiment d'impuissance. Elle se voit incapable de tendre la main pour recevoir l'amour et le soutien qui lui sont nécessaires. Et comme elle ne parvient pas non plus à extérioriser ses émotions, elle se comporte de manière à crier à son entourage : « Je suis à la dérive. Je ne sais plus que faire, ni à quel saint me vouer. Aidez-moi ! »

> *Quand on ne sait pas donner libre cours à ses regrets, on se sent impuissant à surmonter son chagrin et on exprime cela à travers ses actes.*

Au lieu d'abdiquer tout contrôle sur votre vie d'adulte dans l'espoir d'éprouver ce sentiment d'impuissance puis de vous en libérer, essayez plutôt de vous remémorer une occasion où, enfant, vous n'avez réellement rien pu faire pour vous procurer l'amour et le soutien indispensables à votre équilibre. En prenant le temps de vous rappeler de tels événements puis de les étudier, vous parviendrez à vous délivrer de votre tendance d'adulte à vous laisser partir à la dérive.

SE DÉLIVRER DE SON RESSENTIMENT

Une femme peut aussi se laisser aller afin d'exprimer un ressentiment latent. Des années consacrées à prendre soin d'un autre sans obtenir assez en retour l'ont laissée vide. Elle n'a plus rien à offrir. Tous ses efforts pour donner et recevoir de l'amour s'étant révélés vains, elle n'éprouve plus que rancœur et épuisement. Et, désormais, elle refuse de continuer à chercher l'amour, si bien qu'elle interrompt toute activité susceptible de faire entrer celui-ci dans son existence. Pour parachever cette campagne d'antiséduction, elle cessera de s'occuper d'elle afin de devenir aussi peu attirante que possible, donc indigne de susciter l'amour ou l'affection d'un homme.

N'essayez pas de l'aider : elle refuserait. Son comportement défensif reflète son manque de confiance en l'amour et sa détermination à ne plus jamais se laisser aveugler par ses mirages. Elle a décidé qu'elle n'avait pas besoin d'amour et ne ferait aucun effort pour le trouver. C'est là sa façon d'exprimer ses émotions.

En adoptant un comportement défensif une femme affirme son manque de confiance en l'amour et sa détermination à ne plus jamais se laisser aveugler par ses mirages.

Tant qu'elle ne réussira pas à accueillir – puis à s'en délivrer – les sentiments douloureux tapis sous sa rancœur, cette femme verra ses problèmes s'aggraver. En effet, solliciter un appui impliquerait qu'elle souhaite de nouveau recevoir de l'amour, alors que la simple perspective d'aimer encore attise toute sa souffrance et ses souvenirs de rejet, de trahison et de manque d'amour. Mais du moment qu'elle n'envisage pas de refaire sa vie, elle peut tourner le dos à ces émotions.

SE VENGER N'APPORTE RIEN

Une femme pleine de dépit, incapable de rependre le contrôle de son existence et qui ne parvient pas à faire part de ses sentiments pourra tenter de manifester son mal-être en se vengeant de son ex. C'est une erreur, car la vindicte n'aide absolument pas à guérir les plaies de l'âme. Aveuglée par le ressentiment, elle prendra de mauvaises décisions et effectuera des choix désastreux qui obéreront son avenir. Mais elle croit à tort que se venger lui procurera de la satisfaction.

Lorsqu'un homme cherche à se venger, il veut que l'autre éprouve à son tour la souffrance qui le taraude. Son ex-partenaire l'a blessé et elle doit payer pour son crime. « Je veux que tu endures ce que j'endure », pourrait-il crier. Il arrive qu'une femme réagisse ainsi, mais c'est plus rare. Le plus souvent, elle cherche avant tout à inspirer à l'autre des remords de l'avoir blessée. Il s'agit donc d'une vengeance de nature différente : même si elle souhaite faire souffrir son ex, sa priorité est de l'inciter à se reconnaître responsable de son chagrin actuel.

Lorsqu'elles se vengent, les femmes cherchent surtout à inspirer à leur ex-partenaire des remords de les avoir blessées.

Un homme qui tient des propos déplaisants et multiplie les coups bas agit ainsi dans le but avoué de blesser son ex. Une femme qui adopte un comportement similaire le fait pour discréditer son adversaire à la face du monde. Elle voudrait que tout le monde sache comment il l'a traitée et que tout un chacun – lui compris – partage la mauvaise opinion qu'elle a de lui.

En réalité, elle a surtout besoin d'être entendue et que les autres écoutent et admettent son chagrin, afin de guérir la douleur qui déchire son âme. En évoquant publiquement son ancien conjoint, elle exprime indirectement son besoin d'extérioriser ses propres émotions. Son raisonnement pourrait se résumer en ces termes : « Si vous saviez ce qu'il m'a fait, vous comprendriez ce que je ressens. » Cette approche détournée ne procure malheureusement qu'un répit passager, sans soigner les blessures du cœur. Pour guérir, une femme doit accueillir son chagrin, le formuler, en parler et être écoutée.

Le désir de vengeance masque un besoin d'exprimer sa souffrance.

Chercher vengeance ne fait qu'aggraver notre situation. Un homme se blessera lui-même en foulant aux pieds ses instincts les plus nobles d'assistance et de protection – qui sont aussi ceux qui le comblent le mieux –, s'il ne termine pas tout bonnement en prison ! Tant qu'il s'attachera à blesser son ex, il n'aura qu'une piètre opinion de lui-même.

De façon identique, une femme qui s'efforce d'insuffler à son ancien partenaire un sentiment de culpabilité ou de malaise perd sa capacité d'apprécier les occasions qui s'offrent à elle de repartir du bon pied et de retrouver le bonheur. Pour le pousser à se sentir coupable, elle doit en effet sans cesse réaffirmer combien il a détruit sa vie et, pour attirer la sympathie qu'elle recherche, elle se voit contrainte de continuer à se poser en victime.

Pour que notre ex se sente coupable de nous avoir quittée, il nous faut continuer à nous poser en victime.

Si, par exemple, son mari l'a quittée pour une autre femme, elle devra demeurer seule, déchue et malheureuse, afin qu'on la plaigne. Si elle rencontrait soudain le Prince Charmant et se remariait avec lui, elle n'aurait plus guère motif de se lamenter. Pire, si elle refaisait sa vie et trouvait le bonheur, cela impliquerait de facto que l'échec de sa précédente relation était une bonne chose. Certaines femmes en viennent à dédaigner à jamais toute chance de félicité par souci de continuer à attirer la sympathie.

> *Une femme qui rencontrerait soudain le Prince Charmant et se remarierait avec lui n'aurait plus guère motif de se lamenter.*

En refusant ainsi d'être heureuse dans le but de se venger, une femme sabote ses propres chances de trouver l'amour. En effet, tant qu'elle s'accrochera à son chagrin pour culpabiliser son ex, elle ne pourra se délivrer de son ressentiment ni apprendre à pardonner. Prisonnière de ses émotions négatives, elle perdra tout espoir d'aimer de nouveau. Et tandis qu'elle croira châtier son ancien compagnon, elle ne punira en fait qu'elle-même.

CHAPITRE 22

Apprendre à être heureuse seule

Les femmes sont conditionnées dès leur plus jeune âge à cacher leurs sentiments négatifs. On leur apprend à être désirables et non à désirer. De ce fait, toute leur éducation concourt à les empêcher de s'abandonner à leur chagrin après un deuil ou une rupture. On leur a inculqué que, pour trouver l'amour, il leur faudrait se montrer toujours souriantes et enjouées. Pourtant, en ce moment, elles préféreraient de beaucoup exprimer leur malaise. Ce malentendu les incite à brimer la partie d'elles-mêmes qui a le plus besoin de tendresse et à réprimer leurs émotions de manière à demeurer « aimables ». Malheureusement, si elles agissent ainsi, tout l'amour du monde ne suffira pas pour qu'elles se sentent chéries.

Dans l'espoir de recevoir plus d'amour, une femme niera donc ses émotions négatives, s'efforçant à tout crin et contre toute logique d'offrir au monde un visage gai et avenant. Ignorant qu'un légitime chagrin ne la rend en rien moins digne d'être aimée, elle lutte vaillamment pour être heureuse seule et piste l'amour avec tant d'obstination que, paradoxalement, elle finit toujours solitaire. À force d'essayer de réagir de manière joyeuse et positive, elle refoule son chagrin et les émotions qui accompagnent celui-ci, ce qui entrave son processus de guérison et, à terme, repousse les offres d'amour qui pourraient se présenter à elle.

Une partie de la personnalité de cette femme veut donner un tour positif à son deuil ou sa rupture, tandis qu'une autre voudrait juste pleurer sur une épaule compatissante. Mais cette seconde pulsion va à l'encontre de tout ce qu'on lui a inculqué depuis sa naissance...

Il arrive qu'alors qu'elle traverse une période de sa vie où elle aurait plus que jamais besoin d'amour, une femme se révèle incapable de faire entendre les sentiments qui doivent l'être pour qu'elle se sente aimée.

Nombre de femmes ont retenu de leur éducation que pour qu'on les aime, elle doivent elles-mêmes se montrer aimantes, pleines d'acceptation et d'appréciation, amicales, chaleureuses, responsables, généreuses, accommodantes et, surtout, heureuses. Si elles ne trouvent rien de gentil à dire, mieux vaut qu'elles se taisent. Ce genre de conditionnement handicape grandement lorsqu'il s'agit d'admettre ses sentiments en toute honnêteté. Après des années passées à camoufler ses émotions pour se faire plus désirable, on devient si experte à ce jeu qu'on en arrive parfois à se tromper soi-même.

Après des années passées à camoufler leurs émotions, les femmes en arrivent parfois à se tromper elles-mêmes.

Cette femme affirme si énergiquement à qui veut l'entendre que tout va bien, qu'elle finit par le croire.

Au point qu'au lieu de prendre le temps d'éprouver de la tristesse pour tout ce qui manque dans sa vie, elle se persuade qu'elle va bien. Cherchant à éviter de ressentir la souffrance occasionnée par la perte de l'être aimé, elle concentre toute son attention sur les aspects positifs de son existence et prend l'habitude d'idéaliser celle-ci. Et elle se répète comme un leitmotiv combien elle est plus heureuse sans compagnon.

ÊTRE HEUREUSE SANS HOMME

Lorsqu'une femme s'essaie à vivre heureuse sans homme, elle doit veiller à ne pas en profiter pour se dispenser de faire honnêtement face à son chagrin. Il lui est en effet très facile de perdre de vue son besoin de compagnie masculine. Si toutefois elle s'attache à trouver son équilibre en solo tout en travaillant sur son sentiment de perte, elle se prépare efficacement à retrouver un jour le bonheur à deux.

Comme nous l'avons déjà vu, le meilleur moment pour entamer une nouvelle relation est lorsqu'on est heureux(se) sans partenaire. Vous trouverez plus aisément un(e) compagnon (compagne) si vous ne menez pas une quête désespérée de l'âme sœur et ne comptez pas aveuglément sur celle-ci pour vous rendre le bonheur. Les femmes doivent s'assurer avec un soin tout particulier que leur sérénité est réelle et non une façade destinée à masquer ou à fuir leur colère, leur tristesse, leur peur et leurs regrets.

Le meilleur moment pour entamer une nouvelle relation est lorsqu'on est heureux sans partenaire.

Lorsqu'une femme s'accoutume à museler ses émotions, elle prend le risque de demeurer seule pour le restant de sa vie, puisque, en réprimant de la sorte son chagrin, elle finit par refouler aussi une partie de sa féminité – qui a besoin d'amour. Et les aspects plus virils de sa personnalité prennent le relais pour combler ses besoins, jouant dans son existence le rôle d'un partenaire masculin virtuel.

Si elle persiste à réprimer ses sentiments douloureux, ceux-ci finiront par se dissiper, mais sans guérir. Elle cessera donc définitivement de souffrir, mais son cœur demeurera brisé. Et pour le prix — exorbitant — de son soulagement, elle perdra la capacité de pleinement éprouver de la joie.

> *Réprimer son chagrin restreint la capacité d'éprouver toute autre émotion.*

Une femme qui réagit ainsi se sent bien et ne ressent nul besoin de retrouver un partenaire. Parfois, elle se dit qu'il serait agréable de disposer d'un compagnon pour aller au cinéma ou partir de temps à autre en vacances, mais ses regrets se limitent à cela. La partie d'elle-même qui aspire réellement à recevoir de l'amour est si profondément enfouie que, tant que les blessures de son âme ne seront pas guéries, elle continuera à survivre solitaire sans même deviner qu'il lui manque quelque chose.

Quand elle décidera d'entamer une nouvelle relation amoureuse – si elle le fait jamais –, elle n'y parviendra pas toujours aisément. En effet, une femme qui n'assume pas sa féminité assoiffée d'amour n'attire guère les hommes.

> *Dès qu'une femme accepte de déverrouiller la porte menant à son cœur, les hommes viennent y frapper.*

Accordez-vous le droit d'être malheureuse. Si cela vous paraît trop dur, essayez de consacrer un peu de temps chaque jour à votre chagrin. Si vous préférez le faire à l'insu de votre entourage, commencez par confier vos émotions négatives à un journal intime. Plus tard, lorsque vous admettrez mieux de vous pencher sur ces sentiments, je vous conseille de vous adresser à un groupe de soutien ou à un thérapeute susceptibles de vous aider à vous réconcilier avec cette partie opprimée de votre être.

CHAPITRE 23

Tout ou rien

Enfin, mesdames, vous faites aussi parfois fuir l'amour en exigeant tout, tout de suite. Certaines d'entre vous se refusent à consacrer le temps nécessaire à apprendre à connaître l'autre. Vous exigez de mettre d'emblée cartes sur table. Pas de petits jeux, pas de faux-semblants : vous dites les choses comme elles sont, point final. Si votre prétendant n'accepte pas ce ton direct, tant pis pour lui. À lui de décider : soit il vous accepte telle que vous êtes, soit vous vous en allez.

Une telle femme préfère être seule que fréquenter un homme incapable d'admettre sans discuter ses desiderata et ses manies. Cette attitude lui procure sans doute un sentiment de puissance, mais elle n'est guère tendre envers elle-même. En effet, ce n'est pas avec des idées arrêtées sur tout, ni en se montrant rigide et inflexible que l'on trouve l'amour. Une telle approche sans fioritures des rapports amoureux peut paraître admirable et souhaitable... mais elle ne fonctionne pas.

Et la femme qui l'adopte n'est forte qu'en apparence car, en réalité, la véritable puissance est celle qui permet d'obtenir ce dont on a besoin. Elle voudrait être forte et aimante, mais elle ne sait même pas ce que cela signifie. Et bien que sa soif d'amour égale celle de ses consœurs, sa pusillanimité lui interdit d'accorder la moindre chance de réussite à ses relations sentimentales. Pour trouver le grand amour, elle devra avant tout comprendre combien cette philosophie du « tout ou rien » limite ses options et celles de ses soupirants.

Une femme en apparence dure cache souvent sous cette façade un cœur sensible et blessé.

Sa réticence à faire des concessions face à un homme reflète l'échec de celles qu'elle a pu accomplir par le passé. Elle ne veut plus qu'on lui demande de comptes parce qu'elle a passé trop d'années à se justifier. Autrefois, elle cédait sur tout ; à présent, elle ne veut plus bouger d'un millimètre. Il lui semble avoir gâché trop d'énergie à tenter de faire plaisir aux autres et à donner d'elle-même sans jamais rien recevoir en retour. Et en cherchant – à juste titre – à établir un meilleur équilibre, elle en fait trop.

Ces femmes souhaitent tout partager dès le premier jour car elles n'aiment pas attendre. Si elles ne peuvent obtenir un plaisir immédiat, leur compagnon cessera de les intéresser. Il s'agit là d'exigences émotionnelles infantiles. Telles des enfants, ces femmes veulent tout, et elles le veulent *tout de suite*. Pour choyer et soigner cet aspect puéril de leur personnalité, elles doivent apprendre à attendre pour obtenir satisfaction sans pour autant se décourager.

À mesure que les plaies de votre cœur guériront, votre capacité de patience s'accroîtra d'elle-même. On n'aspire en effet à étaler ses sentiments que parce que sa douleur cherche à s'exprimer coûte que coûte. Une relation naissante ne constitue pas le contexte adéquat pour mener à bien ce processus de guérison et il faut veiller à ne pas confondre partenaire et thérapeute. C'est pourquoi il vous faut prendre le temps de soigner vos blessures émotionnelles avec l'aide d'un spécialiste ou d'un groupe de soutien avant d'envisager de bâtir un nouveau couple.

> *Une relation naissante ne constitue pas le contexte adéquat pour guérir des séquelles de ses précédentes liaisons amoureuses.*

Une femme qui souhaite d'emblée tout partager avec ses partenaires se comporte de manière tout aussi absurde qu'un homme qui voudrait faire l'amour avec ses conquêtes dès l'instant de leur rencontre. Imaginez qu'un soupirant vous annonce : « Je veux faire l'amour avec toi sur-le-champ. Si cela ne te convient pas, au revoir. Je sais ce que je veux et comment je le veux et si je ne peux pas obtenir satisfaction, je préfère que nous en restions là. » Vous le taxeriez sans nul doute de stupidité et d'immaturité ! Eh bien, une femme qui exige une intimité émotionnelle immédiate se montre tout aussi irréfléchie et immature. Considérer vos exigences sous cet angle vous aidera à les replacer dans une perspective plus juste et à cesser de vous en faire vertu.

Une telle impulsivité féminine révèle également une profonde incompréhension des mécanismes de développement du sentiment amoureux. Une femme qui réagit ainsi aurait, à mon sens, avantage à se documenter sur les cinq étapes qui marquent ce dernier telles qu'elles sont décrites dans mon livre *Mars and Vénus on a Date*[1]. Se pencher sur la manière dont un amour grandit lui donnera une conscience plus claire de sa capacité de trouver un partenaire durable qui fera son bonheur.

---

1. *Mars et Vénus ont rendez-vous.*

COMMENT L'AMOUR GRANDIT

Une relation sentimentale se développe par étapes. Lorsque vous plantez une graine, vous savez qu'il lui faudra du temps pour germer et vous n'escomptez pas qu'elle se transforme en une nuit en un arbre. De la même façon, deux êtres ont besoin de temps pour apprendre à se connaître. Et vouloir brûler cette étape peut faire dérailler la relation la plus prometteuse.

En exigeant une intimité trop rapide, une femme éveillera souvent chez son partenaire une soudaine pulsion de fuite. Après quoi, plus il se fera insaisissable, plus elle s'accrochera à lui, ce qui achèvera de le détourner d'elle. Veiller, au début, à fréquenter simultanément plusieurs hommes sans chercher d'emblée à former un couple aide à combattre cette propension aux relations fusionnelles. Même si ne plus faire qu'un avec l'aimé vous semble naturel et comble vos aspirations, efforcez-vous de réprimer cette tendance si vous voulez bâtir une relation solide. L'amour ne peut se développer si on l'étouffe sous un excès prématuré d'intimité.

Fréquenter simultanément plusieurs hommes aide une femme à combattre sa propension aux relations immédiatement fusionnelles.

Avant d'entamer une relation intime, une femme doit s'assurer que son existence n'en sera pas bouleversée. Si elle est déséquilibrée, elle aura en effet tendance à faire de son nouveau compagnon le centre de sa vie et à attendre de lui qu'il comble tous ses besoins. Même si cela le flatte pendant un temps, l'homme ne tardera pas à prendre ses jambes à son cou car il est irréaliste d'espérer de lui qu'il puisse prendre entièrement en charge le bien-être de sa partenaire. Heureusement, avec un peu de patience et de *self-control*, une femme parvient fort bien à ramener ses exigences à des proportions plus acceptables.

FAIRE D'UN HOMME LE CENTRE DE SON EXISTENCE

Pour recouvrer son équilibre émotionnel, une femme doit veiller à ne pas organiser sa vie entièrement autour de son partenaire. Elle apprendra plus facilement à contrôler ses exigences si elle veille à bâtir ses relations amoureuses lentement et à conserver le soutien de ses amis et de sa famille. Il ne faut jamais se couper de tout pour un homme.

L'amour et l'appui que vous apportent votre famille et vos amis sont tout aussi importants que ceux de votre partenaire. Par certains côtés, ils le sont même encore plus car il constituent la base de votre capacité d'entretenir une relation de couple. Grâce à eux vous n'attendrez pas trop de votre moitié et vous éviterez de vous vouer excessivement à elle.

L'amour et le soutien de vos amis constituent un bon dîner maison et l'amour d'un homme, un succulent dessert.

Une femme mal informée du fonctionnement des rapports amoureux risque de suivre son instinct et de courir au devant de déceptions. Quand ses amis lui recommanderont de rester distante afin de retenir l'attention et les sentiments de son partenaire, elle se récriera, protestant qu'elle refuse de se prêter à ce genre de petit jeu. Elle ne comprend pas qu'agir ainsi ne revient pas à manipuler son partenaire, mais à faire preuve de sagacité.

Ignorant les mécanismes qui président à la

construction d'une relation, elle multiplie les bévues. Comme elle n'éprouve pas le désir de tenir son compagnon à distance, elle fonce tête baissée droit dans le mur. Ajoutez à cela que sous prétexte de privilégier la sincérité, elle suit aveuglément son instinct, et vous comprendrez que son couple tout neuf est voué à l'échec. Imaginez un instant qu'une personne qui boit trop ou dépense sans compter adopte la même démarche... Tant que vous persisterez ainsi à vous fier à vos impulsions, les choses iront de mal en pis.

Pour réussir à refaire sa vie, il faut veiller à ne pas justifier ses névroses par un prétendu souci de transparence. En effet, si cette qualité conditionne la réussite à long terme d'un couple, on ne doit pas pour autant se dévoiler à l'autre d'un bloc. Et admettez une bonne fois pour toutes que prendre son temps avec un nouveau partenaire n'implique pas qu'on cherche à le manipuler.

TACTIQUES AMOUREUSES

Lorsqu'une femme refuse sans appel de « jouer à ces petits jeux », cela signifie en général soit qu'elle a autrefois recouru sans succès à de telles tactiques, soit qu'on en a employé avec elle et qu'elle en a souffert. Comme toujours, ces blessures mal cicatrisées risquent, si elle n'y prend pas garde, d'empoisonner sa nouvelle relation.

Une femme qui refuse sans appel « ces petits jeux » risque de jeter le bébé avec l'eau du bain.

La plupart des tactiques amoureuses auxquelles les femmes recourent pour séduire un homme reposent essentiellement sur le bon sens. Ce sont d'ailleurs les seules qui favorisent l'éclosion d'un amour. Les petits jeux fondés sur le mensonge produisent le résultat inverse, même s'ils semblent dans un premier temps fonctionner à merveille : lorsque votre partenaire découvrira qui vous êtes réellement, il risque fort de s'apercevoir qu'il ne vous aime pas vraiment.

Voici quelques exemples de stratégies manipulatrices qui ne fonctionnent pas et de bons conseils qui marchent. Mêmes s'ils paraissent se ressembler, un abîme les sépare.

Stratégies manipulatrices	Bons conseils
Ne le rappelez pas : il ne vous en désirera que plus.	Ne construisez pas votre existence autour de lui. Rappelez-le, mais ne laissez pas tout tomber pour lui.
Soyez sexy, habillez-vous sexy et, au lit, faites tout ce qu'il vous demandera.	Portez des vêtements dans lesquels vous vous sentez bien et ne faites l'amour avec votre nouveau partenaire que quand vous vous y sentirez prête.
Cachez vos sentiments véritables, montrez vous sereine et détachée. Ne faites jamais preuve d'enthousiasme.	Retenez-vous d'exposer d'emblée tous vos sentiments. Veillez à ne rien précipiter. Laissez votre amour éclore pétale après pétale.
N'appelez jamais un homme et veillez à ne jamais paraître trop intéressée par lui.	Vous pouvez tout à fait appeler un homme, mais ne vous attendez pas à ce qu'il ait mille

choses à dire – si c'est le cas, vous serez agréablement surprise – et ne le bombardez pas de questions. Faites-lui plutôt part de vos pensées et de vos sentiments.

Sortez avec d'autres hommes pour le rendre jaloux.	Multiplier les soupirants, mais pas les partenaires sexuels, vous évitera d'exiger de chacun d'eux une attention trop intense.
Ne soyez pas trop disponible pour lui ; répondez parfois que vous êtes trop occupée pour le voir.	Veillez à ne pas camper devant votre téléphone dans l'attente de son appel. Conservez une vie bien remplie afin de ne pas devenir trop dépendante de lui.
Revoyez votre habillement et votre façon de parler, de sourire et même de flirter afin de lui plaire.	Veillez à ne jamais courtiser un homme plus qu'il ne vous courtise. À vous d'attiser son intérêt : à lui de vous séduire. Il est facile pour une femme de séduire un homme, mais cela donne rarement naissance à une relation sérieuse.

LES HOMMES VIENNENT DE MARS,
LES FEMMES VIENNENT DE VÉNUS

Bien que se montrer directe et jouer franc-jeu puisse paraître une bonne idée, une telle attitude révèle en réalité une profonde insensibilité aux autres et à leurs besoins. Les femmes qui réagissent ainsi tolèrent d'ailleurs souvent fort mal qu'on se démarque d'elles. Persuadées de détenir l'unique vérité, elles croient qu'un homme doit penser, sentir et réagir comme elles. Ces femmes devraient lire *Les hommes viennent de Mars, les femmes viennent de Vénus*, afin de comprendre et d'admettre les salutaires différences existant entre les deux sexes.

Dans la troisième partie de ce livre, nous nous pencherons sur les défis spécifiques auxquels un homme fraîchement redevenu célibataire se trouve confronté. Permettez-moi de rappeler une fois encore que si les exemples qui vont suivre s'adressent principalement à mes congénères masculins, il arrivera que certaines femmes se retrouvent en eux et dans tout ou partie des schémas qu'ils illustrent.

De plus, consacrer quelque temps à l'étude du point de vue du mâle aidera les femmes à mieux deviner ce que vit un homme qui doit repartir de zéro. Elles comprendront ainsi mieux ses expériences et ses réactions, et parviendront plus aisément à prendre les bonnes décisions susceptibles de faire éclore l'amour dans leur vie.

Mars refait sa vie

Refaire sa vie sur Mars présente des défis spécifiques et ressemble parfois à la traversée d'un champ truffé de mines. Certains chanceux parviennent sans encombre de l'autre côté, tandis que d'autres seront pulvérisés en menus morceaux. Entendre le récit des erreurs des autres vous aidera à accomplir les choix adéquats : mieux informé, vous trouverez l'assurance et la sagesse nécessaires pour aller de l'avant sans vous échouer sur les mêmes écueils que vos prédécesseurs.

Dans chacun des vingt-trois exemples qui suivent, vous retrouverez peut-être une petite parcelle de vous-même. Vous sentir ainsi concerné par les problèmes d'autrui, même s'il diffèrent en partie des vôtres, vous fournira une meilleure perception des qualités requises pour vous frayer votre propre chemin sur la voie de la guérison et du bonheur. En vous procurant le soutien nécessaire et en prenant les bonnes décisions, vous pourrez faire resurgir le meilleur de vous-même et connaître la plénitude de l'amour et de la force qu'une relation heureuse apporte.

Un homme convalescent

L'une des plus grandes différences qui distingue un homme désireux de refaire sa vie d'une femme dans la même situation est que le premier tend à s'engager trop vite dans une nouvelle relation, tandis que la seconde attendrait plutôt trop longtemps pour ce faire. Un homme convalescent d'un deuil ou d'une rupture passe volontiers de partenaire en partenaire sans deviner que cela l'empêche de guérir les blessures de son cœur. Entamer immédiatement une nouvelle liaison peut en effet adoucir sa peine, mais cela ne le soignera guère.

S'il ignore comment faire son deuil de son précédent amour, un homme qui souffre traitera son chagrin comme n'importe quel autre problème. En effet, il n'est pas dans le tempérament masculin de perdre son temps à écouter ses sentiments au lieu de chercher une solution. De même qu'un homme qui pâtit de manquer d'argent va aussitôt chercher à en gagner plus, un homme qui a perdu son amour fera en sorte de retrouver au plus tôt une autre partenaire.

En s'engageant trop vite dans une nouvelle relation, un homme perd une occasion de guérir les blessures de son cœur.

L'homme convalescent croit à tort que l'amour d'une autre femme pansera ses plaies. En réalité, cet amour apaisera son âme et fera resurgir ses sentiments douloureux, qu'il pourra alors soigner. On doit prendre la responsabilité d'accueillir sa souffrance, au lieu de la fuir. Chaque homme doit savoir s'abandonner aux quatre émotions qui guérissent jusqu'à ce que son chagrin s'envole. Cela ne signifie toutefois nullement qu'il doive effectuer ce parcours seul. L'heure est venue pour lui de tendre la main vers ses amis et sa famille pour solliciter leur appui.

Le meilleur moment pour s'engager dans une nouvelle relation est lorsqu'on ne perçoit plus cela comme une nécessité. Tant qu'un homme pense qu'il « doit » trouver une compagne afin d'échapper à son chagrin, il n'est pas prêt à s'engager envers une femme. S'il le fait, il parviendra mal à tenir ses promesses et finira toujours par se demander pourquoi il ne parvient pas à se décider ou par décider soudain que sa partenaire ne lui convient pas du tout. La plupart des relations entamées juste « après » ne se prolongent guère.

Lorsqu'un homme s'engage dans une nouvelle relation juste après un deuil ou une rupture, il tarde rarement à changer d'avis.

Un homme mourant de faim mange presque n'importe quoi, mais dès que sa fringale est apaisée, il redevient plus difficile. De même, juste après un deuil ou une rupture, un homme est tellement affamé d'amour qu'il s'éprendra quasiment de toute femme lui offrant quelques miettes de tendresse. Mais une fois sa soif initiale épanchée, il recouvrera son discernement et se « réveillera » – et cessera de s'intéresser à une compagne qu'il n'a pas réellement choisie. Il est déjà difficile en général pour les hommes d'aujourd'hui de s'engager envers une femme ; dans de telles circonstances, cela frise l'impossibilité.

> **Un homme à peine convalescent d'un deuil ou d'une rupture est tellement affamé d'amour qu'il peut s'éprendre quasiment de toute femme lui offrant quelques miettes d'amour.**

Certains hommes perçoivent l'échec d'une relation sentimentale comme un échec personnel. Alors, pour se prouver leur virilité ou leur séduction, il chercheront à « conclure » avec la première partenaire sexuellement consentante. Outre la satisfaction immédiate que cela lui procurera, cela représentera aussi une excellente occasion de soigner les émotions négatives qui vont remonter en lui. En l'aidant à recouvrer une bonne opinion de lui-même, l'amour d'une femme peut en effet favoriser son processus de guérison. Mais attention : ne faites pas de promesses que vous ne pourriez pas tenir. Après une rupture, un homme a besoin de temps avant de se délivrer de sa propension à s'engager trop vite. N'oubliez pas que votre force et votre succès futurs reposent sur votre capacité de vous sentir bien sans la béquille d'une relation de couple.

SAVOIR S'ENGAGER AU BON MOMENT

Un homme est mûr pour entamer une nouvelle relation sérieuse lorsque son désir de donner devient plus grand que son besoin de recevoir. Un couple dans le cadre duquel l'homme reçoit plus qu'il ne donne affaiblit celui-ci et le rend encore plus dépendant et égocentrique. Il doit veiller à ne s'engager que lorsqu'il se sent solide et en mesure de faire le bonheur d'une femme – et non parce qu'elle possède le pouvoir de combler ses désirs de mâle. Et quand il arrive qu'il ait des rapports sexuels *avant* d'être prêt à s'engager, il doit le signaler clairement à sa partenaire et lui faire comprendre qu'il cherche plus un réconfort empreint de tendresse qu'une relation de couple.

Une relation dans le cadre de laquelle un homme reçoit plus qu'il ne donne affaiblit celui-ci.

S'il ne le fait pas, c'est sa compagne qui en souffrira le plus. Cet homme blessé surgit dans sa vie et la couvre d'appréciation, de gratitude et d'amour. Puis, du jour au lendemain, il lui retire soudain tout cela sans raison apparente, alors qu'elle demeure la même femme que la veille. En réalité, à présent qu'il n'est plus aussi assoiffé de tendresse, il n'a plus vraiment besoin d'elle ni envie de sa compagnie. Et il se désintéresse d'elle aussi brutalement qu'il s'en était épris. Ce schéma n'est à l'évidence salutaire ni pour le cœur de l'un ni pour celui de l'autre.

Une femme sage n'ouvrira son lit à un homme convalescent d'une rupture que si elle n'espère de lui aucun engagement à long terme. Elle doit être préparée à ce qu'il cesse de l'appeler à tout moment. Si elle choisit de passer outre, elle doit admettre qu'il ne lui porte que des sentiments temporaires. Elle évitera ainsi de souffrir. Si en revanche elle ne comprend pas tout cela, elle se sentira blessée et trahie lorsqu'il la quittera tandis que lui se consumera de remords. Et, pour fuir sa culpabilité, il tendra à sauter à pieds joints dans une nouvelle relation. Ce cercle vicieux se poursuivra indéfiniment jusqu'à ce que cet homme prenne le temps de soigner les plaies de son cœur. Autant dire que tant qu'il n'apprendra pas à ne pas faire de promesses avant d'être guéri, il ne fondera jamais un couple durable.

RECONNAÎTRE L'ÂME SŒUR

Un chagrin et une culpabilité mal résolus empêchent de reconnaître l'âme sœur si elle croise notre route. De ce fait, entamer une nouvelle relation juste après un deuil ou une rupture garantit presque à coup sûr de s'engager avec la mauvaise personne. Plus un homme se sent coupable d'avoir déçu une femme (ou refoule ce sentiment), plus longtemps il lui faudra attendre avant de redevenir capable de reconnaître la femme de sa vie.

Entamer une nouvelle relation juste après un deuil ou une rupture garantit presque à coup sûr de s'engager avec la mauvaise personne.

Un homme qui commence une relation amoureuse alors qu'il est affaibli et assoiffé de tendresse cherchera presque toujours une autre partenaire le jour où il retrouvera sa force et son indépendance. Redevenu solide, il rêvera d'une femme qui s'appuiera sur lui et non plus d'une maman toujours prête à le cajoler.

Il voudra une femme qui voit et apprécie sa force, et non sa faiblesse. Peu importera qu'une femme se soit consacrée corps et âme à lui ou lui ait sacrifié les plus belles années de sa vie : si elle ne lui correspond pas, il la quittera. Tout ce qu'elle aura pu lui donner ne suffira pas à faire d'elle la femme adéquate. Or, un homme ne peut demeurer attiré que par une compagne qui lui convient. Et c'est très rarement le cas de celle qu'il choisira lorsqu'il relève tout juste d'une rupture ou d'un deuil. D'ailleurs, lui non plus ne représente pas pour elle un bon partenaire.

Il pourra aussi advenir qu'un homme rencontre une femme qui lui convienne, mais qu'il soit incapable de le voir ou de le deviner. En entamant trop vite une liaison avec elle, il perdra la faculté de voir en elle la partenaire idéale. Si elle a été là pour lui lorsqu'il était au plus bas, quand il commencera à se sentir mieux, tous deux penseront qu'il lui doit beaucoup. Et ce sentiment d'obligation risque de l'empêcher de sentir qu'il l'aime... l'herbe semblant beaucoup plus verte dans le pré du voisin.

Entamer une relation trop rapidement après une rupture ou un deuil peut faire perdre à un homme la faculté de voir en sa partenaire la femme de sa vie.

Cette impression d'être devenu le débiteur de sa compagne interdit à un homme de choisir librement de rester ou de rompre, et demeurer auprès d'elle par devoir lui paraît souvent insupportable. Prisonnier de sa dette envers cette femme comme un forçat de ses chaînes, il ne tardera pas à assimiler la perspective de changer de partenaire à une libération anticipée assortie d'un casier judiciaire vierge. Refaire sa vie en effaçant le passé est une solution très alléchante.

CHAPITRE 2

Le sexe juste « après »

L'un des plus grands obstacles qui entravent la progression d'un homme sur la voie de la guérison est son appétit sexuel. Rien de plus facile en effet pour lui que de confondre besoin d'amour et pulsion charnelle. Même s'il ne se sent pas prêt à s'engager émotionnellement, il veut une compagne de lit. Mais quoiqu'une telle relation puisse lui procurer un répit temporaire, elle ne soignera pas son cœur.

Le sexe constitue cependant une merveilleuse expression d'amour et d'intimité et, pour un homme au cœur blessé, un puissant moyen de reprendre contact avec ses émotions. Il doit toutefois veiller à ne pas s'engager envers sa partenaire car en cette période délicate de son existence, un lien sexuel renforcerait encore sa dépendance à l'égard de l'amour de cette femme. Mieux vaudra donc pour lui passer de compagne en compagne, ou, en tout cas, exprimer clairement son incapacité d'effectuer la moindre promesse. Après chaque rapport, l'homme devra en outre prendre le temps d'explorer les sentiments qui montent en lui.

Un appétit sexuel insatiable juste après une rupture ou un deuil peut virer à l'obsession si l'homme persiste à nier son chagrin. En effet, après avoir obtenu le soulagement procuré par des ébats sexuels, il lui faut impérativement travailler sur sa peine. Certains se précipitent aussitôt dans de nouvelles galipettes pour fuir leurs émotions curatives et, s'ils n'y prennent pas garde, risquent d'en venir à considérer les stimuli sexuels comme un moyen de s'étourdir et d'endormir leurs émotions, au lieu de les aider à se reconnecter avec celles-ci et à se consoler.

Éviter pour un temps toute stimulation d'ordre sexuel favorise donc le processus de guérison masculin après une blessure morale. Plus cela vous paraîtra difficile, plus vous aurez besoin de cette période d'abstinence. Pour faciliter les choses, il conviendra évidemment de fuir les situations génératrices d'excitation.

Éviter pour un temps toute stimulation d'ordre sexuel favorise le processus de guérison masculin.

Si vous tendez volontiers à user du sexe pour oublier vos sentiments, ce n'est pas le moment de regarder des vidéocassettes classées X, de lire des revues pornographiques ou d'arpenter les boîtes de nuit en quête de partenaires, car ce genre de stimulation aiguisera bien évidemment votre appétit charnel. Pour conserver le contrôle de vos pulsions, préférez les douches froides, le sport et les virées entre amis !

NE PAS CONFONDRE DÉPENDANCE ET BESOIN

Une dépendance ressemble à un véritable besoin, mais n'en est pas un. C'est en réalité un besoin de remplacement. Lorsqu'un besoin réel devient trop douloureux, l'esprit en invente en effet un autre, destiné à masquer le premier. Chez un homme convalescent d'une rupture ou d'un deuil, un appétit sexuel obsessionnel constitue un besoin de remplacement. En réalité, il lui faudrait surtout guérir ses plaies émotionnelles. Or, si une activité sexuelle modérée peut l'aider à reprendre contact avec ses sentiments, un excès de galipettes produira l'effet inverse.

Les hommes succombent en règle générale, plus facilement à des comportements inducteurs de dépendance, sans doute parce qu'ils savent moins bien que les femmes exprimer leurs émotions. La plupart d'entre eux ne possèdent pas les amis nécessaires et ne maîtrisent pas les techniques de communication adéquates pour entretenir des conversations profondes portant sur leurs pensées les plus intimes. Pour gérer leur stress quotidien, ils se bornent le plus souvent à discuter entre eux de sport, de leur travail, de politique ou du temps qu'il fait. Ce qui leur convient parfaitement tant que leur cœur n'est pas brisé.

Entre eux, les hommes discutent plus souvent de sport, de leur travail, de politique ou du temps qu'il fait que de leurs sentiments profonds.

S'il ne sait vers qui se tourner, un homme blessé cédera plus souvent qu'à son tour à ses tendances obsessionnelles. Son réel besoin de communiquer se verra alors remplacé par un faux besoin. Ce principe s'applique aussi aux femmes, même si chez elles il se traduit plus fréquemment par des déviances alimentaires que par un appétit sexuel démesuré. Tant que l'on ne comprend pas les mécanismes de cicatrisation des blessures du cœur et que l'on ne met pas ces connaissances en pratique, on risque de céder aux sirènes de l'obsession.

CHAPITRE 3

Obsessions positives

En période de convalescence après un deuil ou une rupture, un homme souffre lorsqu'il ignore comment faire naître des occasions d'exprimer ses sentiments. Pour fuir sa douleur, il cherchera l'oubli dans une vie sexuelle débridée – c'est le cas le plus courant – ou dans des comportements autodestructeurs tels que l'alcoolisme ou la toxicomanie. Remarquons à cet égard que toute activité pratiquée en excès peut servir à étouffer ses émotions.

Pour fuir sa douleur, on cherche l'oubli dans des comportements obsessionnels.

Ainsi, bon nombre d'hommes s'abîmeront dans leur travail, obsession nettement moins néfaste pour le bon déroulement de leur processus de guérison puisqu'elle peut même parfois favoriser celui-ci. On peut donc la qualifier d'obsession positive. En effet, si un homme bénéficie de l'appui d'un thérapeute ou d'un groupe de soutien, se concentrer sur son travail lui procurera en général un soulagement aussi appréciable que sain. Son activité professionnelle lui permettra de se sentir de nouveau indépendant et autonome et de se délivrer peu à peu de sa dépendance à l'égard des relations amoureuses.

En revanche, cette méthode convient moins bien aux femmes. Car celles-ci tendent à fuir leurs émotions en donnant trop d'elles-mêmes. Moyennant quoi elles se sentent excessivement responsables du bien-être de leur entourage, ce qui les pousse à réprimer plus encore leurs propres sentiments et besoins. Se consacrer toute entière à son travail relève d'une démarche similaire. Voilà pourquoi une femme doit veiller à ne pas se perdre dans son travail.

Pour un homme, se vouer corps et âme à son travail peut représenter une obsession positive, mais chez une femme, cela risque d'entraver le processus de guérison.

Bien faire son travail peut aider un homme à soigner les plaies de son cœur. En donnant ainsi de son temps et de son énergie, il reçoit en retour de l'appréciation, de l'acceptation et de la confiance qui lui insufflent la force et la capacité de se pencher plus profondément sur ses émotions, puis de les guérir. Durant cette période critique de convalescence, tout ce qu'un homme accomplit pour aider les autres ou pour devenir plus indépendant et autonome favorise la cicatrisation de ses blessures.

Se divertir peut aussi devenir une obsession positive car il est excellent pour un homme de sortir de chez lui pour faire des choses qu'il aime. C'est le moment de vous accorder de petits plaisirs : si vous rêvez d'une nouvelle voiture ou d'une nouvelle chaîne stéréo, achetez-les. Bien sûr, s'amuser ou dépenser de l'argent peuvent prendre un tour maniaque chez certains, mais pratiquées avec modération, ces activités agissent comme des obsessions positives. Si vous avez de l'argent à dépenser, allez-y gaiement ! Du moment que vos enfants disposent de tout ce qu'il leur faut et que vous accomplissez correctement votre travail, n'hésitez pas à profiter de la vie et à vivre un peu pour vous. C'est l'occasion de vous autoriser tout ce que vous ne pouviez pas faire lorsque vous étiez en couple...

CHAPITRE 4

Travail, argent et amour

Il demeure toutefois possible qu'un homme se plonge dans son travail au point d'ignorer le chagrin et le sentiment d'impuissance suscités par la perte de son amour. Ce qui peut le conduire à se créer des problèmes professionnels gravissimes en se fixant par exemple des objectifs irréalisables.

Si son ex-partenaire attendait trop de lui et qu'il refuse de faire face à la colère qu'il en conçoit encore, il risque à son tour d'exiger trop de lui-même. Sa fureur refoulée l'incitera à se transformer en une sorte de clone de son ex, si bien qu'il s'épuisera à poursuivre des buts inaccessibles.

En somme, si un homme ne veille pas à se limiter à des ambitions réalistes, il s'imposera des pressions insoutenables. Obligé de travailler de plus en plus dur, il disposera d'encore moins de temps pour traiter le chagrin qui entretient son obsession malsaine.

Un homme s'impose des pressions intolérables lorsqu'il se fixe des objectifs irréalistes.

Un homme d'affaires de mes amis a décidé à la suite d'une rupture douloureuse de renoncer aux femmes tant qu'il n'aurait pas engrangé dix millions de dollars. Un tel défi n'est pas sain. En effet, lorsqu'il guérit d'une déception sentimentale, un homme devrait, dans l'idéal, se satisfaire de ce qu'il a déjà accompli. Il ne doit surtout pas s'imposer de mieux réussir dans le but de gagner l'amour de la femme parfaite car une compagne qui lui convient ne l'aimera pas pour son argent, mais pour lui-même.

Un homme peut accorder beaucoup d'importance à l'argent car il considère souvent la réalisation d'objectifs financiers comme le préalable nécessaire à une relation sentimentale.

Si sa précédente partenaire affichait une attitude négative et ne lui apportait aucun appui, un homme pourra aussi en conclure qu'il réussira mieux sans épouse. Bien qu'il soit sans conteste bon qu'un homme sache subvenir à ses propres besoins avant de s'engager dans une liaison intime, il ne doit cependant pas attendre d'avoir « réussi » au sens populaire du terme.

En créant un équilibre entre sa vie privée et son travail, un homme accroît dans des proportions considérables ses chances de succès professionnel à court et à long terme. La sérénité engendrée par une relation de couple stable l'aide grandement à atteindre ses objectifs.

J'ai pour ma part longtemps cru que seul un succès professionnel éclatant me rendrait digne d'amour. Je ne me le disais bien sûr pas consciemment, mais ma certitude s'exprimait par un immense appétit de réussite. Rien de ce que j'accomplissais ne me satisfaisait jamais pleinement.

Un homme se sent souvent tenu de réussir parce qu'il croit, à tort, qu'une plus grande gloire professionnelle le rendra plus digne d'amour.

Ce souci maniaque de triompher sur le plan professionnel résultait de ma conviction subconsciente que si je gagnais plus, on m'aimerait plus. Mais paradoxalement, tant que j'ai pensé cela, j'ai moins bien réussi et vécu dans la contrariété.

Tout cela changea quand j'épousai Bonnie. Très vite, j'ai découvert grâce à elle le pouvoir guérisseur de l'amour. La tendresse de mon épouse m'a fait comprendre que je n'avais pas besoin d'en faire plus ou de posséder davantage pour gagner son cœur car elle appréciait avant tout ma compagnie. Cette prise de conscience a révolutionné mon approche du monde du travail.

Lorsque vous cherchez à refaire votre vie, essayez, au lieu de travailler chaque jour plus dur et plus tard, d'en faire un peu moins et de vous consacrer un peu plus à votre besoin d'amitié et de divertissement. Non seulement cela vous fournira le soutien nécessaire à la guérison complète des plaies de votre âme, mais vous attirerez le succès.

C'est ce qui s'est produit pour moi : apprendre à équilibrer mes aspirations personnelles et professionnelles m'a apporté une réussite qui ne s'est plus démentie depuis. Chaque jour, certaines situations réveillent en moi la tentation de trop travailler, mais je jugule celle-ci en me remémorant les bases de ma victoire.

Un homme qui veille à conserver les portes de son cœur ouvertes favorise, ce faisant, ses ambitions matérielles. Lorsque nos amis et notre famille nous aiment et se fient à nous, nous inspirons confiance à l'univers tout entier. Les êtres sereins et heureux attirent le succès tels des aimants.

CHAPITRE 5

Aimer ne suffit pas

Bien des hommes et des femmes commettent l'erreur de croire que l'amour suffit à assurer le succès d'un couple. Il arrive pourtant que deux personnes s'aiment, mais ne se conviennent pas l'une l'autre. Elles s'adorent, mais pas assez pour se marier ou pour demeurer heureux ensemble. Notre société considère trop souvent que deux êtres qui s'aiment doivent s'unir et qu'aimer quelqu'un fait automatiquement de lui ou d'elle l'homme ou la femme de notre vie. En réalité, bien que l'amour constitue une condition indispensable pour qu'une relation durable et heureuse se développe, il ne garantit pas que l'être aimé comble vos vœux.

Choisir un conjoint s'apparente à choisir un emploi. Au départ, on pourrait embrasser diverses professions, mais on s'interroge afin d'opter pour la mieux adaptée à sa personnalité. Même si l'on apprécie de nombreuses activités, on devra décider de se concentrer sur l'une d'elles. De la même façon, la Terre abrite sans doute des milliers de personnes que vous pourriez aimer, mais quelques-unes seulement susceptibles de faire des époux(ses) possibles. Il ne vous reste plus qu'à fouiller votre âme pour découvrir qui de ce petit groupe vous est destiné(e).

Quand on essaie à toute force de se convaincre

que l'autre est le partenaire idéal, on finit toujours par créer des problèmes. Soit on modifie excessivement sa propre personnalité dans le but de combler les besoins de son compagnon ou de sa compagne, soit on exagère ses efforts pour tenter de le ou la faire évoluer. Or, pour qu'un mariage réussisse, il faut, au contraire, que chacun sente qu'il pourra être *plus* lui-même que lorsqu'il était célibataire, et non moins. Si l'un des partenaires doit renoncer à son identité pour rendre l'autre heureux, leur union ne pourra pas durer.

Même quand on s'aime éperdument, on ne peut faire rentrer un cube dans un orifice rond.

S'évertuer à demeurer ensemble en niant l'évidence risque de vous entraîner tous deux vers le fond jusqu'à ce que vous cessiez de même pouvoir vous supporter. En réalité, vous ne supporterez plus ce que vous-même êtes devenu. Rester amoureux suppose aussi, en effet, que l'on apprécie les inévitables changements qui surviennent en soi au contact de l'autre. Chaque relation sentimentale stimule une partie de l'être, mais autant le bon partenaire fera ressortir le meilleur de vous, autant un mauvais partenaire pourra réveiller vos plus néfastes aspects, au point qu'au lieu de gagner en amour, en sagesse, en réceptivité et en créativité, vous régresserez.

Paradoxalement, lorsque deux personnes qui s'aiment parviennent à mettre fin à leur relation sans animosité et en admettant qu'elles n'étaient pas faites l'une pour l'autre, elles pourront ultérieurement développer des liens d'amitié. En revanche, toute tentative de reprise de leur romance se soldera par un échec retentissant.

Tant qu'il ne comprendra pas qu'il est parfois impossible de faire fonctionner une relation, l'un des partenaires (ou les deux) risque de demeurer prisonnier de son chagrin ou de se consumer de remords parce qu'il n'a pas su construire un couple solide. Certains tendent à demeurer dans une relation sans issue longtemps après avoir compris qu'ils devraient partir, afin d'éluder ce sentiment de culpabilité. Ce n'est que quand la situation devient intenable qu'ils jugent une rupture justifiée. Malheureusement, plus longtemps on reste, plus on déçoit et plus on blesse l'autre. On accumule donc les remords qu'il faudra traiter par la suite.

> *Certaines personnes poursuivent une relation sans issue longtemps après avoir compris qu'elles devraient partir, afin d'éluder leur sentiment de culpabilité.*

Admettre qu'on peut s'aimer tout en se révélant incapables de bâtir une relation intime durable constitue le premier pas pour se délivrer d'une séparation sans remords et dans un esprit de pardon. On trouvera alors la sérénité nécessaire pour avouer : « Je t'aime, mais nous ne sommes tout simplement pas faits l'un pour l'autre. » Chacun reconnaîtra avoir fait de son mieux, chacun louera les efforts de l'autre, puis on se quittera sans rancœur. Conserver ainsi les portes de votre cœur grandes ouvertes accroîtra beaucoup vos chances de choisir le bon partenaire, la prochaine fois.

Refaire sa vie se complique quand on se sent médiocre, coupable, au-dessous de tout ou que l'on doute de ses capacités de réussite. En revanche, mettre fin à une relation avec amour, en admettant que notre partenaire ne nous convenait pas, nous met d'emblée sur le chemin du bonheur. N'oubliez pas, par ailleurs, que tant qu'on éprouve des remords, cela signifie que le processus de guérison n'est pas achevé.

CHAPITRE 6

Tirer la leçon de ses erreurs

Pour étouffer leur chagrin, certains hommes multiplient les reproches à l'encontre de leur ex. Déclarer qu'elle ne leur convenait pas leur permet d'écarter sans délai, puis de faire taire, le sentiment de vide bien naturel qui envahit leur cœur depuis leur séparation. Le nouveau célibataire s'empressera alors de se féliciter que son chemin et celui de son ancienne femme se soient séparés et, en rationalisant ainsi la situation, niera complètement sa souffrance.

Une telle démarche l'empêche d'ouvrir son cœur à de nouvelles amours et, chose tout aussi grave, le dispense de se pencher sur sa part de responsabilité dans les problèmes du couple. Or, celle-ci existe toujours car les problèmes relationnels ne sont jamais en totalité le fait d'un seul partenaire. Déclarer : « Je n'avais pas choisi la bonne épouse » ne constitue pas une explication suffisante.

Pour devenir capable de trouver plus tard l'âme sœur, il faut notamment tirer la leçon des erreurs commises au fil de ses précédentes relations amoureuses.

Quand deux personnes mal assorties s'unissent et tentent de fonder un foyer, chacune d'elles exacerbe

inévitablement les pires défauts de l'autre. Sélectionner le bon partenaire n'aplanira cependant pas
toutes les difficultés d'un coup de baguette magique.

Que votre compagne vous convienne ou non,
vous portez une part de responsabilité dans vos dis-
sensions. Pour vous assurer de ne pas répéter sans
fin le même schéma, veillez, lors de chaque rupture,
à admettre en quoi vous avez contribué à ce résultat.
Cela vous permettra de vous montrer plus aimant
dans vos rapports sentimentaux futurs.

Tirer la leçon de ses erreurs passées rend plus apte
à construire ultérieurement une relation solide. Acca-
bler son ex de reproches fait donc perdre une excellente occasion d'apprendre et de progresser. Si l'on
agit ainsi, non seulement on persistera dans ses errements, mais en plus, on continuera à s'éprendre du
même – et mauvais – type de partenaire.

---

*Tirer la leçon de ses erreurs passées rend plus
apte à construire ultérieurement une relation
solide.*

Si un homme oublie facilement, il pardonne moins
aisément et lorsqu'il voit apparaître des problèmes
déjà rencontrés au cours d'une précédente relation,
il tend plus souvent à se montrer intolérant qu'à
aborder ces questions avec un œil neuf. C'est pourquoi il aura avantage à examiner de près avant de
chercher à refaire sa vie, outre les bévues et les réticences de son ex, les siennes propres. Prendre le
temps de se pencher sur son comportement l'aidera
à absoudre son ancienne compagne et non plus seulement à tourner le dos au passé.

CHAPITRE 7

Rien ne vous oblige à cesser d'aimer

Une fois que vous avez admis que votre ex-partenaire n'était pas la femme qu'il vous fallait, cela n'implique pas nécessairement que vous cessiez de l'aimer.

Beaucoup d'hommes croient qu'on ne peut à la fois dire adieu et conserver des sentiments.

Ils ne comprennent pas que la situation peut aussi se résumer en ces termes : « Je t'aime, mais je sais aussi que nous ne sommes pas faits l'un pour l'autre. En revanche, je crois que nous pourrions devenir bons amis. »

Même si la tendresse que vous vouez à votre ex a changé de nature, il n'est nulle part écrit que vous devez lui fermer votre cœur parce que vous l'avez quittée.

À l'issue d'une relation amoureuse, on devrait toujours prendre le temps de se remémorer l'amour qu'on a partagé au début.

Il s'agit là d'une phase très importante du processus de guérison des cœurs brisés.

CHAPITRE 8

Aimer sans retour

L'homme lambda apprécie les défis. Ceux-ci le stimulent. S'il désire quelque chose qu'il ne peut aisément obtenir, il le désirera encore plus. Et s'il veut l'amour d'une femme, est attiré par cet amour, mais ne peut l'avoir, la passion l'enflammera souvent de plus belle.

Après une rupture, il arrivera de ce fait qu'un homme se torture sans relâche, refusant de croire que sa compagne ne veuille plus de lui, et en sera d'autant plus épris qu'elle le rejette plus fermement. Ce qui envenime encore la douleur intolérable occasionnée par leur séparation. Aimer ainsi sans retour l'aidera à écouter ses regrets, mais il doit aussi veiller à explorer ses autres émotions.

Un homme qui se consume d'amour sans retour – et se voit tel un Roméo moderne impuissant à trouver sa Juliette ou à vivre heureux auprès d'elle –, porte clairement les séquelles d'un passé mal guéri. Son incapacité d'admettre qu'on le rejette et son hypersensibilité à la perte d'un être aimé trouve sa source bien au-delà de la présente séparation.

Se voir comme un Roméo moderne incapable de trouver sa Juliette ou de vivre heureux auprès d'elle indique clairement que l'on souffre des séquelles d'un passé mal guéri.

Pour se libérer de l'étau brûlant et infernal de l'amour à sens unique, un homme doit, une fois encore, relier sa souffrance présente à ses chagrins passés et fouiller sa mémoire à la recherche d'autres situations dans lesquelles il s'est senti rejeté ou abandonné par ses premières dulcinées et, plus tôt encore, par sa mère.

Lorsqu'un homme parvient mal à admettre l'échec de ses relations amoureuses, cela est en effet souvent lié à des problèmes mal digérés vis-à-vis de sa maman. Si, enfant, il a dû apprendre à se passer d'une présence maternelle avant d'y être prêt – si elle est morte alors qu'il était encore très jeune ou s'il a été pour un temps très proche d'elle, puis qu'un autre enfant est venu s'immiscer entre eux –, il se peut qu'il ne s'y soit en réalité jamais vraiment résolu. Établir des connotations entre le présent et le passé l'aidera à faire son deuil de ses rapports fusionnels avec sa mère.

Pour l'heure, il pense sincèrement qu'aucune femme n'égalera jamais sa compagne perdue et qu'il ne retrouvera jamais le bonheur. Voilà le genre de pensées qui entretiennent la douleur tout en maintenant une ambiance de mélodrame. Si cet homme pouvait lire l'avenir et savoir qu'il rencontrera un jour un amour bien supérieur à tous ceux qu'il a vécus jusqu'à présent, il ne souffrirait pas tant. Mais comme il ne connaît pas son futur, il se complaît dans son chagrin.

Lorsque l'on revit ses amours passées non payées de retour, on possède l'immense avantage de savoir, grâce aux expériences vécues depuis, que l'on connaîtra des relations plus épanouissantes. Ce qui permet un travail plus riche sur son passé et aide à mieux se délivrer des blocages qui en résultent.

CHAPITRE 9

Prendre la responsabilité de se délivrer du passé

Parfois, un homme ne parvient pas à repartir du bon pied parce qu'il refuse de prendre la responsabilité de lâcher prise sur sa précédente relation. Son ex l'a quitté et elle a mal agi : il s'accroche à cette idée. Se consumer ainsi en récriminations l'empêche de progresser vers un bien-être retrouvé. Dans l'idéal, une rupture devrait toujours être décidée d'un commun accord. Ainsi, aucun des deux partenaires ne se sentirait la victime de l'autre.

Quoi qu'il en soit, il faudra tôt ou tard que notre homme admette en son for intérieur que lui et son ex n'étaient pas faits l'un pour l'autre. Peut-être leur couple aurait-il pu fonctionner dans des circonstances différentes ou à un moment plus propice, mais cela ne devait pas être. Cette approche plus positive l'aidera à se montrer plus indulgent envers son ancienne partenaire et à s'ouvrir à la perspective de se bâtir une vie nouvelle et merveilleuse.

Quand un homme refuse de renoncer à la femme qui l'a quitté, il peut facilement demeurer prisonnier de ses reproches et ses jugements négatifs. S'ils ont des enfants, il risque de succomber à la néfaste tentation de se plaindre à eux de l'égoïsme et de l'indifférence de leur mère. C'est là une grave erreur : gardez ces sentiments pour vous ou confiez-vous à votre thérapeute. Les parents doivent en effet toujours veiller à s'abstenir de critiquer l'autre devant leurs enfants car cela place ces derniers dans une situation intenable, en les obligeant à choisir leur camp.

De plus, c'est une réaction contre-productive. Ce n'cst pas avec des reproches que vous inciterez votre ex à revenir sur sa décision. Donnez-lui plutôt la pleine mesure de votre amour : quand on aime réellement une personne, on l'aide à accomplir ce qu'elle juge bon pour elle. Traiter une femme comme si elle était votre enfant ou votre propriété n'est pas bien. Ce n'est pas de l'amour. Si vous souhaitez vraiment une réconciliation, la meilleure approche est de la laisser partir.

GÉRER D'ÉVENTUELLES REBUFFADES

Il est impossible qu'une personne soit faite pour nous si l'inverse n'est pas vrai. En clair, si une femme ne veut plus de vous, cela signifie nécessairement qu'elle ne vous convenait pas non plus. Nier cette évidence conduit à se comporter en victime et à se complaire dans son chagrin.

Pour nous délivrer du passé, il nous faut admettre que même si notre ex ressemblait fort à une âme sœur, elle n'était en réalité pas faite pour nous.

Idéaliser une femme qui ne veut pas de vous ne présente aucun intérêt. Si vous partez de ce postulat, vous constaterez par vous-même combien les idées qui suivent – et que vous avez si souvent exprimées ou entendues – manquent de fondement logique.

> « Nous formions un couple parfait. Si seulement, je n'avais pas commis cette erreur... »
>
> « Nous sommes faits l'un pour l'autre. Pourquoi n'accepte-t-elle pas de déménager pour venir s'installer ici ? »
>
> « Nous serions ensemble si seulement elle n'avait pas rencontré cet autre garçon. »
>
> « Nous aurions formé un couple parfait si seulement je l'avais rencontrée plus tôt. »
>
> « Nous formerions un couple parfait si seulement elle n'était pas déjà mariée. »

Si cette femme était réellement faite pour vous, elle vous pardonnerait votre erreur, elle déménagerait pour venir s'installer auprès de vous, vous l'auriez rencontrée au bon moment, elle ne serait pas amoureuse d'un autre, elle serait libre, etc. Pour qu'une personne soit parfaite pour nous, il nous faut définir cette notion de perfection afin de la rendre plus accessible.

C'est une illusion romanesque que de croire qu'une personne qui ne nous aime pas, ne nous accepte pas tels que nous sommes ou ne veut pas de nous, pourrait néanmoins être faite pour nous.

Pour se libérer d'une femme qui ne veut pas de lui, un homme doit admettre cette réalité. Même si cela le fait souffrir, cela l'aidera à accepter qu'elle ne l'aime pas assez pour demeurer auprès de lui et à supporter cette vérité. En revanche, mieux vaut ne pas s'appesantir sur le détail des raisons pour lesquelles elle ne veut pas de lui. Cela ne sert à rien.

Si on lui demandait de préciser sa pensée, l'intéressée répondrait sans doute que cet homme n'est pas assez intelligent, pas assez raffiné, trop compliqué, trop égoïste, trop ambitieux, trop utilitaire, ou encore pas assez riche, mais en fait, sa décision se fonde sur des motivations beaucoup plus profondes. Elle ne veut pas de lui *parce qu'il n'est pas l'homme de sa vie*. S'il l'était, ses petits défauts lui paraîtraient sans importance. Voilà pourquoi un homme délaissé ne doit surtout pas se focaliser sur le détail des raisons pour lesquelles on l'a quitté, sinon, il ne tardera pas à songer : « Mais je pourrais changer », ce qui l'entraînera sur la mauvaise voie.

ACHEVER LE PROCESSUS DE SÉPARATION

Un couple qui consulte de concert à l'issue de sa relation pourra trouver là l'occasion de mettre un véritable point final à celle-ci. Pour aider l'époux à renoncer à s'agripper à ses souvenirs, le thérapeute pourra suggérer à sa femme de répéter à plusieurs reprises les phrases suivantes, dont la brutale franchise l'obligera à regarder la réalité en face.

« Je ne veux plus vivre avec toi. »
« Je ne t'aime pas autant que je le croyais. »
« Tu n'es pas le bon partenaire pour moi. »
« Je veux vivre avec un autre.»
« Je t'aimerai toujours, mais je ne t'aime pas assez pour rester ta femme. »
« Je sais que tu n'es pas l'homme de ma vie. »

Écouter ces phrases encore et encore lui fera prendre conscience du caractère concret de la rupture. Après cet exercice, le thérapeute demandera à la femme de sortir afin de se pencher avec l'homme sur les quatre émotions qui guérissent.

Pour clore la séance, ce dernier répétera à son tour les mots prononcés par son ex-partenaire. Même s'il ne pense pas encore vraiment ce qu'il dit, cela lui donnera l'occasion de frôler la vérité. Celle-ci pourra alors s'enraciner dans son âme et le délivrer peu à peu de l'étau de son chagrin.

Si vous consultez seul, faites tout de même cet exercice avec votre thérapeute, à la manière d'un jeu de rôles. Se mettant dans la peau de votre ex, il vous assénera ces phrases de rejet sans fard. Vous pourrez alors explorer les émotions qui montent en vous, avant d'énoncer à votre tour ces mêmes vérités.

CHAPITRE 10

Une âme sœur n'est pas nécessairement parfaite

Il arrive qu'un homme ne parvienne pas à s'engager dans une relation sérieuse parce qu'il compare chaque nouvelle partenaire à une femme imaginaire parfaite. Dès qu'il s'éprend d'une femme, il se demande s'il a fait le bon choix avec elle, car il compte bien veiller à sélectionner la meilleure partenaire possible. Et il redoute qu'il existe quelque part une autre femme encore mieux que celle qu'il fréquente. Exiger ainsi de son âme sœur la perfection réduit à néant ses chances de fonder un jour un couple durable.

Cet homme se réserve pour une créature idéale, forcément parfaite à tous égards. Sa conception des rapports humains et des êtres manque cruellement de réalisme. Une âme sœur n'est pas une personne parfaite – cela n'existe pas –, mais une personne parfaite *pour lui*.

> *Une âme sœur n'est pas une personne parfaite, mais une personne parfaite pour vous.*

On ne devine qu'une femme est son âme sœur que si l'on s'impose la patience nécessaire pour apprendre à la connaître. Espérer le savoir d'emblée n'est pas raisonnable car il faut du temps pour que les cœurs de deux êtres s'ouvrent l'un à l'autre. L'amour grandit entre eux jusqu'au jour où ils comprennent qu'ils ont choisi le bon partenaire. Il ne s'agit pas là du fruit d'une évaluation intellectuelle, mais d'une chose que l'on sent naturellement.

C'est l'âme qui reconnaît sa compagne idéale, pas l'esprit. L'âme ne réfléchit pas ; elle sait simplement qu'une personne lui convient. Dès que l'on commence à s'interroger sur son partenaire, on le juge avec son esprit, lequel ne s'avouera jamais satisfait. Il décélera toujours des défauts. Pour trouver l'âme sœur, il faut donc laisser parler son âme.

Ce n'est pas en examinant le « pour » et le « contre » de chaque partenaire qu'on détermine s'il s'agit ou non d'une âme sœur.

Dans l'idéal, on ne devrait utiliser son esprit que pour arrêter les méthodes les plus efficaces afin de donner et de recevoir de l'amour. Une fois qu'on aura réussi grâce à ces efforts à entamer une relation intime, le cœur s'ouvrira et on pourra se laisser guider par son âme. À elle de décider si on doit poursuivre cette relation ou rompre.

Parfois, lorsque votre cœur s'épanouira, vous découvrirez que votre partenaire ne vous convient pas. Comme on l'a déjà vu, aimer ne suffit pas et le fait que vous aimiez une femme n'implique pas que vous fussiez faits l'un pour l'autre. Une âme sœur est une personne avec qui on rêve du fond du cœur de partager son existence... ce qui la distingue d'une femme qu'on aime, auprès de qui on n'aspire pas nécessairement à passer le restant de ses jours.

CHAPITRE 11

La hâte est mauvaise conseillère

Un homme excessivement soucieux de ne pas consacrer une seconde de trop à la mauvaise partenaire risque de passer à côté du grand amour. Voilà un homme qui ne se laisse pas distraire de sa mission : dès qu'il n'est pas sûr qu'une femme lui convienne, il passe à une autre. Pas question de s'investir plus dans la relation car cela risquerait de lui faire gaspiller un temps précieux. À ses yeux, s'attacher à cette femme pourrait tout simplement lui faire manquer l'occasion de rencontrer la femme de sa vie.

C'est mal comprendre les mécanismes qui guident vers l'âme sœur, lesquels prescrivent au contraire de se détendre et de laisser le temps au temps. Un homme qui aime une femme mais ignore encore s'il s'agit d'« elle » ne gâche nullement ses loisirs en continuant à la fréquenter.

Poursuivre une relation jusqu'à obtenir une certitude dans un sens ou dans l'autre prépare un homme à trouver l'âme sœur.

S'il continue à aimer sa partenaire mais s'aperçoit par la suite qu'elle n'est pas la femme de sa vie, il n'aura pas perdu son temps, loin s'en faudra, puisqu'il aura ouvert son cœur et développé sa capacité de reconnaître l'âme sœur. Et s'il prend à présent le temps de faire le deuil de sa relation ratée, ses chances de choisir la bonne personne la prochaine fois en seront encore augmentées.

Qui ne tente rien n'a rien et les joueurs qui marquent le plus de buts sont aussi ceux qui en tirent le plus — et ceux qui sortent le plus souvent le ballon du terrain, car on ne peut gagner à tous les coups.

CHAPITRE 12

Reconnaître une âme sœur

On s'inquiète trop souvent du choix de sa parte-naire. Bien que chaque femme soit unique et irrem-plaçable, ce que l'on retire d'une relation dépend plus de ce que l'on donne que de la personne à qui on le donne. Si un homme sortait avec toutes les femmes de la planète, toutes ces liaisons lui appor-teraient peu ou prou la même chose. Voilà pourquoi, quand notre cœur reconnaît une âme sœur, il n'iden-tifie pas tant une femme supérieure aux autres qu'une compagne auprès de qui et avec qui nous pourrions croître dans l'amour pour le restant de nos jours.

Ce que l'on retire d'une relation dépend
plus de ce que l'on donne que de la personne
à qui on le donne.

Comme c'est votre âme qui l'a sélectionnée, sortir avec cette femme vous paraîtra accomplir votre destin. Rappelez-vous cependant que tout couple résulte d'un choix. Il serait par trop réducteur – et angoissant – de croire qu'une seule femme au monde soit susceptible de vous convenir.

> *Il serait par trop réducteur de croire qu'une seule femme au monde soit susceptible de vous convenir.*

Voilà pourtant une erreur de jugement masculine très répandue et trop de mes congénères croient qu'il existe quelque part une femme parfaite capable d'éclipser toutes ses sœurs à leurs yeux. Comme un tel parangon relève du domaine du fantasme, cela rend leur choix très ardu.

Sachez-le, vous pourriez probablement vivre heureux auprès d'une centaine de femmes différentes. Souvent, des patients m'interrogent : « Comment préférer une femme à toutes les autres ? Elles sont toutes merveilleuses. Elles sont si nombreuses et pourtant toutes uniques. » La réponse est simple : vous creuser la cervelle ne sert à rien puisque, en définitive, c'est votre âme et non votre raison qui doit trancher. Optez pour une compagne qui vous plaît et laissez à votre relation le loisir de s'épanouir. À mesure que votre amour grandira et que vous donnerez de vous-même à votre couple, votre cœur s'ouvrira. Alors, vous deviendrez capable de déterminer si votre amie comble réellement vos besoins affectifs. Si tel n'est pas le cas, ne désespérez pas mais admettez votre échec, faites le deuil de ce couple sans avenir et ainsi, la prochaine fois, vous trouverez l'âme sœur ou du moins une femme qui lui ressemblera plus encore que celle que vous venez de quitter.

CHAPITRE 13

Oublier ses fantasmes

Les hommes désireux de refaire leur vie se bornent fréquemment à courtiser les femmes qui correspondent à leur image mentale de *la* femme idéale. La plupart du temps, celle qui se révélera la partenaire parfaite pour eux ne correspondra pas du tout à ce portrait-robot : elle leur plaira par surprise.

Les hommes qui limitent ainsi leur horizon à un certain type de femme retardent d'autant leurs chances de trouver l'âme sœur. Voyez plutôt : lorsque, par exemple, ils assistent à une soirée et rencontrent diverses femmes qui leur plaisent, ils en écartent d'emblée certaines, car elles ne correspondent pas à leur conception stéréotypée de la future épouse.

Les hommes tendent à ignorer leur attirance pour les femmes qui ne correspondent pas à leur conception stéréotypée de la future épouse.

Si vous parvenez à oublier pour un temps vos idées toutes faites pour sortir tout simplement avec les femmes qui vous attirent, cela augmentera la probabilité que vous trouviez l'âme sœur. Au lieu de vous arrêter à l'apparence physique d'une compagne potentielle, demandez-vous plutôt ce que vous ressentez en sa présence.

L'attirance physique se dissipe en effet très vite et la passion avec elle, si celle-ci ne repose pas sur des bases un peu plus solides. Une âme sœur nous séduit à tous points de vue : physique, émotionnel, intellectuel et spirituel. Elle nous excite sexuellement, éveille notre sympathie, sa conversation nous intéresse et elle nous pousse à donner le meilleur de nous-même.

La passion ne peut durer que si elle repose sur des bases plus solides qu'une simple attirance physique.

Au début, je m'étonnais de voir des patientes dotées d'un physique de star ou de top-model se plaindre presque invariablement de ne plus attirer leur mari ou petit ami. Les célibataires se déclaraient quant à elles déçues par des hommes qui les poursuivaient de leur assiduités avant de se désintéresser très rapidement d'elles. Ces femmes n'étaient pas moins « dignes d'amour » que d'autres ; elles choisissaient simplement mal leurs partenaires, ne sortaient qu'avec des hommes que seule leur beauté motivait.

Un homme qui aspire à un bonheur profond et durable ne se fiera pas uniquement aux apparences. Sélectionneriez-vous un livre sur la seule foi de sa couverture ? Certains hommes ont cependant du mal à adopter cette approche plus pragmatique. Ne supportant pas de renoncer à la perspective de trouver une partenaire parfaite dotée de surcroît d'un physique de playmate, ils écartent sans pitié toutes les candidates plus « ordinaires ». Malheureusement, celles qui répondent à leurs critères esthétiques ne les satisfont pas non plus. Tôt ou tard, ils leur décou-

vrent un défaut rédhibitoire. Moralité : à trop focaliser sur les attraits physiques d'une femme, on finit
toujours déçu.

La brève analyse qui suit vous aidera je l'espère à
oublier vos fantasmes stéréotypés. Lorsqu'un
homme rencontre une femme séduisante, pourquoi
tombe-t-il en pâmoison devant elle ? Parce qu'elle
est belle, vraiment superbe. La regarder suffit à lui
procurer du plaisir. Elle l'excite ; il rêve de la toucher
et lorsqu'il le fait, c'est une sensation merveilleuse.
La caresser le rend fou et il s'émerveille de la sentir
frémir sous ses baisers. Retenez bien ces quelques
phrases car elles renferment la clé du mystère : un
homme est avant tout captivé par ce qu'il ressent en
présence d'une partenaire potentielle. Voilà ce dont
vous devez vous préoccuper, bien plus que de l'apparence de celle qui se tient devant vous.

Il arrive qu'un homme s'accroche à ses chimères
pour la même raison que d'autres refusent de
renoncer à leur ex-compagne : parce qu'il leur est
trop attaché. Comme nous l'avons vu dans la première partie de ce livre, cela indique que son cœur
porte encore la trace de blessures mal cicatrisées.
Pour guérir celles-ci, il lui faudra se mettre à l'écoute
de son chagrin afin de se délivrer peu à peu de
l'emprise du passé.

CHAPITRE 14

Ni avec elles, ni sans elles

Après une série d'échecs sentimentaux, certains hommes abandonnent tout bonnement la partie. Ils recherchent toujours la compagnie des femmes, mais dès que leurs problèmes affectifs resurgissent, changent tout simplement de partenaire. Au lieu de tirer la leçon de leurs expériences passées, ils sombrent dans les généralisations abusives et négatives et en concluent qu'ils aiment les femmes, mais ne peuvent vivre avec aucune d'elles. Les liaisons amoureuses les intéressent, pas le mariage.

Ces hommes comprennent mal les différences qui séparent les deux sexes et attendent donc des femmes qu'elles réagissent dans une situation donnée comme eux-mêmes le feraient. Dans le cas contraire, ils sont désorientés, jugent durement leur partenaire et tentent de l'inciter à changer d'attitude. Ils feraient mieux d'envisager de modifier leur approche.

Les disparités entre hommes et femmes sont particulièrement flagrantes au niveau de leur mode de communication. Elle voudrait parler lorsqu'il n'aspire qu'à se taire. Il rêve de liberté tandis qu'elle aimerait passer plus de temps avec lui. Elle exige qu'il l'écoute, mais quand il lui propose une solution à ses tracas, refuse de suivre ses conseils, si bien qu'il se sent mal apprécié. Il fait de son mieux, mais cela ne semble jamais suffire. Comment l'amour pourrait-il s'épanouir dans un environnement aussi conflictuel ?

Lorsqu'un homme propose des solutions à une femme qui lui expose ses soucis, celle-ci risque de voir son malaise s'accroître.

Un homme qui se heurte perpétuellement aux mêmes difficultés dans ses rapports avec le beau sexe ne doit pas en déduire que « les femmes sont impossibles », mais plutôt se demander en quoi il contribue au problème. Il lui suffirait souvent de modifier un tantinet son comportement pour vivre les rapports empreints de tendresse dont il rêve. Prendre le temps de comprendre comment les femmes communiquent l'aidera à y voir plus clair.

Parfois, il lui faudra cependant mener un travail d'introspection plus profond, notamment lorsque son incapacité de fonder un foyer résulte aussi des séquelles de relations passées. Certains hommes blessés par des déceptions sentimentales mal digérées en sont arrivés à la conclusion qu'aucune femme ne méritait leur amour. Dès qu'ils deviennent intimes avec une femme et que la tendresse commence à envahir leur cœur, une partie d'eux se réveille et s'exclame : « Ah non ! J'ai déjà fait cela sans succès et au bout du compte, je me suis senti complètement idiot. Je ne veux pas souffrir de nouveau. »

Tant qu'un homme conserve des séquelles de son passé, il risque de ne jamais juger aucune femme digne de lui.

Si, au plus profond de lui, un homme souffre et se sent rejeté et incapable, ces sentiments resurgiront dès qu'il laissera une femme approcher son cœur. Il n'identifiera hélas pas leur origine, et en déduira plutôt que quelque chose ne va pas avec sa nouvelle partenaire. Un homme qui ne se sent pas à la hauteur réagit immédiatement en rejetant la faute sur une autre personne.

Quand un homme se juge indigne d'amour, il lui est difficile d'apprécier les personnes qui s'abaissent à l'aimer. Il reprend alors à son compte – mais sans rire – la célèbre boutade de Groucho Marx : « Je ne voudrais pas appartenir à un club qui m'accepterait comme membre. » De ce fait, dès qu'une femme a cédé à ses avances, il se demande s'il la désire vraiment ou s'il souhaite réellement une relation avec elle. Et quand les premières difficultés apparaissent, il ne parvient pas toujours à s'imposer les efforts nécessaires pour les surmonter parce qu'il juge que son couple n'en vaut guère la peine.

CHAPITRE 15

Une quête sans fin

Certains hommes ne se satisfont jamais pleinement d'aucune femme et recherchent sans relâche la compagne parfaite qui mettra fin à leur quête. Persuadés qu'il existe quelque part une femme avec qui ils établiront d'emblée une entente magique, ils repoussent toutes les autres. Dès que surgissent les inévitables tiraillements inhérents à toute relation de couple, ils en concluent naïvement qu'ils perdent leur temps avec une mauvaise partenaire. Et ils se demandent en leur for intérieur pourquoi ils jouent à ce point de malchance.

Il est puéril de croire qu'une relation puisse toujours se dérouler sans heurts ou combler à tout instant vos moindres désirs. Tous les couples connaissent des hauts et des bas, mais ceux qui entretiennent de bons rapports relèvent les défis qui s'offrent à eux, et en émergent plus unis qu'avant et capables de regarder en arrière pour rire de leurs frustrations et de leurs déceptions.

Un homme encombré d'attentes irréalistes tirera en revanche un constat d'échec du moindre différend. Si, lorsque sa partenaire se plaint, elle n'accueille pas ses conseils comme il le voudrait, il ne tardera pas à renoncer. Elle en déduira qu'il ne se soucie guère de son bien-être, tandis qu'en réalité, il ignore surtout que faire.

Si un homme se sent en mesure de régler un problème, cela lui procure l'énergie nécessaire pour attendre d'y parvenir, mais dans le cas contraire, il jette aussitôt l'éponge. Cela explique qu'il soit capable de consacrer des heures à tenter de réparer un ordinateur capricieux, mais si peu patient avec ses compagnes : à l'inverse de ces dernières, si cette machine est supposée connaître des problèmes, notre homme sait qu'avec l'aide d'un ou deux manuels et quelques manipulations, tout devrait rentrer dans l'ordre. Cet optimisme entretient son intérêt et sa concentration.

LES PROBLÈMES DES FEMMES ET LES REPROCHES QU'ELLES ÉMETTENT

Un homme qui conclut à tort qu'il choisit toujours les mauvaises partenaires cherchera peu à résoudre les problèmes qui surviendront dans ses relations, puisqu'à son sens, un couple qui fonctionne ne rencontre jamais aucune difficulté. Voilà une approche qui réduit considérablement ses chances de trouver un jour le grand amour. Qui s'attend à trouver un travail toujours facile et amusant ? La vie alterne phases d'efforts et phases de détente ; c'est ainsi et cette règle s'applique aussi aux rapports amoureux.

> *Un homme pour qui un couple qui fonctionne ne doit jamais rencontrer aucune difficulté sabote par cette croyance ses chances de trouver l'amour.*

Fort de mon expérience auprès de milliers d'hommes et de femmes, je puis affirmer que la plupart des femmes rencontrent des difficultés identiques avec leurs partenaires et que presque toutes formulent à leur égard des reproches similaires. Chacune de mes patientes croit son cas isolé ; elle ignore que j'entends à longueur de semaines des récits identiques.

Si chaque relation est unique, bien des schémas, des difficultés, des plaintes et des malentendus reviennent dans la plupart d'entre elles. Les lecteurs et les lectrices de *Les hommes viennent de Mars, les femmes viennent de Vénus* me demandent parfois si je me suis tapi sous leur lit pour écouter leurs conversations avec leur conjoint. Cela les rassure de ne plus se savoir seuls à vivre ce qu'ils vivent.

Une partie de leur soulagement pourrait s'exprimer ainsi : « Puisque d'autres connaissent les mêmes problèmes que moi, cela signifie que je ne suis pas le (la) seul(e) nul(le) incapable de faire fonctionner une relation de couple. Je ne suis pas en train de passer à côté de la vie. » En effet, les hommes qui cherchent sans fin la femme idéale croient souvent que s'ils ne parviennent pas à dénicher cette perle, ils auront vécu pour rien. Et voilà qu'ils apprennent non sans satisfaction que peu importe qui ils choisiront, ils finiront toujours par susciter peu ou prou les mêmes réactions que celles qu'ils ont toujours déclenchées. Une femme reste toujours une femme !

Peu importe quelle femme il choisira, un homme finira toujours par susciter peu ou prou les mêmes réactions que celles qu'il a toujours déclenchées.

Non, vous ne collectionnez pas les « cas » et votre choix de partenaires n'est pas en cause : vos difficultés proviennent de votre propre comportement.

Soulagé de savoir que vous devrez affronter les mêmes problèmes avec n'importe quelle compagne, vous admettrez peu à peu le caractère inévitable de certaines frictions, ce qui vous aidera à comprendre que vos échecs résultent plus de votre approche des rapports amoureux que de vos dulcinées.

Les femmes comprennent en général mieux que leurs compagnons que toute relation de couple comporte des heurts, mais elles renâclent souvent néanmoins devant les particularismes masculins. Il arrive en effet fréquemment qu'une femme prenne ombrage de réactions qu'elle-même n'aurait pas eues ou s'agace de voir son conjoint oublier une chose dont elle-même se serait souvenue, à sa place. Beaucoup de patientes m'ont avoué que mieux connaître les disparités qui séparent les deux sexes les avaient aidées à accepter leur époux tel qu'il était au lieu de s'évertuer à l'inciter à changer d'attitude. Dès qu'une femme sait qu'il est normal que son partenaire fonctionne différemment d'elle, elle peut en rire et se dire qu'il vient bien d'une autre planète.

CHAPITRE 16

Prudence excessive est mère de solitude

Un homme qui ne s'accorde pas le temps de faire son deuil d'une relation risque de repousser sans le savoir des occasions d'aimer et d'être aimé en se montrant trop circonspect. Quand vient l'heure de fréquenter de nouvelles femmes, il ne pourra s'engager envers elles s'il n'est pas délivré de ses émotions négatives et n'a pas encore pardonné à son ex.

Rentrer dans sa coquille juste après une rupture est très sain. Il est très important pour un homme de retrouver son indépendance et son autonomie et de réapprendre à se suffire à lui-même avant d'entamer une nouvelle relation. Alors seulement il pourra envisager une liaison sérieuse.

S'il n'a pas su combler sa précédente partenaire, échaudé par cet échec, il tendra à ménager ses efforts pour en retrouver une autre. Il décidera qu'on doit l'aimer pour lui-même et non pour ses actes, veillera avec un soin excessif à ne pas donner trop de sa personne et à ne faire aucune promesse.

Mais se montrer trop circonspect peut à terme desservir notre homme. On ne devrait en effet pas sortir avec une femme si l'on n'est pas prêt à faire tous les efforts nécessaires pour que cette relation fonctionne. Répétez-vous cet adage martien : « Si un travail mérite d'être fait, alors il faut l'effectuer de son mieux. » Si vous ne donnez pas le meilleur de vous-même, vous perdrez la partie.

Si un travail mérite d'être fait, il faut l'effectuer de son mieux.

Un homme s'épanouit lorsqu'il sent qu'il réussit à soutenir son entourage. Faire des promesses, puis les tenir, le comble de joie. De ce fait, si ses efforts passés n'ont pas été suffisamment appréciés, ce n'était pas parce qu'il n'en accomplissait pas assez ou ne cherchait pas à faire plaisir autour de lui, mais plutôt parce qu'il s'adressait à une interlocutrice peu réceptive à ses attentions. Il ne doit donc pas réagir en se repliant sur lui-même et en oubliant toute générosité, mais chercher au contraire à choyer une personne qui se délectera de ses soins.

Ce sera pour lui un défi difficile car un homme qui n'a pas été apprécié à sa juste valeur dans le passé rechigne à donner sa pleine mesure. Il reste sur ses gardes afin de se protéger de toute nouvelle désillusion. Ainsi, en cas d'échec, il pourra se consoler en se disant qu'il n'avait pas vraiment donné sa chance à la relation. Malheureusement, un tel raisonnement le coupera peu à peu de sa force intérieure.

LES HOMMES RESTENT SUR LEURS GARDES, TANDIS QUE LES FEMMES DONNENT TROP

Confrontés à la nécessité de prendre un nouveau départ, les hommes qui n'ont pas pris le temps de guérir les plaies de leur cœur tendent à demeurer trop distants, tandis qu'une femme blessée tend à donner trop d'elle-même. Cela tient à la nature différente du besoin d'amour masculin et du besoin d'amour féminin.

Les femmes éprouvent le besoin primordial d'être aimées telles qu'elles sont sans rien faire pour gagner cet amour. Bien sûr, elles aiment se dévouer à leur entourage et être appréciées, mais leur valeur propre repose avant tout sur leur capacité de recevoir de l'amour gratuitement. Elles préféreront toujours être aimées pour ce qu'elles sont que pour ce qu'elles font. De plus, si elles accordent une part trop importante à l'amour « mérité », elles tendront à s'épuiser pour les autres, et à oublier leurs propres besoins.

Les femmes ont plus besoin d'être aimées pour ce qu'elles sont que pour ce qu'elles font.

Pour un homme, en revanche, être apprécié constitue un besoin primordial. Si on l'aime juste pour ce qu'il est, cela ne lui suffira jamais. Quelque chose lui manquera. Pour que l'amour qu'il reçoit le comble, il doit pouvoir voir en celui-ci le fruit de ses efforts et de ses succès, et pas seulement d'une personnalité séduisante et aimable.

Parce qu'il exulte le plus lorsque ses actes satisfont les besoins d'autrui, et si sa précédente compagne dédaignait ses attentions, il tendra à demeurer circonspect tant que ses blessures n'auront pas cicatrisé. Jusqu'à ce qu'il pardonne à son ex, la rancœur bridera sa générosité. Voilà pourquoi vous devez, messieurs, éviter de vous engager de nouveau avant de vous sentir prêt à choyer votre nouvelle partenaire au mieux de vos capacités.

CHAPITRE 17

L'« être » et le « faire »

Ne sachant plus à quel saint se vouer, certains hommes décident de renoncer carrément à chercher à satisfaire les femmes et annoncent à qui veut les entendre qu'ils désirent être désormais aimés pour ce qu'ils sont et non plus pour ce qu'ils font. Plus question pour eux de se faire de nouveau l'esclave d'une compagne, ni de s'échiner pour lui offrir une vie agréable. Il leur semble s'être transformés en machines à gagner de l'argent dépourvues de toute autre valeur que celle de leur utilité économique. Ces hommes aspirent à rencontrer une femme capable de s'éprendre d'eux-mêmes et non plus simplement de leurs actes.

Ces sentiments, quoique compréhensibles sur le plan intellectuel, révèlent un cœur blessé. Un homme réagit ainsi lorsqu'il lui semble que ses efforts passés n'ont pas été appréciés et qu'il doute donc que ceux qu'il pourrait accomplir dans le futur reçoivent un meilleur accueil. Il est las de s'évertuer en pure perte à choyer des ingrates. Pourquoi s'obstiner dans une voie qui ne lui a jusqu'à présent apporté que des désillusions ?

Au lieu de renoncer à satisfaire les femmes, notre homme doit apprendre à réussir à leur faire plaisir. Ce qui le confrontera à un double défi. D'abord, il devra admettre que souhaiter rendre une femme heureuse ne le rend pas comptable du bonheur de celle-ci. Et, en second lieu, il devra se pencher sur les tactiques à sa disposition afin de déterminer lesquelles d'entre elles fonctionnent et d'oublier les autres.

Un homme doit admettre que chercher à rendre une femme heureuse ne le rend pas nécessairement responsable de son bonheur.

Un homme qui se sent trop responsable du bonheur de sa compagne sombre dans l'abattement dès qu'elle perd le sourire. Si elle n'est pas heureuse, il prend cela comme un échec personnel alors que, dans l'idéal, la seule responsabilité qu'il devrait endosser serait celle de soutenir sa compagne dans les moments difficiles. Mais s'il s'investit trop dans le bonheur de celle-ci, il ne sera pas en mesure de lui apporter son appui dans l'adversité car lui-même sera trop dépité de n'avoir su garantir sa félicité.

Apprenez que faire de son mieux pour rendre une femme heureuse diffère grandement de faire de son mieux, puis attendre d'elle un bonheur *immédiat*. Pour comprendre les femmes, il faut admettre que parfois, lorsqu'elles vont mal, une seule chose peut leur rendre le sourire : qu'on les entoure de compréhension. Une femme triste ou malheureuse ne veut surtout pas que son partenaire prenne sa situation en main afin de trouver une solution. Elle préfère écouter pour un temps ses émotions. En revanche, elle apprécierait qu'il s'efforce de concevoir ce qu'elle traverse.

Un homme qui se sent trop responsable du bonheur de sa compagne sombre dans l'abattement dès qu'elle perd le sourire.

Au lieu de se vexer et de décider de ne plus aider sa compagne, un homme doit apprendre à lui apporter le soutien qu'elle souhaite, c'est-à-dire à être simplement là pour elle. En l'espèce, *être* présent revient à *faire* quelque chose pour sa femme. Une fois qu'il sait cela, il peut lui offrir son appui sans croire devoir endosser simultanément la responsabilité de son bonheur. Voici un autre exemple de la manière dont un meilleur décryptage des cheminements intellectuels et émotionnels féminins peut aider un homme à mieux réussir ses rapports amoureux.

Il s'agit ici de donner moins, mais mieux, ce qui comblera les deux partenaires : la femme, bien sûr, car elle se verra enfin efficacement épaulée, mais aussi l'homme. En effet, un homme qui se dévoue à tort et à travers finit par prendre le résultat de ses efforts trop à cœur. En rectifiant ainsi le tir, il se délivre du souci de mesurer sa générosité, donne ce qu'il peut et reçoit en retour l'appréciation indispensable à son équilibre.

CHAPITRE 18

Je réussis donc je suis (digne d'être aimé)

Aucun homme ne devrait estimer que sa valeur dépend de ce qu'il gagne, ni s'épuiser à travailler dans l'espoir de gagner les cœurs, ni croire qu'il doit réussir ou faire des cadeaux luxueux pour être aimé. Les pressions qu'il subit en ce sens proviennent d'ailleurs plus de lui-même que de ses dulcinées. C'est lui qui juge nécessaire de se surpasser, voire de se dépasser pour devenir digne d'amour ou d'appréciation.

Dans la plupart des cas, un homme qui ne se perçoit pas comme quelqu'un sur qui on peut s'appuyer attend trop de lui-même. Au lieu de comprendre qu'il mérite d'être aimé aujourd'hui, il cède aux pressions sociales qui exigent qu'il travaille plus, réussisse mieux et possède plus. Il finit par croire que sa séduction dépend directement de son succès professionnel.

Lorsque je travaille avec des couples, je constate souvent que l'époux a avant tout besoin d'oublier pour un temps son obsession des actes importants pour se concentrer sur les petites attentions qui séduisent tant les femmes. Rappelons qu'aux yeux de nos compagnes, le geste lui-même compte plus que sa teneur. Vous n'avez pas besoin d'en faire des tonnes pour la rendre heureuse. Il suffit parfois de quelques remaniements qualitatifs mineurs pour ressusciter une relation cahotique.

> *Si c'est bien par ses actes qu'un homme séduit et attendrit sa partenaire, aux yeux de celle-ci, le geste lui-même compte plus que sa teneur.*

Certaines femmes attendent au départ des attentions plus consistantes, mais dès qu'elles découvrent les petites manifestations de tendresse et de soutien qu'un homme peut leur apporter au quotidien, elles prennent conscience de l'importance que celles-ci revêtent pour elles. Les hommes doivent eux aussi comprendre cela, au lieu de s'obstiner à croire qu'ils doivent posséder plus, en faire plus et mieux réussir.

CE QUE LES FEMMES SOUHAITENT VRAIMENT

Lorsqu'une femme explique qu'elle attend plus de son compagnon, elle ne parle pas de biens matériels. Elle veut dire par là qu'elle voudrait plus de communication, de tendresse et de compréhension. Mais son compagnon, l'entendant s'énerver sur des détails, en déduit immédiatement, à tort, qu'elle n'apprécie pas les efforts importants qu'il accomplit pour elle. Sa conclusion : il doit s'échiner encore un peu plus pour la rendre heureuse, gagner plus d'argent, organiser pour elle des vacances paradisiaques, acheter une maison, etc.

Sur Mars, on raisonne ainsi : si je fais quelque chose de vraiment bien et d'utile pour une autre personne, pour me manifester son appréciation, celle-ci fermera les yeux sur toutes mes petites bévues. De ce fait, un homme pense qu'une femme qui se plaint de broutilles n'apprécie pas les gestes importants qu'il accomplit pour elle. Il se sent alors tenu de déposer aux pieds de l'insatisfaite des présents encore plus somptueux... ce qui le conduit à négliger encore un peu plus les petites attentions.

Un homme pense qu'une femme qui se plaint de broutilles n'apprécie pas les gestes importants qu'il accomplit pour elle.

En réalité, les femmes se lamentent pour des vétilles parce que tous les actes que leur partenaire accomplit pour elles revêtent à leurs yeux une importance égale.

Au lieu de réfuter cette interprétation ou de s'en froisser, les hommes doivent apprendre à en tirer parti. Au lieu de vous épuiser en gestes extravagants, concentrez-vous plutôt sur les petites attentions quotidiennes, et vous comblerez les vœux de votre compagne.

Toutes les attentions masculines revêtent aux yeux d'une femme une valeur égale.

De ce fait, satisfaire une femme est beaucoup plus facile que les hommes ne le pensent. La plupart d'entre eux éprouvent d'ailleurs un grand soulagement lorsqu'ils découvrent que leur partenaire peut les aimer et les apprécier pour de petits gestes. Cela les délivre des pressions sociales qui pesaient jusqu'alors sur eux et les autorise à se montrer sous leur jour véritable.

Voici quelques exemples de menues attentions très prisées sur Vénus.

PETITS TRUCS POUR MARQUER DES POINTS AUPRÈS D'UNE FEMME

- Montrez-vous affectueux et multipliez les contacts physiques empreints de tendresse.
- Écoutez-la attentivement quand elle vous parle.
- Organisez régulièrement des soirées romantiques ou des escapades à deux et planifiez-les à l'avance.
- Complimentez-la.
- Offrez-lui des fleurs.
- Portez ses bagages ou ses paquets.
- Aidez-la dans ses tâches lorsqu'elle est fatiguée.
- Proposez de lui rendre service sans qu'elle doive vous le demander.
- Écrivez-lui de temps à autre de petits messages tendres.
- Encouragez-la à se réserver du temps pour elle.

Les relations de couple n'achoppent pas tant sur les choses importantes que sur des détails, même si l'on se dispute plus souvent sur les premières. Lorsqu'un homme entoure sa partenaire de mille petites attentions, elle peut lui offrir en retour l'amour indispensable pour qu'il éprouve le désir de continuer à la choyer.

CHAPITRE 19

Trouver son équilibre

Après une rupture ou un divorce, les hommes jugent souvent leur ex-partenaire en fonction de la manière dont elle gère leur séparation. S'ils la voient multiplier les soupirants pour soigner son cœur (voir chapitre 3 de la IIe partie) alors qu'eux éprouvent le besoin de se tenir pour un temps à l'écart des femmes, ils risquent de se sentir blessés, surtout s'ils s'estiment en plus rejetés.

Vos besoins différents vous incitent à mal juger le comportement de votre ex. De fait, un homme qui a trop donné de lui-même à son couple en vain aura avantage à se couper momentanément du monde. Cette phase de solitude lui permettra d'explorer et d'accueillir ses émotions, puis de s'en libérer afin de recouvrer une saine indépendance et une saine autonomie. En agissant ainsi, il s'engage donc sur le chemin du salut.

Respecter une phase de solitude permet aux hommes de recouvrer leur indépendance, leur capacité de se suffire à eux-mêmes et leur autonomie.

Une femme convalescente d'une blessure amoureuse fonctionne autrement. Mieux comprendre ses besoins aidera son ex-partenaire à ne pas prendre son attitude comme une offense personnelle. Pour retrouver leur équilibre, les femmes doivent peu à peu recouvrer une saine confiance en elles-mêmes assortie d'optimisme et de sens de la solidarité, si bien qu'à l'issue d'une relation qui ne comblait pas leurs besoins, elles tireront d'immenses bienfaits d'activités que leur ex pourra juger égoïstes, comme partir en vacances avec une amie ou sortir tous les soirs.

Rappelez-vous aussi que votre ancienne compagne a parfaitement le droit de se comporter en célibataire – qu'elle est – et de goûter la compagnie d'autres hommes. Recueillir ainsi l'affection et l'intérêt de plusieurs soupirants favorisera le bon déroulement de son processus de guérison. Oublier pour un temps ses responsabilités pour laisser les autres prendre soin d'elle l'aidera également à retrouver son équilibre. Attention, toutefois : autant les attentions masculines sont excellentes pour son psychisme, autant elle doit éviter d'entamer une relation sérieuse avec un de ses soupirants. En effet, s'attacher à satisfaire un partenaire dans le cadre de rapports de couple l'empêcherait de prendre le temps d'écouter, d'admettre et de chercher à combler ses propres besoins. Le meilleur conseil que l'on puisse lui donner est de fréquenter beaucoup d'hommes sans s'engager avec aucun d'eux.

QUAND UN HOMME MULTIPLIE LES PARTENAIRES SEXUELLES

Après une rupture douloureuse ou un divorce, hommes et femmes peuvent éprouver le besoin de multiplier les partenaires sexuels pour rehausser leur confiance en eux-mêmes. Tous doivent cependant veiller à ne pas s'engager d'emblée dans une nouvelle relation de couple, afin de s'accorder le temps de s'occuper de leurs propres besoins et non de ceux d'un(e) autre et de panser leurs blessures.

Une activité sexuelle ou un soulagement sexuel réguliers peuvent aider un homme à conserver le contact avec les émotions qu'il doit soigner. Cela lui évite d'intellectualiser son chagrin au point de ne plus parvenir à le ressentir. La jouissance physique lui donne conscience du vide de son existence. Mais une fois qu'il a pris son plaisir avec une partenaire ou seul sous sa douche, l'homme doit consacrer un peu de temps, idéalement juste après l'orgasme, à accueillir les quatre émotions qui guérissent.

Attention : s'il n'est pas consciemment utilisé pour réveiller ses sentiments, le sexe risque au contraire de contribuer à endormir ceux-ci. N'oubliez pas que tout activité pratiquée avec excès peut devenir une drogue destinée à faire oublier son chagrin. Ainsi, trop dormir, trop travailler ou trop manger peut anesthésier votre souffrance et vous empêcher d'accomplir correctement votre travail de deuil. C'est la même chose pour le sexe : à dose modérée, il favorise le processus de guérison, mais pratiqué sans mesure, il contribue à entraver celui-ci.

QUAND UNE FEMME MULTIPLIE LES PARTENAIRES SEXUELS

Les femmes sont naturellement plus proches de leurs émotions que les hommes. Le plaisir sexuel ne joue de ce fait pas le même rôle chez elles. Le désir des hommes aide une femme qui s'est sentie négligée ou mal-aimée par son ex-partenaire à recouvrer sa confiance en elle-même, laquelle dépend en effet largement des regards masculins qu'elle attire. De ce fait, multiplier les soupirants ou même les amants lui permettra de remonter la pente.

Mais un rapport sexuel ne devrait jamais être motivé que par un souci de bien-être et d'échange. Une femme ne doit jamais offrir ses faveurs dans l'espoir d'inciter un homme à s'engager auprès d'elle. Voilà une grave erreur qui peut de surcroît engendrer de cruelles désillusions. En période de convalescence, ne faites l'amour que pour vous faire du bien et pour établir des liens susceptibles d'alléger votre solitude. N'y voyez surtout pas un passeport pour une relation plus sérieuse. J'ajouterai même que, s'il advenait que vous rencontriez un homme avec qui vous envisagiez des rapports durables, vous devriez éviter toute dérive sexuelle tant que vous ne seriez pas guérie de vos blessures émotionnelles. Une femme qui couche avec un homme en attendant plus de lui qu'un moment de plaisir s'expose en effet à un réveil brutal.

RECHERCHER LE SEXE POUR LE SEXE

Le sexe est en lui-même un divertissement innocent tant qu'il unit deux adultes consentants. Pourtant, rechercher obstinément les aventures sexuelles peut entraver le processus de guérison qui fait suite à un deuil ou à une séparation. En effet, à trop focaliser sur son objectif immédiat, on risque d'oublier la véritable source de ses problèmes, c'est-à-dire son chagrin. On finit par ne plus songer qu'à la satisfaction de ses appétits charnels, l'organisation de la vie sexuelle devient à son tour source de tracas... et perd son caractère sain et inoffensif.

Dans ce cas, au lieu de se laisser frustrer par la recherche effrénée de partenaires potentielles, mieux vaut prendre soi-même les choses en main, si je puis me permettre ce jeu de mots douteux, afin d'éviter de s'écarter de la voie de la guérison. Se borner à soulager seul ses besoins sexuels permet de s'accorder sans problème le loisir d'accueillir après ses sentiments douloureux afin de s'en délivrer. Grâce au bien-être ainsi obtenu, on pourra s'attacher à cultiver ses autres besoins cruciaux d'amitié, d'amusement, d'introspection et de travail productif. Cette tactique présente l'avantage supplémentaire de libérer de toute préoccupation sexuelle.

Le sexe n'est en effet qu'une pulsion parmi beaucoup d'autres, qu'il importe de ne pas nier, mais de ne pas non plus laisser prendre un tour obsessionnel. Équilibre et modération sont toujours vos meilleurs alliés.

Il arrive souvent que l'on associe à tort une agréable partie de jambes en l'air ou un plaisir solitaire avec des sentiments de culpabilité et de honte. Cela s'explique parce que le soulagement physique éprouvé fait resurgir des émotions latentes. Si, par exemple, on refoule sa honte, sa tristesse ou son impression de vide, celles-ci reparaîtront automatiquement après l'orgasme. Et tant que l'on ne comprend pas ce mécanisme, on croira à tort ces émotions négatives suscitées par l'acte sexuel lui-même.

Si après un moment de plaisir charnel vécu seul ou à deux, vous vous sentez mal, pensez donc à vous dire : « D'accord, voici l'occasion d'accueillir mes émotions et de les soigner. Je ne me sens pas mal parce que j'ai mal agi, mais parce que je viens de me séparer de mon ex et que mes sentiments latents remontent à la surface de ma conscience. Ce sont des sensations issues de mon passé. » Établir des passerelles entre ce que vous éprouvez aujourd'hui et vos expériences anciennes, puis pratiquer l'Exercice du mieux-être vous aidera à enclencher votre processus de guérison.

Comprenez surtout bien que ce n'est pas le plaisir sexuel qui vous fait souffrir. Il agit seulement comme catalyseur de vos émotions latentes parce qu'il vous rapproche de vos sentiments. Pour guérir votre cœur, il est primordial que vous ayez conscience du caractère innocent et naturel de la jouissance physique.

Toutefois tant que l'on ignore comment gérer les émotions latentes réveillées par le plaisir, celui-ci fera plus de mal que de bien. Je vous suggère donc, tant que vous ne savez pas mettre en pratique les conseils donnés au fil de ce livre, d'éviter toute activité sexuelle pour ne pas raviver trop douloureusement vos anciennes blessures. À terme, à force de réprimer votre souffrance, vous finiriez par vous couper complètement de vos sensations. En revanche, pour ceux qui savent traiter ces résurgences traumatiques, le sexe constituera un biais facile pour se connecter avec leurs émotions curatives.

CHAPITRE 20

Sélectionner la femme adéquate

L'un des écueils qui guettent un homme en passe de refaire sa vie est de ne pas être capable de choisir une partenaire attitrée. Il entame une myriade de relations, mais n'en mène aucune à bien, et il lui arrive souvent de fréquenter simultanément trois ou quatre femmes. Dès qu'il songe à s'engager plus sérieusement envers l'un d'elles, il hésite car il se remémore soudain toutes les qualités attachantes des autres.

Pour certains hommes, se ranger équivaut à se contenter d'à peu près.

Même si une partenaire lui plaît, il ne résistera pas à la tentation d'en « tester » une autre. Chaque fois qu'il se rapproche d'une femme, il se met à regretter une ex qui lui paraît tout à coup infiniment plus désirable. Alors, il retourne auprès de cette femme... mais inévitablement, une nouvelle beauté croise son chemin, et son choix lui paraît instantanément moins judicieux ; il poursuivra ainsi son errance sans fin, zigzaguant entre anciennes dulcinées et nouvelles conquêtes.

Cet homme ne parvient pas à s'engager car aucune femme ne surpasse réellement les autres à ses yeux. Et comme il rêve d'une créature idéale cumulant les qualités de toutes ses amies, plus il fréquentera de femmes, plus ses attentes se feront irréalistes et plus il deviendra délicat pour lui d'opérer un choix. En fait, il ne pourra se donner pleinement à une nouvelle relation que lorsqu'il acceptera de tourner le dos au passé et à ses anciennes conquêtes.

Certains hommes rêvent d'une créature idéale cumulant les qualités de toutes leurs conquêtes présentes et passées.

Pour briser ce cercle vicieux, la meilleure tactique consiste pour lui à changer de mode de vie. Un homme qui ne parvient pas à entamer une relation de couple sérieuse souffre de sentiments douloureux mal digérés ou collectionne tout simplement trop de partenaires sexuelles. Si l'on se disperse à l'excès, il devient en effet presque impossible de reconnaître l'âme sœur. On n'est pas en situation de voir en A son âme sœur si l'on a couché avec B voilà moins de trois mois. C'est très bien de multiplier les conquêtes pour retrouver ses sentiments, mais dès qu'on se sent prêt à rechercher des rapports plus durables, il faut ralentir son rythme et laisser à chaque relation le loisir de s'épanouir.

Constance et monogamie sont indispensables pour déceler une âme sœur. Pour qu'un homme puisse déterminer s'il souhaite partager la vie d'une femme, il lui faut donner à son amour pour elle l'occasion de grandir. Ce n'est que lorsqu'un lien spécial se sera établi entre eux qu'il pourra en avoir le cœur net. Mais s'il batifole avec une autre femme pendant cette « période d'essai », ce lien fragile se

rompra et il lui faudra repartir de zéro avec une nouvelle candidate.

Constance et monogamie sont indispensables pour déceler une âme sœur.

Si vous n'allouez pas à chaque partenaire au moins
quelques mois d'exclusivité, vous ne parviendrez
jamais à vous forger une opinion définitive sur elle
et vous continuerez à tergiverser, préférant un jour
l'une et le lendemain l'autre. Et, au lieu d'écouter
votre cœur et son âme, vous chercherez à déterminer
selon des critères raisonnables quelle femme vous
convient le mieux.

Pour s'extraire d'une telle spirale d'échec, un
homme doit fixer son choix sur une partenaire et
momentanément oublier les autres. Son but est de
mener une relation à son terme.

Il devra par ailleurs veiller à demeurer strictement
fidèle à cette femme et même à s'interdire le plus
petit flirt avec une autre. Abstenez-vous aussi pendant cette période de collecter d'autres numéros de
téléphone féminins « au cas où ».

Il arrivera bien entendu que vous lorgniez sur
d'autres femmes car l'herbe semble toujours plus
verte dans le pré du voisin. Mais, pour une fois, vous
prendrez sur vous et demeurerez loyal envers votre
partenaire. Je sais que ce ne sera pas toujours facile.
Trop habitués à batifoler de part et d'autre, certains
en viennent même lorsqu'ils s'astreignent à demeurer
fidèle à une seule femme, à perdre tout attirance
envers la partenaire sélectionnée par leurs soins.
Même si c'est votre cas, ne vous découragez pas trop
vite et restez avec elle quelques mois encore, afin de
permettre à vos besoins sexuels de se réajuster.

Lorsqu'un homme a des difficultés à s'engager avec une partenaire, il est courant qu'il en perde toute attirance pour elle.

Si votre ardeur renaît, vous vous féliciterez de sa patience et si tel n'est pas le cas, vous devrez mettre un terme définitif à la relation. Même chose si à l'issue de cette phase de fidélité, vous comprenez que vous n'êtes pas faits l'un pour l'autre et ce même si vous vous sentez encore puissamment attiré par elle sur le plan sexuel.

Il s'agira d'une séparation irrévocable. Pas question de revenir auprès d'elle dans quelques mois. Après cette rupture, notre homme soignera son cœur. S'il veut sortir avec plusieurs femmes, libre à lui, pourvu qu'il admette bien la nécessité de renoncer à toutes les autres le jour où il voudra une relation durable avec l'une.

Fixez-vous également quelques règles de comportement sexuel. N'entretenez notamment de rapports intimes qu'avec des partenaires que vous pensez pouvoir se révéler la femme de votre vie. Nul ne vous demande bien entendu d'en être sûr, mais simplement de rompre sans tarder avec celles que vous savez ne pas vous convenir à long terme. Ne perdez pas votre temps dans une relation sans issue, voire contre-productive.

En bouleversant ainsi son mode de vie, le plus impénitent des séducteurs se découvrira la capacité de s'assagir auprès d'une partenaire unique. Prendre son temps lui épargnera des doutes ultérieurs et, au lieu de redouter de passer à côté des plaisirs de l'existence en se « casant », il en viendra à penser qu'il le ferait en demeurant libre de toute attache.

CHAPITRE 21

Apprendre à dire adieu

Si certains hommes ont du mal à s'investir dans une relation, d'autres ne savent au contraire pas partir. Prompts à s'engager, ils ne restent jamais long-temps seuls, mais lorsqu'ils s'aperçoivent que leur compagne ne leur convient pas, ils se révèlent inca-pables de rompre. Cette femme les aime et ils ne supportent pas l'idée de la blesser en la rejetant. Beaucoup de second mariages échouent pour cette raison.

Un homme se précipite dans une nouvelle his-toire ; tout va très vite et sa partenaire se laisse emporter par sa soif inextinguible d'amour. Il lui faut cette femme ; ils doivent se marier sans délai ; pas question d'attendre ! Malheureusement, lorsqu'on se marie ou se lance dans une relation intime avec autant d'impulsivité, c'est en général que l'on se four-voie.

Beaucoup de second mariages échouent parce qu'ils ont été conclus par un partenaire encore convalescent de sa précédente relation.

Peu à peu le doute envahit l'esprit de notre jeune marié, qui commence à se sentir prisonnier de son couple. Les flammes initiales de sa passion éteintes, il découvre que son épouse ne correspond en rien à la femme de ses rêves. Quel imbroglio ! Pour demeurer fidèle à ce qu'il est, il devrait partir. Mais il devine qu'une rupture survenant dans ces conditions blessera beaucoup plus son épouse que si elle s'était produite avant leur mariage. Sachez toutefois que plus longtemps vous attendrez pour prendre la décision qui s'impose, plus votre partenaire en souffrira.

Pour vous épargner une telle épreuve et épargner celle-ci à votre compagne, résistez à la tentation de vous précipiter à la mairie et évitez toute forme d'engagement prématuré. Prenez le temps de profiter de votre liberté retrouvée, de rester seul, et fréquentez beaucoup de femmes. Cet intermède vous préparera à trouver celle qui vous conviendra au moment adéquat.

Lorsqu'un homme ne parvient pas à dire adieu à une femme par crainte de la faire souffrir, cela résulte en général d'expériences douloureuses passées mal cicatrisées. Ayant lui-même été rejeté et blessé, il répugne à infliger à son tour le même traitement. Une incapacité de mettre fin à une relation amoureuse vouée à l'échec indique donc que l'on doit encore travailler sur son propre chagrin avant de pouvoir envisager de fonder un foyer. Pardonner à la personne qui vous a blessé autrefois vous permettra de rompre sans en concevoir de culpabilité.

ÉCRIRE UNE LETTRE D'ADIEU

Quoi qu'il en soit, bourrelé de remords ou non, vous devez quitter votre compagne. C'est le meilleur cadeau qu'on puisse faire à une personne qu'on redoute de blesser. Si vous ne savez pas comment le lui annoncer, essayez d'écrire ce que vous voudriez lui dire, puis lisez-lui votre lettre. L'exemple qui suit vous montrera que point n'est besoin de faire des phrases.

Chère ___,

Je veux que tu saches que je t'aime et que je tiens à toi. Mais je ne me crois pas mûr pour vivre en couple en ce moment. Je n'ai pas pris le temps de me remettre de ma précédente relation et je me rends compte que j'aurais dû me réserver une période de célibat avant de m'engager comme je l'ai fait avec toi.

Cela me peine de te dire ces choses car je ne voudrais pour rien au monde te faire souffrir. Pourtant, je dois m'en aller pour mon bien. Je suis triste que notre relation s'achève ainsi.

J'ai peur de mal m'exprimer et de te blesser. Je ne veux surtout pas te faire de mal. Je sais que tu m'aimes et que mes révélations vont te causer beaucoup de chagrin, et je regrette de ne pas pouvoir t'apporter ce que tu souhaites, ni te protéger de ce choc. Mais je sais que je dois mettre un terme à notre relation.

Merci pour tous les bons moments que nous avons partagés. Je ne les oublierai jamais, non plus que notre amour. Tu es une femme merveilleuse et je suis sûr que tu trouveras un jour l'homme qui te conviendra.

Je t'aime.

Après avoir couché ces idées, sentiments et intentions sur papier, lisez-les vous-même à votre partenaire. Ne lui adressez pas cette lettre par la poste. Il est primordial que vous discutiez du contenu de ces phrases afin que votre compagne se sente écoutée. Veillez toutefois à ne pas laisser ses réactions entamer votre résolution. Vous ne devez pas démordre de votre intention de la quitter. Sachez vous montrer aimant, mais ferme.

Elle vous demandera sans doute : « Pourquoi ? » Une seule réponse possible : « Parce que, bien que je t'aime, j'ai compris que nous n'étions pas faits l'un pour l'autre. Tu n'es pas la femme de ma vie et puisque tu ne l'es pas, alors je sais que je ne suis pas non plus l'homme de ta vie. »

Ne détaillez en aucun cas les motifs de votre décision, sinon votre partenaire vous demandera à coup sûr de lui accorder une autre chance ou de laisser plus de temps à votre relation. Elle pourra aussi vous proposer de changer ou vous demander de le faire. N'entrez pas dans ce jeu. La véritable raison pour laquelle on quitte une personne est la même que celle qui incite à se marier : parce qu'on sait dans son cœur qu'on *doit* le faire. Un amour inconditionnel ne s'explique pas ; un désamour non plus. Et toutes les raisons précises pour lesquelles on désire ou ne désire pas vivre avec une personne s'estompent devant cette certitude profonde.

Les hommes qui ne relèvent pas d'une rupture fraîche ignorent parfois eux aussi comment s'extirper d'une relation de couple. Si vous savez que votre partenaire n'est sans conteste pas l'âme sœur, vous pouvez lui écrire une lettre du type de celle qui suit, puis la lui lire.

Chère ___ ,

Je veux que tu saches que je t'aime et que je tiens beaucoup à toi. Je t'écris cette lettre parce qu'il m'est très difficile de te dire ce que je dois te dire. Je ne veux pas te blesser.

Tu es une femme merveilleuse qui mérite d'être aimée et adorée. Mais j'ai compris que quoique je t'aime beaucoup, tu n'es pas la femme de ma vie. Je souhaite rompre.

Je suis désolé si mes mots te font souffrir. Je voudrais te voir heureuse et comblée et je sais que je ne suis pas celui qui peut t'apporter cela. Je sais que tu trouveras un jour le compagnon que tu mérites et que, de mon côté, je rencontrerai un jour l'âme sœur.

Les moments extraordinaires que j'ai passés auprès de toi demeureront à jamais gravés dans ma mémoire et dans mon cœur.

Je t'aime.

Pour beaucoup d'hommes, rompre est très difficile. Surmonter cette épreuve les rendra capables de pardonner à toutes les femmes qui les ont autrefois quittés. Rappelez-vous aussi que refuser une relation qui ne vous convient clairement pas contribue grandement à vous préparer à rencontrer plus tard l'âme sœur.

CHAPITRE 22

Tendances autodestructrices

Un homme qui ignore comment écouter et soigner son chagrin risque de succomber à des tendances autodestructrices. Incapable de gérer sa souffrance de manière constructive, il tendra à s'infliger sans cesse de nouvelles blessures. Suivant les cas, il s'adonnera à l'alcool ou aux stupéfiants, quittera tout pour entamer ailleurs une nouvelle existence, risquera sa vie dans des activités dangereuses, gaspillera son énergie vitale, ou tentera même de mettre fin à ses jours. Plus il perdra le contrôle de lui-même, plus il sera aspiré vers l'abîme, jusqu'à ce qu'il touche le fond et appelle enfin à l'aide.

S'il ne sait pas qu'il existe d'autres manières de gérer son chagrin, il se débattra seul dans son marasme. Ce n'est que quand la vie lui deviendra vraiment insupportable qu'il se résoudra à solliciter le soutien de son entourage. Beaucoup de gens croient d'ailleurs qu'un homme ne peut remonter la pente qu'après avoir touché le fond. Ce n'est pourtant pas indispensable. Vous avez le choix. Un homme qui comprend les mécanismes régissant le processus de guérison des blessures de l'âme peut user de son pouvoir de raisonnement pour admettre la nécessité d'un appui et s'en procurer un.

> *Dès lors qu'un homme sait qu'il dispose d'une autre option, il n'est plus obligé de toucher le fond avant de remonter la pente.*

Même si vous entamez tout seul le processus de guérison décrit dans ce livre, vous pourrez éprouver un début de mieux-être. Et dès que votre cœur s'entrouvrira de nouveau, vous devinerez le potentiel d'un groupe de soutien. Vous comprendrez aussi que vos tendances autodestructrices résultent d'émotions latentes, très difficiles à exhumer sans aide extérieure. Sachez qu'il est presque impossible de se soigner complètement seul.

INTERVENIR POUR AIDER UN PARENT OU UN AMI

Si un homme de votre entourage est la proie de tendances autodestructrices, il existe une foule de spécialistes susceptibles de l'aider. Même s'il ne sollicite aucun soutien, rien ne vous interdit de lui en procurer un. Bien sûr, lui seul pourra mener à bien son processus de guérison, mais n'hésitez pas à le pousser à surmonter ses penchants néfastes. Dans ce domaine, la famille et les amis peuvent faire toute la différence.

Ne prenez surtout pas sur vous de le sermonner sur ce qu'il doit faire ou ne pas faire, mais expliquez-lui en revanche en quoi son comportement affecte les siens et ses amis. C'est aussi une bonne occasion pour les membres de sa famille de pratiquer l'Exercice du mieux-être et de lire à haute voix leurs lettres exprimant leur colère, leur tristesse, leurs regrets, leur amour, leur compréhension, leurs désirs et leur confiance. Lui faire savoir ce que vous ressentez sans vous montrer directif peut lui faire beaucoup de bien et raviver son énergie.

> *Ne vous croyez pas autorisé à lui dire ce qu'il doit faire, mais aidez-le en lui expliquant en quoi son attitude vous affecte.*

Recueillir ainsi les témoignages sans animosité de ceux qu'il blesse donnera à cet homme la force d'accomplir les changements qui s'imposent. Il est plus facile de se laisser couler dans un abîme de désespoir si l'on pense que cela n'affectera personne et un homme tire toujours une certaine inspiration de se sentir nécessaire. Écouter les réactions de son entourage peut aussi réveiller sa combativité. Et même si, pour l'heure, il n'apprécie pas votre intervention, il vous remerciera plus tard de vos efforts.

GUÉRIR DES SÉQUELLES DE SON PASSÉ

Les tendances autodestructrices apparaissent lorsqu'une personne réprime certaines de ses émotions. Ceux et celles qui succombent à ces penchants néfastes doivent absolument comprendre qu'il leur sera impossible de leur échapper sans aide. Leur état nécessite le soutien d'un tiers.

Ce sont des influences extérieures qui, dans leur enfance, leur ont appris à taire leurs sentiments et il faut renverser ce processus pour qu'ils puissent de nouveau s'ouvrir à eux.

Un homme dans cette situation a plus que toute autre âme en peine besoin de l'appui d'un thérapeute ou d'un groupe de soutien.

> *Les sentiments refoulés engendrent*
> *les tendances autodestructrices.*

Une éducation très stricte ou empreinte de brutalité accroît la gravité des tendances autodestructrices.
Dès que l'homme ainsi éduqué essuie un échec,
l'humiliation l'envahit et il lui faut se punir. Pour
échapper à cette spirale infernale, il devra se remémorer des occasions dans lesquelles il a été puni ou
a redouté une correction. Écouter et traiter ces vieux
souvenirs mal digérés le conduira à se libérer petit à
petit de ses démons.

TROUVER UNE ÉCHAPPATOIRE DANS L'ALCOOL OU LA DROGUE

Pour rendre leur vie plus supportable, certains
cherchent à endormir leur souffrance en buvant ou
en absorbant des stupéfiants. Si vous avez déjà par
le passé recouru à ces béquilles chimiques, vous
aurez beaucoup de mal à ne pas retomber dans vos
errements passés en période de crise. En altérant
l'état mental, ces substances permettent de fuir ses
véritables sentiments et procurent un soulagement
temporaire... au prix d'une dépendance à leur égard.

Après un deuil ou une rupture, on est plus vulnérable aux attraits de l'alcool ou de la drogue
pour des raisons neurochimiques. Lorsque le cœur
souffre, le corps souffre aussi et ce dernier produit
des endorphines afin de calmer sa douleur.

Les stupéfiants et l'alcool stimulent également la
sécrétion d'endorphines, mais, lorsqu'on déclenche
ainsi ce mécanisme grâce à des agents extérieurs, le
corps cesse de produire de lui-même ces molécules,
si bien que dès que l'effet de la drogue s'estompe,
l'organisme vit les terribles affres du manque. C'est

d'autant plus pénible, que l'on ne bénéficie plus de l'assistance naturelle de ses endorphines, qui permet d'ordinaire au cœur de s'ouvrir et à l'esprit de trouver le repos.

Le processus de deuil décrit dans ce livre stimule la production naturelle d'endorphines analgésiques.

Éviter ce type de substances oblige à affronter son chagrin, mais quoi qu'on endure, ce sera toujours bien moins atroce que les souffrances physiques et émotionnelles induites par le manque. Pour un homme déja dépendant de l'alcool ou des stupéfiants, se délivrer d'eux constituera le premier pas vers l'obtention du soutien qui lui épargnera de toucher le fond.

FUIR AU VOLANT DE SA VOITURE

Un homme trop choqué pour parvenir à retrouver le contact avec ses émotions se sent en général totalement engourdi, voire à peine vivant. Il arrive alors qu'il cherche à retrouver ses pulsions vitales en partant à l'aventure. Assis au volant de sa voiture, il roule sans but vers l'horizon. Il ne va nulle part en particulier : il cherche juste à changer d'air.

S'éloigner du site de ses problèmes lui donne l'illusion de pouvoir les abandonner derrière lui, ainsi que son chagrin. Il découvrira bien sûr que ses soucis le suivent comme son ombre et ne disparaîtront pas plus que celle-ci parce qu'il aura quitté sa ville. Et même si cette errance peut lui procurer un certain répit, il doit veiller à ne pas prendre de décision irréversible et à ne pas se couper du soutien de sa famille et de ses amis.

*Vos émotions latentes vous suivent comme votre
ombre : elles ne disparaîtront pas parce que vous
aurez changé d'horizon.*

Sous cette réserve et pourvu que vous conduisiez prudemment, si vous aimez rouler, libre à vous d'oublier pour un temps vos tracas au volant. En revanche, vous ne devez pas rester au loin car fuir ses sentiments ne permet pas de soigner les plaies de son cœur. Pour cela, une seule solution fonctionne : prendre le problème par les cornes.

Abandonner tous ceux qui vous aiment constitue aussi un comportement autodestructeur si la raison de votre fuite est, selon vous, de ne pas mériter qu'on vous fréquente encore ou qu'on vous soutienne. Revenir auprès de vos amis vous enseignera la leçon la plus merveilleuse que l'on puisse concevoir : que votre famille et vos proches vous aiment même quand vous vous sentez le moins digne d'amour.

RISQUER SA VIE

Il arrive également, lorsqu'un homme refoule ses émotions, qu'il ne se sente plus vivant que s'il risque sa vie ou se montre d'une manière ou d'une autre casse-cou. Certains gèrent ainsi une rupture en entamant l'ascension d'un sommet montagneux ou en participant à une course automobile. Tant qu'on respecte des précautions raisonnables, pourquoi pas ? Après tout, ce sont là des activités relativement banales. De plus, consacrer quelques jours à escalader un pic ou à effectuer une randonnée peut faire du bien en aidant à retrouver son indépendance et son autonomie.

Lorsqu'on met sa vie en péril, on s'oblige à concentrer toute son énergie sur sa survie, ce qui permet d'oublier pour un temps son besoin d'aimer et d'être aimé. Qu'est-ce que perdre son amour au regard de perdre sa vie ? S'il veut préserver sa peau, notre homme devra puiser dans toutes ses ressources. Et pendant ces instants de danger, il communiera pleinement avec ses émotions.

Face à un péril, on oublie ses chagrins d'amour.

Mais, même si ce type de fuite produit quelques conséquences positives, il ne guérit pas les blessures de l'âme et ne corrige pas la tendance du sujet à réprimer ses sentiments. Vivre dans l'instant libère momentanément du passé, mais celui-ci ne s'efface pas pour autant et dès que le danger se dissipe, les émotions mal résolues remontent à la surface. Il faut alors faire l'effort de se pencher sur elles afin de les écouter et de s'en délivrer, avant de repartir se mesurer aux éléments.

Bien des personnes s'étonnent de voir les thérapeutes tant se préoccuper du passé, alors que le but du traitement est de se sentir bien au présent. Mais en fait, ce sont les expériences ratées d'hier qui empêchent de profiter d'aujourd'hui. Prendre le temps d'écouter ses souvenirs empêche ceux-ci d'envahir le quotidien. Et, à terme, on pourra de nouveau vivre pleinement l'instant en se sentant totalement vivant et en contact avec ses sentiments, sans qu'il soit pour cela nécessaire de mettre sa vie en péril.

GASPILLER SON ÉNERGIE VITALE

Les hommes au cœur hermétiquement clos conçoivent parfois une obsession d'ordre sexuel pour des femmes qui ne leur inspirent aucune affection. L'énergie bloquée dans leur cœur trouve ainsi une échappatoire et ces ébats ressuscitent un peu de leurs facultés sensorielles.

Un homme peut réduire sa tension émotionnelle en libérant son énergie sexuelle car l'orgasme lui apporte un soulagement momentané. En revanche, même si disperser ainsi son énergie vitale peut paraître agréable, il ne se sentira pas plus heureux après. Certes, il est moins tendu, mais un vague sentiment de perte l'envahit. N'accusez pas le rapport sexuel exempt d'amour : ce sont simplement vos chagrins mal guéris qui remontent à la surface de votre conscience.

Après un rapport sexuel sans amour, un homme se sent vide et épuisé.

Étouffer ses émotions peut accroître l'appétit sexuel. Certains se découvriront un goût nouveau pour les prostituées, la pornographie ou la masturbation frénétique et s'intéresseront à des femmes avec qui ils ne veulent rien partager de plus que des ébats charnels. Plus la possibilité d'intimité sera faible, plus ces femmes les attireront. Si ces hommes veulent parvenir à soigner leur cœur, ils devront se pencher, après chaque rapport sexuel, sur les douloureux sentiments de honte, de perte et de vide qui les envahiront. Pour éviter les stimulations sexuelles excessives, je recommande les douches froides, le sport et les activités dépourvues de connotation sexuelle telles que les dîners entre amis, suivre des cours ou voir des films « normaux ». Sachez qu'éjaculer plus d'une fois par jour peut indiquer une dérive obsessionnelle.

ATTENTER À SES JOURS

Poussées à l'extrême, les tendances autodestructrices d'un homme le pousseront à attenter à ses jours. Or, si les femmes tentent plus souvent que leurs compagnons de se suicider, ces derniers affichent un taux de réussite supérieur... Ils n'envisagent cependant cette solution ultime que si la vie leur devient vraiment insupportable. Souvent, c'est la honte d'avoir échoué qui les pousse vers l'abîme. Plutôt mourir qu'affronter sa famille et ses amis, et admettre devant eux la triste réalité. Ces malheureux pourraient accepter le soutien des leurs, mais ils ne s'en jugent pas dignes. Alors, ne voyant aucune autre issue à leur situation, ils décident de se tuer. Puisqu'ils ne peuvent sauver la face, mieux vaut pour eux disparaître, raisonnent-ils.

Les femmes se suicident pour leur part quand la douleur suscitée par leur incapacité d'obtenir la satisfaction de leurs besoins se fait insoutenable et qu'elles ne savent plus à quel saint se vouer. Bien souvent, elles évoqueront un désir de mort pour appeler leur entourage à l'aide.

Humiliés par leur échec, certains hommes ne voient d'autre issue pour sauver la face que de mourir.

Chez l'homme, le suicide survient lorsqu'il ne sait plus que faire d'autre et pense que sa disparition épargnerait bien des tracas à son entourage. Il préfère mourir qu'affronter les conséquences de son échec car il ne peut supporter l'idée de décevoir ceux qui l'aiment. Et dès qu'il commence à se percevoir comme un obstacle au bien-être des siens, la mort lui paraît l'unique solution susceptible de contribuer à résoudre le problème qu'il a causé.

Pour les deux sexes, on attente à ses jours aussi en raison d'un désir profond de cesser de souffrir. On ne veut pas tant mourir que se délivrer de son chagrin.

Un désir de mort masque un souci de se délivrer de ses souffrances et de retrouver le bonheur et la paix.

Pour juguler vos tendances suicidaires, admettez que vous souhaitez parfois disparaître, puis demandez-vous : « Pourquoi veux-je mourir ? » La réponse à cette question constitue toujours une hymne déguisé à la vie qui se formulera peu ou prou ainsi : « Je veux me délivrer de ce chagrin, je ne veux plus souffrir, je voudrais oublier tout ceci, je voudrais être libre, je voudrais être heureux, je veux trouver la paix de l'esprit, je veux vivre. »

Une fois que vous aurez pris conscience des vœux positifs tapis sous vos pulsions de mort, vous pourrez commencer à travailler avec les quatre émotions qui guérissent. Reprendre contact avec son envie de vivre aide en effet à ouvrir la porte à sa colère, à sa tristesse, à sa peur et à ses regrets. Je vous recommande de discuter de vos sentiments avec un spécialiste compétent, au moins au début.

CHAPITRE 23

Trouver la force de courtiser de nouvelles partenaires

Un homme qui a perdu son amour se trouve confronté à toutes sortes de doutes. Même s'il est très sûr de lui dans son travail, les choses lui paraîtront plus délicates avec les femmes. C'est bien normal. Quelle que soit la manière dont sa précédente relation de couple s'est achevée, se remettre à courtiser le beau sexe a de quoi effrayer, surtout si l'on a plus de quarante ans ou si l'on est resté marié longtemps. On ne sait plus comment s'y prendre, ni où rencontrer de nouvelles partenaires, et les règles du jeu de la séduction ont changé depuis la dernière fois où l'on s'y est essayé. Les besoins et les attentes des femmes d'aujourd'hui diffèrent de ceux qu'elles affichaient voici cinq ou dix ans. Il faut un certain temps pour intégrer ces nouvelles données et retrouver ses marques.

Les règles du jeu de la séduction ont beaucoup changé et sont aujourd'hui bien plus complexes.

Vous occuper de vous-même et ne pas vous précipiter trop tôt dans une nouvelle relation sérieuse vous aidera à retrouver peu à peu votre aisance d'antan et votre confiance en vous. Lorsque vous

vous sentirez de nouveau capable de séduire une femme et de lui faire perdre la tête, vous ne tarderez pas à retrouver une partenaire adéquate.

Si en revanche, votre objectif premier est de mettre une femme dans votre lit, vous retarderez d'autant votre réapprentissage du jeu de la séduction. Admettre que prendre le temps de connaître une personne apporte beaucoup plus qu'une simple jouissance physique facilite l'acclimatation au célibat.

FRÉQUENTER DES FEMMES PLUS JEUNES

Un homme âgé de plus de quarante ans, en qui son nouveau statut suscite encore un malaise, tendra à ne s'intéresser qu'aux femmes beaucoup plus jeunes que lui. Au contact de leur jeunesse et de leur manque d'expérience, il se sent en effet solide et compétent. De leur côté, les jeunes femmes entre vingt et trente ans apprécient souvent les partenaires plus âgés, plus mûrs que les jeunes gens qu'elles côtoient d'ordinaire, surtout lorsqu'elles sont peu sûres d'elles et recherchent un homme capable de les appuyer.

Courtiser des « jeunesses » n'est pas en soi une mauvaise chose ; cela peut même aider un homme à reprendre goût à la vie. En leur compagnie, il se sent aussitôt plus jeune et plus fort. Considérez cela comme une phase durant laquelle vous reprendrez contact avec une partie de votre passé. Bien souvent, lorsqu'on est jeune, on manque d'assurance et si, tout en conservant la pondération que procurent les ans, vous retrouvez votre jeunesse, cela peut se révéler extrêmement libérateur et épanouissant.

L'un des problèmes que pose la fréquentation de femmes beaucoup plus jeunes que soi est qu'elles finissent toujours par grandir. À l'approche de la trentaine, une femme subit des bouleversements hormonaux qui la rendent moins accommodante. Elle souhaite à présent être elle-même et ne se plie plus aussi aisément que par le passé aux volontés de son partenaire.

> *À l'approche de la trentaine, une femme subit des bouleversements hormonaux qui la rendent moins accommodante.*

D'autre part, on demeure rarement longtemps intéressé par une personne à la maturité trop éloignée de la sienne. À moins, donc, que l'homme soit resté très jeune ou que sa partenaire soit exceptionnellement mûre pour son âge, passé les premières flambées hormonales, ils perdront tout attrait l'un pour l'autre. Pour éviter toute erreur de partenaire, un homme plus âgé doit absolument éviter d'épouser trop vite sa juvénile compagne et prendre le temps de s'assurer qu'elle est bien la femme de sa vie.

DÉFAILLANCES SEXUELLES

Presque tous les hommes qui refont leur vie connaissent à un moment ou un autre des difficultés d'ordre sexuel. Souvent ils paniquent et s'imaginent que quelque chose ne va pas ; ce n'est pas le cas. Leur corps a simplement choisi ce moyen de leur signaler qu'ils ne sont pas prêts pour une aventure physique. Il leur conseille de ralentir leur rythme et de s'accorder plus de temps pour panser leurs blessures.

Même lorsqu'il éprouve du désir, un homme dans cette phase soit ne parviendra pas à avoir une érection, soit la verra s'affaisser prématurément, à moins qu'il ne soit victime d'une éjaculation précoce, ou bien ne réussisse pas à atteindre l'orgasme. Si une de ces mésaventures vous arrive, ne vous affolez pas : vous n'êtes pas malade – juste pas prêt.

À travers une défaillance sexuelle, votre corps indique que vous allez trop vite en besogne et que vous n'êtes pas prêt pour une aventure physique.

Un homme qui s'accroche encore à un chagrin passé ne peut se donner pleinement à la femme qu'il aime. Avec une prostituée ou seul sous sa douche, tout va bien, mais avec une femme qu'il apprécie, son corps refuse de passer à l'acte. Essayer de forcer ce blocage ne fera que compliquer les choses car la prochaine fois qu'il se trouvera au lit avec une partenaire viendra s'ajouter une angoisse supplémentaire : vais-je y arriver, cette fois ?

Mieux vaut donc pour lui écouter le message de son corps. Dès qu'il soignera son cœur et retrouvera confiance en son aptitude à rendre une femme heureuse, ses capacités sexuelles renaîtront aussi.

SAUVER DES FEMMES EN PÉRIL

Tant qu'un homme doute de lui, il courtise souvent des femmes malheureuses. S'il parvient à les sauver de leurs soucis, il se sentira de nouveau fort et solide. Ce qui est indéniablement agréable, mais aussi dangereux, car il risque de devenir dépendant du besoin qu'elle a de lui et des sentiments que ce dernier éveille en lui. C'est pourquoi il est toujours préférable de chercher d'abord à retrouver sa confiance en soi avant de s'engager dans une relation amoureuse.

Compter sur une femme pour se sentir puissant ne procure pas une véritable vigueur. Il se trouve simplement que la faiblesse de votre partenaire vous libère un instant du sentiment d'impuissance qui vous écrase d'ordinaire. Vous sentir capable de résoudre ses problèmes vous excite et soulage aussitôt votre chagrin. Malheureusement, ce genre d'histoire, quoique passionnée, dure rarement.

> *Lorsqu'un homme s'estime capable de résoudre les problèmes d'une femme, il arrive que cette dernière enflamme d'emblée ses sens.*

Dès que votre partenaire retrouvera le sourire et que son besoin d'un sauveur s'amenuisera, votre attrait mutuel s'effritera et l'un de vous pourra découvrir que vous n'êtes pas faits l'un pour l'autre. Bien souvent, l'ardeur de cet homme repose exclusivement sur son souci de secourir une damoiselle en détresse et de retrouver sa confiance en lui-même. Sachez que vous éprouverez le même bien-être si vous aidez cette femme sans entamer de relation sexuelle avec elle. Il sera alors plus facile de prendre vos distances si vous constatez qu'elle n'est pas la femme qui vous convient.

TROUVER UNE FEMME MATERNELLE

Les célibataires tout frais se découvrent aussi communément une attirance passagère pour les femmes maternelles, auprès desquelles ils revivent facilement les blessures de leur enfance. Mais une fois leurs plaies cicatrisées, ils découvrent en général que cette partenaire ne leur convient pas.

Un homme qui porte les marques de souvenirs d'enfance douloureux s'éprend facilement de femmes qui le réconfortent comme un petit garçon. Ils espèrent d'elles le traitement qu'ils ont vainement attendu de leur mère, autrefois. Puis, une fois leur chagrin guéri, ils s'éloignent d'elles. Au mieux, ils leur reviendront de temps à autre.

Lorsqu'un homme convalescent s'éprend d'une femme maternelle, cette attirance se révèle souvent de courte durée.

Si nos tourtereaux consomment charnellement leur relation, la situation se complique car l'homme en quête d'une maman se met instinctivement à projeter ses sentiments latents sur sa compagne – puisqu'elle a endossé un rôle maternel. Et il finit par lui vouer des sentiments identiques à ceux que sa mère lui inspire.

Si par exemple il traîne une colère et une souffrance mal digérées, il tendra à se montrer hypersensible et à prendre anormalement à cœur tout ce que sa partenaire dit ou fait. Et il réagira par une colère excessive. À mon avis, il est suffisamment difficile de construire une relation au présent sans convier son passé à compliquer encore les choses. Avant de vous engager avec une femme, vérifiez donc bien que vous ne cherchez pas une maman pour panser vos blessures.

Entretenir des rapports sexuels durant le processus de guérison exacerbe notre tendance à projeter nos sentiments passés sur notre partenaire.

Entamer une relation de couple avec une femme maternelle et vous engager envers elle avant l'achèvement de votre processus de guérison fait peser une énorme pression sur la relation et entrave la bonne cicatrisation de vos plaies. De plus, en se reposant trop sur sa partenaire, un homme retarde le moment où il se sentira de nouveau indépendant et confiant.

Et même si cette liaison le satisfait, il ne tardera pas à s'y sentir à l'étroit.

Si les femmes maternelles vous attirent, allez consulter un thérapeute de sexe féminin. Elle vous apportera le réconfort que vous recherchez tout en vous aidant à vous retrouver. Et, grâce à ce stratagème, vous prendrez le temps de soigner les blessures de votre âme avant de chercher à fonder un nouveau foyer.

> **Si les femmes maternelles vous attirent, allez plutôt consulter un thérapeute de sexe féminin.**

Dans tous les exemples que nous venons de voir, les hommes sont attirés par des femmes ou des situations dans lesquelles ils recouvrent leur puissance et leur confiance en eux. Il s'agit là de pulsions normales et qui demeureront inoffensives pourvu que les sujets veillent à éviter tout engagement sérieux tant que leur cœur saigne encore.

Sous cette réserve, vous serez libres de tester votre capacité de satisfaire une femme sans pour autant vous lier à elle. Cet exercice exige une certaine rigueur, mais le sentiment de puissance qu'il vous procurera représente à mon avis une récompense adéquate. Très vite, votre confiance en vous renaîtra de ses cendres, ce qui rendra vos rapports avec les femmes beaucoup plus amusants et vous préparera à vivre une relation de couple épanouissante. Sûr de votre aptitude à faire le bonheur de votre partenaire, vous deviendrez en mesure d'entretenir votre vie entière les flammes de votre passion.

Laisser sa sexualité s'exprimer sans entrave et sans que l'on attende de lui aucune promesse donne à un homme une immense sensation de pouvoir. Cela l'aide en outre à reprendre contact avec ses liens passés et à s'en délivrer. Une fois son cœur guéri, il pourra trouver l'amour et la femme de sa vie.

Postface
À la croisée
des chemins

Un homme ou une femme en situation de refaire leur vie se tiennent à la croisée de deux chemins : l'un mène vers la lumière, l'amour et l'espoir, tandis que l'autre conduit aux ténèbres du désespoir et du néant. Les premiers kilomètres de la première voie sont escarpés. Pour les franchir, il faut accueillir sa souffrance et apprendre de nouveaux modes de communication. Emprunter cette route implique de se mettre soi-même au défi de se montrer sous son meilleur jour. L'autre chemin semble au début plus facile, mais devient de plus en plus douloureux et pénible. S'il promet l'oubli, il ne soigne pas les plaies du cœur. Et il ne ramène pas au bercail.

Prendre le risque d'aimer de nouveau rend plus fort, et aussi plus aimant. Relever le gant pour soigner son cœur brisé conduit à connaître un jour un amour encore plus grand que tout ce que l'on a pu éprouver par le passé. Un cœur empli d'amour permet d'exprimer tout son potentiel tout en réalisant le vœu le plus profond de son âme : aimer et être aimé.

Cette grâce touchera aussi vos enfants. En effet, ceux-ci souffrent lorsque leurs parents souffrent. Aux pères ou aux mères qui se demandent ce qu'ils peuvent faire pour leurs enfants, je répondrai que le plus beau cadeau qu'ils puissent leur offrir est de devenir à leurs yeux des exemples d'amour et de guérison. À mesure que votre cœur cicatrise, vos petits reçoivent plus d'amour et lorsque votre fardeau s'allège, le leur en fait autant.

En revanche, le chagrin que vous ne soignez pas retombe sur leurs têtes. Alors, lorsque la tâche se fait trop ardue, rappelez-vous que vous ne guérissez pas seulement pour vous mais aussi pour eux. Grâce à vos efforts, vous écarterez d'eux le danger pour qu'ils connaissent la sécurité et la chaleur de l'amour.

APPRENDRE À SE LIBÉRER DU PASSÉ

Richard s'était marié jeune. Au bout de vingt-trois ans de mariage, il a compris qu'il avait épousé la mauvaise femme et a divorcé. Mais au lieu de prendre le temps de soigner son cœur, il a voulu trop vite rattraper le temps perdu et s'est précipité dans une multitude de relations. Il a commis à peu près toutes les erreurs possibles.

Dès qu'il s'engageait avec une femme, ses doutes resurgissaient et il commençait à sortir avec une autre. Après trois ans et six dulcinées, il n'était toujours pas prêt à faire un choix et à entamer une relation sérieuse. Chacune de ses amies possédait des qualités qu'il recherchait et opter pour l'une d'elles impliquait de renoncer aux autres, ce qui lui paraissait tellement insupportable qu'il avait même envisagé un temps d'abandonner toute idée de fonder un jour un nouveau foyer.

Après avoir participé à un atelier Mars et Vénus, Richard a pu repartir du bon pied. Il avait compris qu'il ne parvenait à renoncer à aucune de ses conquêtes parce qu'il n'avait pas encore réussi à oublier sa femme. Se délivrer des sentiments qui l'attachaient toujours à son ex-épouse lui a permis de changer d'attitude envers les femmes. Et en mettant enfin réellement terme à son mariage, il s'est aussi libéré de ses autres liaisons.

Un an plus tard, alors qu'il était devenu prêt à entamer une relation sérieuse, il a rencontré la femme de sa vie, avec qui il vit depuis un bonheur sans nuages. Détail amusant : cette femme habitait à cinquante mètres de chez lui et il ne l'avait jamais remarquée. Cette fois, il n'a éprouvé aucune difficulté à s'engager.

PARDONNER

La trahison de son mari, qui l'avait quittée pour sa secrétaire, a laissé Lucy brisée. Pour reprendre un peu confiance en elle, elle s'est remise à fréquenter des hommes. Mais même si elle appréciait l'adoration de ses soupirants, celle-ci ne suffisait jamais à combler le vide de son cœur. En réalité, cette insatisfaction permanente constituait une séquelle émotionnelle de son mariage raté liée à son ignorance de l'art de traiter et de guérir ses sentiments douloureux.

En désespoir de cause, Lucy a décider de consacrer toute son énergie à sa carrière et de cesser de chercher un nouveau compagnon. Neuf ans plus tard, à l'époque où j'ai fait sa connaissance, elle ne se sentait pas vraiment malheureuse, mais quelque chose lui manquait à l'évidence. Grâce à un atelier Mars et Vénus, elle a découvert qu'elle s'accrochait encore au passé. Et en apprenant à écouter les quatre émotions qui guérissent, elle a trouvé en elle le pouvoir de pardonner à son ex-mari et aussitôt vu renaître en elle un sain désir d'intimité.

Même si Lucy pensait que plus jamais l'amour ne frapperait à sa porte, prendre le temps de soigner les blessures de son cœur lui a appris qu'elle disposait d'un choix. Six mois plus tard, elle a rencontré un homme qui devait se révéler le partenaire parfait pour elle. Guérir son cœur lui a permis de refaire sa vie et d'aimer de nouveau.

CHOISIR D'AIMER DE NOUVEAU

À présent que vous connaissez les enseignements simples de *Mars et Vénus refont leur vie*, vous aussi pouvez décider quel chemin emprunter. Vous disposez d'une carte pour vous guider vers le bonheur. J'espère que ce livre vous aidera, tel un bon professeur, à trouver les réponses à vos questions et que, tel, un ami fidèle, il vous accompagnera dans votre quête. Puisse-t-il vous réconforter tel un ange du ciel dans vos heures de doute et vous rappeler qu'on vous aime, qu'on pense à vous et que vos prières seront exaucées.

Il saura aussi vous apporter le soutien nécessaire pour que vous continuiez à effectuer les bons choix. À chaque nouvelle intersection de la route qui mène à la guérison, lorsque vous opterez pour la voie du salut, rappelez-vous que vous ramenez, ce faisant, l'amour de Dieu dans notre monde. Décidez d'aimer, non pas seulement pour vous, mais pour vos enfants, vos amis et même pour l'univers tout entier. N'oubliez jamais que les autres ont besoin de votre amour.

Merci de m'avoir permis de partager votre route et merci de m'avoir laissé vous secourir.

Remerciements

Je remercie ma femme, Bonnie, de m'avoir une nouvelle fois accompagné tout au long du chemin menant à la naissance d'un livre.

Je remercie nos trois filles, Shannon, Juliet et Lauren de leur amour et de leur soutien sans faille.

Un grand merci également à Helen Drake, pour l'efficacité avec laquelle elle a géré mon bureau pendant que je rédigeais cet ouvrage.

Je remercie aussi ma famille et mes amis de leurs suggestions et de leurs utiles commentaires sur les idées exposées dans ce livre, et plus particulièrement ma mère, Virginia Gray, mes frères David, William, Robert et Tom Gray, ma sœur Virginia Gray, Robert et Karen Josephson, Susan et Michael Najarian, Renee Swisko, Ian et Elley Coren, Trudy Green, Candice Fuhrman, Bart et Merril Berens, Martin et Josie Brown, Reggie et Andrea Henkart, Rami El Batrawi, Sandra Weinstein, Robert Beaudry, Jim Puzan, Ronda Coallier, Jim et Anna Kennedy, Alan et Barbara Garber, et Clifford McGuire.

Je remercie mon agent, la merveilleuse Patti Breitman, pour son soutien constant. Je remercie aussi mon agent international, Linda Michaels, grâce à qui mes livres ont été publiés dans le monde entier et traduits en plus de quarante langues.

Je remercie Diane Reverand, qui a assuré la direction littéraire de ce livre, pour ses conseils éditoriaux et ses commentaires éclairés. Je remercie aussi David

Steinberger, président de HarperCollins, et Jane Friedman, son directeur général, de leur aide et de leur soutien. Je remercie aussi Carl Raymond, Marilyn Allen, Laura Legonard, David Flora, Krista Stroever et tout le fantastique personnel de Harper-Collins de leur assistance efficace. Je n'aurais pu rêver meilleure équipe.

Je remercie Anne Gaudinier, Rick Harris, John Koroly et le personnel de HarperAudio, ainsi que Doug Nichols, Susan Stone et le personnel de Russian Hill Recording, qui ont assuré la production de la version audio de ce livre.

J'aimerais enfin remercier les centaines d'animateurs des Ateliers Mars et Vénus de par le monde et les milliers de célibataires et de couples qui ont participé à mes séminaires sur la guérison des maux du cœur au cours des quinze dernières années. Je remercie aussi les conseillers Mars et Vénus qui utilisent les principes exposés dans ce livre dans leur travail avec leurs patients.

Et, pour finir, un merci tout particulier à mon très cher ami Kaleshwar.

TABLE DES MATIÈRES

TROISIÈME PARTIE
MARS REFAIT SA VIE

Autres œuvres
de John Gray

The Secrets of Successful Relationships
Healing the Heart
Enregistrements en langue anglaise effectués au cours des séminaires de l'auteur sur les relations de couple.

Private Session
Logiciel d'autoanalyse et d'autoexploration de ses sentiments.

Intimacy Advocate
Lettre bimestrielle pour les couples et les célibataires.

Understanding Family Systems
Document audiovisuel pour parents et conseillers d'éducation enregistré à l'université de San Francisco.

What You Feel, You Can Heal – A Guide for Enriching Relationships

Men, Women, and Relationships : Making Peace whith the Opposite Sex

What Your Mother Couldn't Tell You & Your Father

JOHN GRAY

Didn't Know : Advanced Relationship Skills for Better Communication and Lasting Intimacy

Mars and Venus Together Forever : Relationship Skills for Lasting Love

Mars and Venus in Love : Inspiring and Heartfelt Stories of Relationships that Work

Mars and Venus on a Date

Les ateliers
Mars-Vénus

Il existe des ateliers de formation qui permettent d'approfondir toutes les notions expliquées dans cet ouvrage ainsi que dans les autres ouvrages de John Gray.

Ces ateliers sont des moments privilégiés qui nous aident à mieux comprendre et à intégrer tout ce qui est dit.

Ce qu'en dit John Gray :
« Ces extraordinaires ateliers vous donneront l'occasion d'améliorer de manière permanente vos relations et votre vie. »

Ce que les participants pensent des ateliers :
« Cet atelier nous permet de grandir, de mieux vivre notre vie quotidienne à travers de meilleures relations. Un grand merci pour cet enseignement précieux. »

Joëlle

« Cet atelier m'a fait évoluer dans la compréhension du langage de l'autre. Moins théorique que le livre, il permet de mettre en pratique des éléments qui n'étaient que compris. »

Marc

« Très intéressant, voire passionnant de par le sujet mais aussi de par la qualité de l'animateur. »

Éric

« J'ai pris conscience que mon mari ne fonctionnait pas comme moi. Je serai donc beaucoup plus indulgente pour certaines choses que je ne comprenais pas et qui m'énervaient. J'ai appris plein de petits trucs qui vont me faciliter le quotidien. »

Martine

Pour connaître les dates et lieux de ces ateliers qui ont lieu en France, en Belgique et en Suisse, téléphonez au numéro suivant :

00 32 75 45 76 65.

Ou bien écrivez à l'adresse suivante :

ILYO
À l'attention de M. Paul Dewandre
avenue Coghen, 278
B-1180 Bruxelles.

Direction littéraire
Huguette Maure

assistée de
Deborah Kaufmann

Composition P.C.A.
Rezé (L.-A.)

Impression réalisée sur CAMERON par
BRODARD ET TAUPIN
La Flèche

Imprimé en France
Dépôt légal : août 1999
N° d'impression : 6376W
ISBN : 2-84098-493-8
laf 005